伊藤塾
呉明植 基礎本シリーズ
GO AKIO BASIC SERIES

1 Go!
Series

刑法総論

Criminal Law

弁護士
伊藤塾首席講師
呉明植 著
GO AKIO

弘文堂

第4版 はしがき

　刑法は、令和4（2022）年と令和5（2023）年に立て続けに改正された。これらの改正に対応するべく、本書の第4版を上梓させていただくこととなった。

　また、この機会に、本書の記述を全体的に再検討し、必要に応じて説明の仕方を改めた。たとえば、不能犯について、違法性の実質論からのアプローチを重視することとした。

　こうした改訂によって、本書の内容はアップデートされ、より一層パワーアップしたものと、ひそかに自負している。

　本書が、引き続き、法律家を目指して日々誠実な学習を重ねている受験生諸氏に対する一助となることを願う。

　2024年8月

呉　明植

初版　はしがき

　私の勤務する伊藤塾では、通常自らのことを予備校とは呼ばず、受験指導校と呼んでいる。受験生として過ごす期間は、決して人生の予備や準備の期間ではなく、人生の本番そのものだからである。しかし、ここではあえて一般的な予備校という言葉を使おう。
　司法制度改革の中で、いわゆる予備校教育に対する批判が叫ばれて久しい。そうした批判が果たして正当かどうかはさておき、司法試験に合格してから早8年、予備校での法教育を生涯の職と決めた私にとって、そうした批判はもちろん寂しい。
　しかし、私は司法試験予備校の講師である。それ以上でもそれ以下でもない。
　ならば、と私は考えた。私は、私の仕事の全てをつまびらかにしたい。私の矜持は、司法試験を志す真剣な受験生達と共に日々8年間を生きてきたことにある。飾らずに、今までしてきた仕事の全てを記しておきたいと考えた。本書の刊行は、予備校教育の実際を調べようともせず、安全な場所からただ無責任に批判をするだけの人々への私からのささやかな反逆の証でもある。
　本書は、伊藤塾において私の行っている法科大学院・司法試験用の入門講義をベースとして、全くの初学者の方、および学習上の壁に突き当たった中級者の方を想定して執筆した入門書である。
　刑事訴訟法学の泰斗である故・田宮裕先生は、その名著『刑事訴訟法』（有斐閣）の初版はしがきにおいて、判例・通説の重要性を強調されつつも、刑訴法学ないし教科書が「法の使い手たる『実務家のための快い子守唄』にとどまってよいわけではない」と述べておられる。しかし、本書は、あえて積極的にその「実務家のための快い子守唄」であるよう努めた。おそらく、私たちが日々行っている予備校教育の存在意義のひとつは、そうした子守唄——すなわち判例・通説を、初学者に積極的に教え奏でることが出来ることにある。いいかえれば、本書は、司法試験合格者の全員が、また、法曹実務家の全員が共有している法的な「常識」を伝えるためにあるといってよい。
　もとより、いつまでも子守唄に安住していてはならないが、誰もが子守唄を聞きながら大人になったのもまた否定できない事実である。本書を通じて各自の夢の実現のために必要不可欠かつ必要十分な法的常識を身につけて頂ければ、私にとってこれ以上の幸福はない。

＊　　　　＊　　　　＊

　最後に、本書が日の目を見ることができたのは、私の恩師であり、永遠の憧れの対象でもある伊藤塾塾長・伊藤真先生をはじめ、実に多くの方々のおかげである。

　法学館出版編集課長の阿部真由美さんは、執筆から逃げるための言い訳ばかりを考える怠惰な私を根気よく励まし続けてくださった。弘文堂編集部長の北川陽子さんは、粘り強く執筆を待ってくださり、また丁寧な校正をしてくださった。

　そして、とりわけここに記して感謝したい人々がいる。それは、どこの馬の骨とも知れない私の講義を、安からぬ受講料と有限の時間を割いて受講してくれた伊藤塾の塾生の方々である。講義中の休み時間に、あるいは講義の前後に、法律の学習を始めたばかりの彼らが私に投げかけてくれた確かに素朴な問いは、しかし時として驚くほど本質的であった。そして、誠実な学習を重ねた末に上級者となった彼らは、時としてのけぞりたくなるほど高度な、そしてそれゆえにこそ非常に楽しい問いを私に投げかけてくれた。そうした様々な問いを彼らと共に考え、共に答えを探ることによって、私は初めて真に法を学ぶよろこびを知った。もし本書に幾ばくかでも有用性があるとすれば、それは常に私の周囲にそうした塾生の彼らがいてくれたからに他ならない。

　本書を、そうした全ての方々に、そして、時として共に笑い、時として互いに怒りをぶつけ合い、時として共に泣き、日々魂を寄せ合った今はなき我が親友との思い出に捧げたい。

　2008 年 10 月

呉　明植（ご　あきお）

1　本書の特長

(1) 必要な論点を網羅

　本書は、法科大学院入試や司法試験をはじめとした各種資格試験対策として必要となる論点を全て網羅している。

　刑法上の論点は無数にあるが、法科大学院入試や司法試験をはじめとした各種資格試験対策としては、本書に掲載されている論点を押さえておけば必要十分である。

　逆にいえば、本書に掲載されていない論点を知識として押さえておく必要は一切ない。万一それらの論点が出題された場合には、現場思考が問われていると考えてよい。

(2) 判例・通説で一貫

　本書は、一貫して判例・通説の立場を採用している。

　刑法は、もっとも学説の対立が激しい科目である。多くの初学者は、学説の洪水に埋もれて混乱し、または判例・通説の理解が不十分なままに最新の学説に捉われて試験対策とは異なる学習を続けてしまう。

　しかし、実務が判例・通説で動いている以上、また、試験官の全員が共有しているのは判例・通説である以上、各種試験対策として重要なのは、あくまでも判例・通説である。

　もちろん、判例・通説を理解するためには他説の理解が必要となる場合もある。本書でも必要に応じて他説を紹介しているが、それはあくまでも判例・通説を理解・記憶するための手段にすぎない。また、「有効な無駄」として最新の学説を理解していくことも有用であるが、最新の学説を理解するには判例・通説に対する深い理解が不可欠の前提となる。

　何事にも、刻むべきステップがある。まずは、本書を通じて判例・通説をしっかりと理解・記憶してほしい。そして、あえて繰り返せば、試験対策としてはそれで必要十分である。

(3) コンパクトな解説とつまずきやすいポイントの詳述

　試験対策として1つの科目に割くことのできる時間は限られている。そこで、本書ではできる限りポイントを押さえたコンパクトな解説を心掛けた。

　しかし、その一方で、刑法独特の言い回しやあてはめの仕方、答案上での論点の取捨選択方法など、初学者や中級者がつまずきやすいポイントについては、講義口調で詳細な解説を付した。

　また、試験対策として必要な場合には、一般的な講義では語られることのない踏み込んだ内容も適宜かみ砕いて詳述した。

本書のメリハリを意識して、かぎられた時間を有効に活用してほしい。

(4) **書き下ろし論証パターンを添付**

　実際の試験の現場は時間との戦いである。その場で一から論証を考えていたのでは、到底時間内にまとまった答案を仕上げることはできない。典型論点の論証を前もって準備しておくことは、試験対策として必要不可欠である。そこで、論述式試験での出題可能性が高い論点について、「予備校教育の代名詞」ともいわれる「悪名高き」論証パターンを巻末に添付した。

　ただし、理解もせず、単に論証を丸暗記するのは、試験対策として全く意味がないばかりか、余事記載を生じさせる点で有害ですらある。ベースとなるのはあくまでも本編の記述の理解であることは忘れないでいてほしい。

　また、私としては現時点で私に書ける最高の論証を書いたつもりであるが、もとよりこれらの論証だけが唯一絶対の論証であるはずもない。これらを叩き台として、各自でよりいっそうの工夫を試みてほしい。

　なお、各論証の冒頭には、原則として簡単な事例ないし設問を付した。単なる暗記のツールにとどまらず、簡易ドリルとしても使用できるようにとの趣旨からである。ぜひ有効に活用していただきたい。

(5) **ランク**

　本文中の項目や論点のまとめ、巻末の論証には、重要度に応じたランクを付した。時間の短縮に有効活用してほしい。

　各ランクの意味は以下のとおりである。

- **A** 試験に超頻出の重要事項。しっかりとした理解と記憶が必要。
- **B⁺** 試験に超頻出とまではいえないが、Aランクに次ぐ重要事項。理解と記憶が必要。
- **B** 最初は読んで理解できる程度でもよい。学習がある程度進んだら記憶しておくと安心。
- **B⁻** 記憶は不要だが、一度読んでおくと安心。
- **C** 読まなくてもよいが、余裕があれば読んでおいてもよい。

(6) **詳細な項目**

　刑法を理解・記憶し、自分のものとするには、常に体系を意識して学習していくことがきわめて重要である。そこで本書では、詳細な項目を付した。

　本文を読むときは、まず最初に必ず項目を読み、自分が学習している箇所が刑法全体

のなかでどの部分に位置するのかをしっかりと確認してほしい。また、復習の際には、項目だけを読み、内容の概略を思い出せるかをチェックすると時間の短縮になるであろう。

(7) 全体が答案

いくら法律の内容を理解・記憶していても、自分の手で答案を書けなければ試験対策としては何の意味もない。そして、答案を書けるようになるための1つの有効な手段は、合格答案を繰り返し熟読することである。

本書は、「刑法総論とは何か」という一行問題に対する私なりの答案でもある。接続詞の使い方や論理の運びなどから、合格答案のイメージをおのずとつかみ取っていただけるはずである。

2 本書の使い方

(1) 論述式試験対策として

論述式試験は、各種資格試験における天王山であることが多い。たとえば司法試験において、いかに短答式試験の成績がよくとも、しっかりとした答案を書けなければ合格は絶対にあり得ない。

本書は、大別して①本文、②論点のまとめ、③論証という3つのパートからなる。これらのうち、論述式試験対策としては、①本文と③論証で必要十分である。これらを繰り返し通読し、理解と記憶のブラッシュアップに努めてほしい。また、その際には、常に体系・項目を意識することが重要である。

(2) 短答式試験対策として

短答式試験対策として、細かい学説を全て押さえようとして自滅してしまう受験生が多い。しかし、短答式試験において必要な知識は、論述式試験において必要な知識と何ら異ならない。重要なのは判例・通説と、論述式試験において紹介する反対説の理解・記憶である。まずは本書を通じてこれらをしっかりと押さえ、それ以外の学説が開かれた場合には現場思考で対応すればよい。

なお、②論点のまとめのなかでは必要に応じてやや細かい学説にも触れておいた。学習時間に余裕がある場合には、これらもざっと目を通しておくと、問題を解くスピードがあがるはずである。

(3) 学部試験対策として

法科大学院入試においては、学部成績が重視されることが多い。

まず、学部の授業の予習として本書を熟読してほしい。そのうえで先生の講義を聴け

ば、先生の講義を面白く聴くことができ、おのずと学習のモチベーションがあがるはずである。

　また、先生が本書の判例・通説の立場と異なる学説を採っておられる場合には、判例・通説の立場で執筆した答案に対する先生の成績評価を先輩等から聞いておいてほしい。自説以外を認めない先生だった場合には、まさに「有効な無駄」として、先生の学説を学部試験前に押さえておけばよい。

　先生の学説と判例・通説との違いを意識すれば、よりいっそう判例・通説の理解が進むであろうし、学問としての刑法学の深さ・面白さを味わうことができるはずである。

3　今後の学習のために

(1)　演習

　いくら法律の内容面を理解し記憶したとしても、実際に自ら問題を解くことを怠っていては何の意味もない。

　演習問題としては、やはり予備試験・司法試験の過去問が最良である。日本を代表する学者や実務家が議論を重ねて作成したこれらの過去問を解くことは、理解を深め、知識を血の通ったものとするうえできわめて有用といえる。

　予備試験・司法試験の過去問集は、短答・論文を通じて複数の出版社から発売されているので、各1冊は入手しておいてほしい。ただし、論文試験の過去問集に載っている参考答案は、どの過去問集でも玉石混交であるから、批判的な検討も必要である。

　学者の書いた演習本としては、井田良ほか『刑法事例演習教材』（有斐閣）が群を抜いて良質であり、おすすめである。

(2)　判例

　法律を学習するうえで、判例はきわめて重要である。手頃な判例集として、別冊ジュリスト『刑法判例百選Ⅰ』（有斐閣）は必携の書である。

　『刑法判例百選』に掲載されている判例を本文で引用した際には、たとえば**最判平成2・3・4**というようにゴシック文字で表記し、かつ、**百選Ⅰ1**というように百選の巻数と事件番号を付記した。ぜひ有効に活用していただきたい。

　また、判例のうち重要なものについては、原文を読むと勉強になる。法学部や法科大学院でインターネット上の判例検索サービスを利用することができる場合には、おおいに活用してほしい。

　判例に対する解説としては、『刑法判例百選Ⅰ』の解説のほか、『最高裁判所判例解説刑事篇』（法曹会）が役に立つ。必要に応じて図書館で参照するとよい。

(3) **注釈書・体系書**

　学部や法科大学院の授業で細かい学説等を調べる必要がある場合には、大塚仁ほか編『大コンメンタール刑法』（青林書院）を図書館で参照するとよい。注釈書を購入して手元に置いておきたい場合は、コンパクトな注釈書として実務家必携の書である『条解刑法』（弘文堂）がおすすめである。

　通読用の体系書としては、伊藤塾・呉クラスの指定参考書でもある裁判所職員総合研修所監修『刑法総論講義案［4訂版］』（司法協会）を最もおすすめする。基礎的な理論の理解に加えて、判例の理解にもおおいに役立つはずである。

　学者の書いた基本書としては、井田良『講義刑法学・総論』（成文堂）がよい。多くの点で本書と立場を異にするが、一流の学者の思考を学ぶという意味では格好のテキストといえる。山口厚『刑法総論』（有斐閣）も、示唆に富む切れ味鋭い良書である。

　大塚裕史ほか『基本刑法Ⅰ総論』（日本評論社）も、最近人気のある基本書である。答案作成を意識した判例・通説による記述という執筆方針や紙面の体裁等が本書ととてもよく似ており（余談だが、本書の初版発行は2008年11月、『基本刑法Ⅰ総論』の初版発行は2012年11月であり、本書のほうが4年早い）、本書の読者にとっても使い勝手がよいと思われる。ただし、判例・通説の解説としては断定しすぎとも思える記述が散見される。理解のしやすさを優先した結果と思われるが、同書の立場以外は間違いであると（おそらくは著者の意図に反して）誤解している受験生が一部にいるようなので、その点は十分注意してほしい。

　天に唾することになるかもしれないが、刑法の世界は、そうした一部の受験生が想像するよりもはるかに多様であり、豊かである。

　最先端の議論を学ぶうえでは、山口厚『問題探求　刑法総論』（有斐閣）や井田良『刑法総論の理論構造』（成文堂）が面白いが、その内容は司法試験の合格に必要なレベルをはるかに超えている。読む場合には、あくまでも「有効な無駄」と位置づけてほしい。

参考文献一覧

　本書を執筆するにあたり多くの文献を参照させていただきました。その全てを記すことはできませんが主なものを下に掲げておきます。なお、本文中にこれらの文献の文章表現を引用させていただいた箇所もありますが、本書はいわゆる学術書ではなく、学習用の教材ですので、その性質上、学習において必要な部分以外は引用した文献名を逐一明記することはしませんでした。

　ここに記して感謝申し上げる次第です。

井田良『刑法総論の理論構造』(成文堂・2005)
井田良『講義刑法学・総論［第2版］』(有斐閣・2018)
井田良ほか『刑法事例演習教材［第3版］』(有斐閣・2020)
大塚仁『刑法概説　総論［第4版］』(有斐閣・2008)
大塚仁ほか編『大コンメンタール刑法［第3版］』(青林書院・2013-2021)
大塚裕史ほか『基本刑法Ⅰ総論［第3版］』(日本評論社・2019)
大谷實『刑法講義総論［新版第5版］』(成文堂・2019)
川端博『刑法総論講義［第3版］』(成文堂・2013)
佐久間修『刑法総論』(成文堂・2009)
曽根威彦『刑法総論［第4版］』(弘文堂・2008)
団藤重光『刑法綱要　総論［第3版］』(創文社・1990)
西田典之＝橋爪隆補訂『刑法総論［第3版］』(弘文堂・2019)
福田平『全訂刑法総論［第5版］』(有斐閣・2011)
福田平＝大塚仁『刑法総論［改訂版］』(青林書院・1997)
藤木英雄『刑法講義総論』(弘文堂・1975)
前田雅英『刑法総論講義［第7版］』(東京大学出版会・2019)
前田雅英編集代表『条解刑法［第4版補訂版］』(弘文堂・2023)
山中敬一『刑法総論［第3版］』(成文堂・2015)
山口厚『問題探求　刑法総論』(有斐閣・1998)
山口厚『刑法総論［第3版］』(有斐閣・2016)
『最高裁判所判例解説　刑事篇』(法曹会)
裁判所職員総合研修所監修『刑法総論講義案［4訂版］』(司法協会・2016)
『刑法判例百選Ⅰ総論［第8版］／Ⅱ各論［第8版］』(有斐閣・2020)

第4版　はしがき……… III
初版　はしがき……… IV
参考文献一覧……… XI
目次……… XII
論証カード一覧……… XX

●第1編● 刑法の基本原理　1

第1章　刑法の意義——3

1. 刑法とは………3
2. 刑法の分類………3
3. 自然犯と法定犯………4
4. 刑法の機能………5
   (1)法益保護機能　(2)自由保障機能　(3)両機能の調和

第2章　刑法理論——犯罪と刑罰に関する基礎理論——7

1. 犯罪の本質(犯罪理論)………7
   (1)決定論と主観主義　(2)非決定論と客観主義
2. 刑罰の正当化根拠(刑罰理論)………8
   (1)3つの考え方　(2)犯罪理論との関係
3. 近代学派と古典学派………10
4. 今日の通説的見解………10

第3章　罪刑法定主義——11

1. 意義………11
2. 内容………11
   (1)罪刑の法定（成文法主義）　(2)遡及処罰の禁止
   (3)類推解釈の禁止

第4章　刑法の適用範囲——13

1. 刑法の時間的適用範囲………13
   (1)原則　(2)例外——6条　(3)実行行為の途中で刑が変更された場合
   (4)刑の廃止

2 刑法の場所的適用範囲…………16
　　(1)国内犯──属地主義　　(2)国外犯

●第2編● 犯罪　　19

第1章　犯罪の成立要件概説　　21

1 犯罪の成立要件…………21
　　(1)構成要件(Tb)　　(2)違法性(Rw)　　(3)責任(S)
2 処罰阻却事由・処罰条件…………23

第2章　構成要件総論　　24

1 構成要件の機能…………24
　　(1)保障機能(罪刑法定主義的機能)　　(2)違法性・有責性推定機能
2 構成要件要素概説…………25
　　(1)客観的構成要件要素　　(2)主観的構成要件要素
3 構成要件の確定…………30
　　(1)基本的構成要件の確定　　(2)修正された構成要件
　　(3)規範的構成要件要素

第3章　実行行為　　32

1 不作為犯…………32
　　(1)不作為犯の分類　　(2)不真正不作為犯と罪刑法定主義
　　(3)不真正不作為犯の実行行為性　　(4)同価値性の要件
2 間接正犯…………37
　　(1)間接正犯の意義　　(2)間接正犯の成立要件　　(3)間接正犯の類型

第4章　因果関係　　41

1 因果関係の意義…………41
2 条件関係…………42
　　(1)条件関係の意義　　(2)条件関係の判断　　(3)特殊な条件関係
3 相当因果関係(学説)…………45
　　(1)因果関係に関する法的限定　　(2)相当性判断の基礎事情

4 因果関係に関する判例……….49
　　(1)行為の危険性の現実化　　(2)あてはめ方　　(3)重要判例　　(4)判例の類型

第5章　構成要件的故意 ———— 55

1 故意の意義……….55
　　(1)故意の本質　　(2)故意の分類
2 構成要件的故意の要素……….56
　　(1)認識以外の要素の要否　　(2)認識・認容の対象
3 構成要件的故意の種類……….61
　　(1)確定的故意と不確定的故意　　(2)ヘルマンの概括的故意
4 事実の錯誤……….65
　　(1)事実の錯誤の意義　　(2)事実の錯誤の分類
　　(3)具体的事実の錯誤の処理　　(4)抽象的事実の錯誤の処理
　　(5)ウェーバーの概括的故意　　(6)早すぎた構成要件の実現

第6章　構成要件的過失 ———— 86

1 過失犯総論……….86
　　(1)過失犯処罰の要件——特別の規定の存在　　(2)過失犯の構造
2 過失犯の成立要件に関する個別問題……….89
　　(1)予見可能性の基準者　　(2)予見可能性の対象・程度
　　(3)予見可能性と結果回避義務の関係　　(4)監督過失

第7章　違法性 ———— 94

1 違法性の実質……….94
　　(1)形式的違法性と実質的違法性　　(2)結果無価値論と行為無価値論
2 違法性阻却事由……….97
　　(1)違法性阻却事由の意義　　(2)違法性阻却の一般的根拠
　　(3)違法性阻却事由の種類
3 違法の客観性……….98
　　(1)違法性の判断基準　　(2)違法性の判断対象

第8章　違法性阻却事由 ———— 100

1 正当行為……….100
　　(1)法令行為　　(2)正当業務行為　　(3)被害者の承諾
　　(4)推定的承諾　　(5)治療行為　　(6)義務の衝突

(7)その他の正当行為
　2　正当防衛…………109
　　　(1)緊急行為　　(2)正当防衛の意義と根拠
　　　(3)正当防衛の成立要件　　(4)正当防衛における個別的問題
　　　(5)過剰防衛(36条2項)　　(6)誤想防衛・誤想過剰防衛
　3　緊急避難…………124
　　　(1)緊急避難の意義　(2)緊急避難の成立要件　　(3)緊急避難の法的性質
　　　(4)自招危難　　(5)業務上特別の義務がある者の緊急避難　　(6)過剰避難
　　　(7)誤想避難・誤想過剰避難
　4　自救行為…………129
　　　(1)自救行為の意義　　(2)自救行為の要件
　5　可罰的違法性の理論…………130

第9章　責任 ——131

　1　責任総論…………131
　　　(1)責任主義　　(2)責任の本質　　(3)責任の要素と判断基準
　2　責任能力…………134
　　　(1)責任能力の意義　　(2)責任能力の存否
　　　(3)心神喪失者・心神耗弱者　　(4)刑事未成年者
　3　原因において自由な行為…………137
　　　(1)問題の所在　(2)原因において自由な行為の意義　(3)理論的根拠
　　　(4)限定責任能力の場合　　(5)故意犯の場合　　(6)過失犯の場合
　　　(7)行為の途中から故意が変化した場合
　4　責任故意①──違法性の意識…………144
　　　(1)違法性の意識の要否──法律の錯誤の処理　　(2)法律の錯誤の原因
　　　(3)違法性の意識の可能性の有無の判断　　(4)法律の錯誤と事実の錯誤の区別
　5　責任故意②──違法性阻却事由の錯誤の処理…………151
　　　(1)違法性阻却事由の錯誤の意義　　(2)違法性阻却事由の錯誤の効果
　　　(3)特殊な錯誤──誤想過剰防衛・誤想過剰避難
　6　期待可能性…………155
　　　(1)期待可能性の意義　　(2)期待可能性の判断基準
　　　(3)期待可能性の錯誤

第10章　未遂 ——157

　1　未遂犯総論…………157
　　　(1)未遂犯の意義　　(2)未遂犯の処罰根拠　　(3)予備罪・陰謀罪

2 未遂犯の成立要件..........161
    (1)実行の着手　(2)「これを遂げなかった」
3 未遂犯の効果..........168
4 中止未遂..........168
    (1)必要的減免の根拠──中止未遂の法的性格
    (2)中止未遂の成立要件　(3)予備罪の中止
5 不能犯..........179
    (1)不能犯の意義　(2)不能犯と未遂犯の区別
    (3)各学説からのあてはめ　(4)不能犯に関する判例

第11章　共犯 ──185

1 共犯総論..........185
    (1)共犯の意義　(2)必要的共犯の分類　(3)対向犯と任意的共犯
2 任意的共犯総論..........187
    (1)共犯の処罰根拠　(2)共犯の従属性　(3)共犯の本質（罪名従属性）

第12章　共同正犯 ──201

1 共同正犯総論..........201
    (1)共同正犯の意義と分類　(2)共同正犯の効果
    (3)共同正犯の効果の根拠（共同正犯の処罰根拠）　(4)共同正犯の成立要件
2 共謀共同正犯..........205
    (1)共謀共同正犯の成否　(2)共謀共同正犯の要件
3 片面的共同正犯..........211
    (1)意義　(2)肯否
4 承継的共同正犯..........212
    (1)問題の所在　(2)肯否　(3)関与後の実行行為の共同の要否
    (4)限定的肯定説からの具体的検討　(5)承継的共同正犯についての判例
5 過失犯の共同正犯..........221
    (1)過失犯の共同正犯の成否を論じる実益　(2)成否
    (3)過失犯の共同正犯の成立要件
6 結果的加重犯の共同正犯..........224
    (1)問題の所在　(2)成否
7 共犯関係の解消..........226
    (1)問題の所在　(2)解消の要件
    (3)共犯関係の解消に関する判例　(4)解消を認めた場合の処理
8 共謀の射程..........230
9 共同正犯の中止未遂..........232

　　　　(1) 中止未遂の成立要件　　(2) 中止未遂の効果の人的範囲
　10　身分犯の共同正犯……………232
　　　　(1) 身分犯総論　　(2) 身分犯の共同正犯の成否
　11　予備罪の共同正犯……………239
　　　　(1) 予備罪総論　　(2) 予備罪の共同正犯の成否
　12　不作為犯の共同正犯……………243
　　　　(1) 各自が作為義務を有する場合
　　　　(2) 一部の者のみが作為義務を有する場合

第13章　教唆犯 ——244

　1　教唆犯の意義…………244
　2　教唆犯の成立要件…………244
　　　　(1) 教唆行為　　(2) 教唆に基づく正犯の実行行為
　　　　(3) 正犯結果の発生　　(4) 教唆犯の故意
　3　教唆犯の処分…………249
　4　教唆犯の諸類型…………249
　　　　(1) 間接教唆　　(2) 再間接教唆　　(3) 従犯の教唆

第14章　幇助犯 ——251

　1　幇助犯の意義…………251
　2　幇助犯の成立要件…………251
　　　　(1) 幇助行為　　(2) 正犯の実行行為　　(3) 正犯結果の発生
　　　　(4) 幇助の因果関係　　(5) 幇助犯の故意
　3　幇助犯の処分…………255
　4　幇助犯の諸類型…………256
　　　　(1) 間接幇助　　(2) 再間接幇助

第15章　教唆犯・幇助犯をめぐる諸問題 ——257

　1　片面的教唆・幇助…………257
　　　　(1) 片面的教唆　　(2) 片面的幇助
　2　過失による教唆・幇助…………258
　　　　(1) 過失による教唆　　(2) 過失による幇助
　3　過失犯に対する教唆・幇助…………259
　　　　(1) 過失犯に対する教唆　　(2) 過失犯に対する幇助

4 結果的加重犯に対する教唆・幇助…………260
　　(1)結果的加重犯に対する教唆　(2)結果的加重犯に対する幇助
5 不作為による教唆・幇助…………261
　　(1)不作為による教唆　(2)不作為による幇助
6 不作為犯に対する教唆・幇助…………263
　　(1)不作為犯に対する教唆　(2)不作為犯に対する幇助
7 身分犯と教唆・幇助…………264
　　(1)非身分者が不真正身分者を教唆・幇助した場合
　　(2)不真正身分者が非身分者を教唆・幇助した場合
　　(3)非身分者が真正身分者を教唆・幇助した場合
　　(4)真正身分者が非身分者を教唆・幇助した場合
8 予備罪の教唆・幇助…………266
　　(1)予備罪の教唆　(2)予備罪の幇助
9 正犯と狭義の共犯の区別…………267
　　(1)問題の所在　(2)検討

第16章　共犯の錯誤―――269

1 共犯の錯誤・総論…………269
　　(1)共犯の錯誤の意義　(2)共犯の錯誤の処理
2 同一共犯形式内の錯誤…………270
　　(1)共同正犯の錯誤　(2)教唆犯の錯誤　(3)幇助犯の錯誤
3 異なる共犯形式相互間の錯誤…………272
4 間接正犯と共犯の錯誤…………273
　　(1)間接正犯と教唆との錯誤
　　(2)被利用者が途中で情を知るに至った場合
　　(3)間接正犯と幇助犯との錯誤

第17章　罪数―――277

1 罪数論の意義…………277
2 一罪と数罪…………278
　　(1)罪数決定の基準　(2)一罪の分類
3 評価上一罪…………279
　　(1)法条競合　(2)包括一罪
4 数罪の処理…………283
　　(1)数罪の分類　(2)観念的競合　(3)牽連犯　(4)併合罪
　　(5)単純数罪の処理　(6)数罪の処理に関する諸問題

contents

●第3編● 刑罰　293

第1章　刑罰の種類 ── 295
1 総論………295
2 死刑………295
3 拘禁刑・拘留………296
   (1)拘禁刑　(2)拘留
4 罰金・科料………297
5 没収………297
   (1)没収の意義　(2)没収の種類　(3)任意的没収の要件　(4)追徴

第2章　刑罰の適用 ── 301
1 法定刑………301
   (1)意義　(2)法定刑の上限と下限　(3)刑の軽重
2 処断刑………302
   (1)意義　(2)処断刑の形成
3 宣告刑………305

第3章　刑罰の執行 ── 306
1 執行猶予の意義………306
2 全部の執行猶予………306
   (1)要件　(2)保護観察　(3)期間　(4)取消し　(5)効果
3 一部の執行猶予………309
   (1)要件　(2)保護観察　(3)期間　(4)取消し　(5)効果

論証カード………311
事項索引………357
判例索引………364

論証カード 一覧

1. 不真正不作為犯の実行行為性(A^+) ……………………………… 313
2. 間接正犯の実行行為性(A^+) ……………………………………… 313
3. 刑法上の因果関係①　折衷的相当因果関係(B^+) ………………… 314
4. 刑法上の因果関係②　判例(A^+) ………………………………… 314
5. 規範的構成要件要素と構成要件的故意(B^+) …………………… 315
6. 不真正不作為犯における作為義務の錯誤(B) …………………… 315
7. ヘルマンの概括的故意(A) ………………………………………… 316
8. 具体的事実の錯誤の処理　法定的符合説＋数故意犯説(A^+) … 316
9. 因果関係の錯誤(A) ………………………………………………… 317
10. 抽象的事実の錯誤の処理①　主観＞客観のケース(A^+) ……… 318
11. 抽象的事実の錯誤の処理②　主観＜客観のケース(A^+) ……… 318
12. ウェーバーの概括的故意(A) ……………………………………… 319
13. 早すぎた構成要件の実現(A) ……………………………………… 320
14. 過失犯における予見可能性の程度(B^+) ………………………… 321
15. 違法性の実質と違法性阻却の一般的根拠(A^+) ………………… 321
16. 被害者の承諾による違法性阻却(A) ……………………………… 322
17. 侵害の「急迫」性(A) ………………………………………………… 322
18. 防衛の意思の要否・内容(A^+) …………………………………… 323
19. 反撃行為の結果が第三者に生じた場合の処理(A) ……………… 324
20. 自招侵害(A) ………………………………………………………… 325
21. 量的過剰防衛(A) …………………………………………………… 326
22. 緊急避難の法的性質(A) …………………………………………… 327
23. 自救行為(B^+) ……………………………………………………… 327
24. 原因において自由な行為　修正説＋二重の故意の要否(A^+) … 328
25. 違法性の意識の要否①　制限故意説(A) ………………………… 329
26. 違法性の意識の要否②　責任説(A) ……………………………… 329
27. 違法性阻却事由の錯誤①　誤想防衛の処理(A) ………………… 330
28. 違法性阻却事由の錯誤②　誤想過剰防衛の処理(A) …………… 331
29. 実行の着手時期(A^+) ……………………………………………… 332
30. 間接正犯における実行の着手時期(A) …………………………… 332
31. 中止未遂の要件①　「自己の意思により」──中止の任意性(A^+) … 333
32. 中止未遂の要件②　「中止した」──中止行為(A^+) …………… 334
33. 中止未遂の要件③　結果の不発生との間の因果関係(A) ……… 334

34.	予備罪の中止(B⁺)	335
35.	不能犯(A⁺)	336
36.	共犯の従属性①　実行従属性(A⁺)	337
37.	共犯の従属性②　要素従属性(A⁺)	337
38.	共犯の従属性③　共同正犯における違法の連帯性(A)	338
39.	共犯の従属性④　共同正犯における責任の連帯性(B⁺)	338
40.	共犯の本質　罪名従属性(A)	339
41.	実行共同正犯の成立要件(A)	339
42.	共謀共同正犯の成否・成立要件(A)	340
43.	承継的共同正犯①　承継的共同正犯の肯否(A⁺)	341
44.	承継的共同正犯②　強盗殺人罪の承継的共同正犯(A)	342
45.	過失犯の共同正犯(B⁺)	343
46.	結果的加重犯の共同正犯(A⁺)	344
47.	共犯関係の解消(A⁺)	345
48.	共謀の射程(A)	346
49.	身分犯の共同正犯(A)	347
50.	予備罪の共同正犯(B⁺)	348
51.	未遂の教唆の可罰性①　(A)	349
52.	未遂の教唆の可罰性②　正犯結果が発生した場合(B⁺)	350
53.	幇助の因果関係(A)	351
54.	片面的幇助(A)	352
55.	不作為による幇助(B⁺)	353
56.	正犯と狭義の共犯の区別(A)	353
57.	共犯の錯誤①　共同正犯形式内の抽象的事実の錯誤(A)	354
58.	共犯の錯誤②　異なる共犯形式相互間の錯誤(A)	355
59.	間接正犯と共犯の錯誤①　主観が間接正犯、客観が教唆犯の場合(A)	355
60.	間接正犯と共犯の錯誤②　被利用者が途中で情を知るに至った場合(A)	356

第1編

刑法の基本原理

第1章 刑法の意義

1. 刑法とは　A

　刑法は、①何が犯罪であるか、また②その犯罪に対していかなる刑罰が科されるか、について定めた法規であると定義される。
　このように、その内容に着目して定義づけられる刑法を、実質的意義の刑法という。

> eg. 199条　人を殺した者は、死刑又は無期若しくは5年以上の拘禁刑に処する。
> 　　　　　　↑　　　　　　　　　↑
> 　　　　　　犯罪　　　　　　　　刑罰

2. 刑法の分類　B

　かかる実質的意義の刑法は、刑法典、すなわちタイトルに「刑法」と記された法規（形式的意義の刑法）からのみ成るわけではない。たとえば、軽犯罪法や道路交通法などのように、タイトルに「刑法」と記載されてはいなくとも、犯罪と刑罰に関する法規は多数存在する。

これらの、「刑法」というタイトルは有しないものの、その内容において犯罪と刑罰について定める法規を、**特別刑法**という。

```
            ┌ 形式的意義の刑法（刑法典）
実質的意義の刑法 ┤
            └ 特別刑法　eg. 軽犯罪法、道路交通法
```

3. 自然犯と法定犯　B

　実質的意義の刑法において規定されている「犯罪」は、大きく自然犯（刑事犯）と法定犯（行政犯）に区別される。
　自然犯とは、その行為が法律以前に**道徳的に悪い**とされる犯罪をいう。たとえば殺人罪（199条）は、自然犯の典型である。
　これに対し法定犯とは、その行為自体は**道徳的には無色**であるか、あるいは**無色に近い**が、行政取締りの必要上犯罪と定められているものをいう。たとえば、無免許運転罪（道路交通法117条の2の2第1号、64条）は法定犯である（特に、十分な運転技能のある者による無免許運転の場合を想定するとよい）。
　なお、この自然犯と法定犯の区別は、相対的なものにすぎない。たとえば、酒酔い運転罪（道路交通法117条の2第1号、65条1項）は従来は法定犯であると考えられてきた。しかし、近時の社会通念においては、道徳的にも悪い行為といえよう。すなわち、酒酔い運転罪は法定犯から自然犯へと変化したといってよい。このように、社会通念の変化により、法定犯が自然犯へと変化することがある。

4. 刑法の機能

　刑法にはさまざまな機能があるが、試験との関係で重要なのは、①法益保護機能と、②自由保障機能である。

1 法益保護機能　A

　法益とは、法的に保護される利益のことである。たとえば、生命や身体の安全、名誉、財産などが法益にあたる。
　刑法は、こうした法益を保護する機能を有する。すなわち、刑法は犯罪と刑罰を規定することによって、これから犯罪を行うべきか否か迷っている者を事前に威嚇し、犯罪を行わせないようにしている。また、実際に犯罪を行った者には制裁として刑罰を科する。こうしたことによって、刑法は法益の保護を図っているのである。
　刑法のこうした機能のことを、法益保護機能という。
　そして、ある条文（犯罪規定）が保護しようとしている法益を、保護法益という。

2 自由保障機能　A

　しかし、刑法の機能は法益保護機能に尽きるわけではない。
　刑法は、犯罪となる行為を事前に明示することによって、逆説的に、犯罪ではない行為を明示するという側面をも有する。刑法に規定されていない行為については、それがいかに道徳に反する行為であったとしても犯罪とはならず、刑罰を科されることはない。刑法は、刑法に規定されていない行為をする自由を我々に保障しているわけである。
　刑法のこうした機能のことを、自由保障機能という。

3 両機能の調和　A

　これらの2つの機能は、それぞれ異なる方向性を志向している。たとえば、法益保護機能は、できるだけ犯罪を成立させる方向で解釈していくべきことを

我々に要求してくる。他方で、自由保障機能は、できるだけ犯罪を成立させない方向で解釈していくべきことを要求してくるのである。

したがって、個々の論点の解釈をするに際しては、方向性の異なるこれらの2つの機能からの要請にいかに対処するかが重要なポイントとなる。時には両者の折衷的な観点から結論を出し、また時には法益保護機能を（または自由保障機能を）前面に押し出して解釈を展開することもある。

第2章

刑法理論
―― 犯罪と刑罰に関する基礎理論

　刑法は、犯罪と刑罰に関する法規である。しかし、そもそも「犯罪」の本質はどこにあるのか、また、なぜ犯罪に対して「刑罰」を科すことができるのかについては、古来より法哲学的な議論が続いている。これらの議論そのものを答案上に展開することは通常考えられないが、具体的な個々の論点を理解するための前提となることはある。

　そこで以下、これらの議論を、今後の学習に必要と思われる限度で概観しておこう。

1. 犯罪の本質（犯罪理論）

　犯罪の本質をいかに捉えるかについては、人間存在をいかなるものとして把握するかという問題と密接に関連する。

1　決定論と主観主義　B

　人間存在についての第1の考え方は、決定論である。決定論とは、人間の行動は遺伝的素質と社会環境によって全て事前に決定されているという思想をいう。

　こうした決定論によれば、犯罪を行った者は必然的に犯罪を行ったのだということになるし、犯罪を行わなかった者は必然的に犯罪を行わなかったのだということになる。すなわち、全ての人間を、犯罪者という人種と、犯罪者ではない人種とに二分して理解することになるのである。

　その結果、犯罪に対する評価も、外部に現れた客観的な行動ではなく、犯人

のもつ社会的な危険性（すなわち、その者が犯罪者という人種に属していること）に対して行われることになる。

このように、犯罪の本質を犯人の社会的な危険性（内面）に求める立場を、主観主義という。

2　非決定論と客観主義　B

人間存在についての第2の考え方は、非決定論である。非決定論とは、人間の行動は事前に決定されているのではなく、自由意思により選択されるという思想をいう。

こうした非決定論によれば、全ての人間は、犯罪を行うこともできるし、犯罪を行わないこともできるという点で同一である。すなわち、実際に犯罪を行った者と、犯罪を行わなかった者とでは、その社会的な危険性において違いはないことになる。

その結果、犯罪に対する評価は、外部に現れた行為および結果に対して行えばよい。内面の危険性はみな同じだからである。

このように、犯罪の本質を外部的な行為および結果に求める立場を、客観主義という。

2. 刑罰の正当化根拠（刑罰理論）

1　3つの考え方　B+

刑罰の正当化根拠については、①応報刑主義、②一般予防主義、③特別予防主義という3つの考え方がある。

ア　応報刑主義

刑罰は、犯罪という害悪に対してその当然の報いとして科せられるのだという考え方である。

応報刑主義のもとでは、刑罰は、実際に生じた犯罪の報いであるから、犯罪と刑罰とはその害悪の程度において相応したものでなければならず、犯罪との均衡を失するような刑罰は許されないことになる。

イ 一般予防主義

刑罰は、これを科することにより社会の一般人を威嚇し、将来における犯罪を予防するためにあるのだという考え方である。

ウ 特別予防主義

刑罰は、犯人自身が将来再び犯罪に陥ることを予防するためにあるとする考え方である。

特別予防主義のもとでは、犯人自身が将来再び犯罪に陥ることを予防するための手段として、犯人を一般社会から隔離することや、改善・教育することが要請されることになる。

2 犯罪理論との関係　B

以上の正当化根拠のうち、特別予防主義は主観主義と、応報刑主義や一般予防主義は客観主義と結びつきやすいといわれている。

すなわち、決定論ないし主観主義にとっては、犯罪者は必然的に犯罪者であり、一般人とは異なる特別な存在であった。したがって、刑罰の主眼は、その特別な存在である犯罪者を隔離し、また改善・教育する点にあるということになりやすい（特別予防）。

他方、非決定論ないし客観主義にとって、犯罪者も一般人もその危険性において異なるところはない。そのため、刑罰の主眼は、生じてしまった犯罪に対する報い（応報刑）や、一般人への威嚇（一般予防）にあるということになりやすいのである。

3. 近代学派と古典学派　B

　以上の刑法理論をまとめれば、①決定論──→主観主義──→特別予防主義というグループと、②非決定論──→客観主義──→応報刑主義・一般予防主義というグループに大別することができる。
　前者のグループは近代学派（新派）、後者のグループは古典学派（旧派）とよばれている。

4. 今日の通説的見解　B

　今日では、古典学派をベースとしつつ近代学派の発想にも理解を示す見解が通説的である。
　すなわち、まず、決定論と非決定論の折衷的な観点から、人間は素質と環境との制約を受けながらも、主体的に自己の行動を決定する自由意思を有すると考えていく（相対的意思自由論）。
　それゆえ、犯罪者を特別扱いする主観主義を採用することはできない。犯罪の本質は外部に現れた行為と結果にあると考える客観主義が妥当だということになる。
　他方、素質や環境による制約を一定の限度で肯定する相対的意思自由説に立脚する以上、刑罰の正当化根拠については、応報刑の基礎のもと、犯罪に相応する範囲内で一般予防的配慮のみならず特別予防的配慮をも行うべきであると考えていくわけである。

```
相対的意思自由論 ┫ ①制約を受けつつも   → 特別予防
                 ┃ ②自由意思を有する   → 客観主義・応報刑・一般予防
```

第3章 罪刑法定主義

1. 意義 A

　罪刑法定主義とは、いかなる行為が犯罪となり、それに対していかなる刑罰が科せられるかについて、あらかじめ成文の法律をもって規定しておかなければならないという刑法の基本原則をいう。

　その根拠は、デュープロセスを要求する憲法 31 条や、政令による罰則の制定を原則として禁ずる憲法 73 条 6 号ただし書、遡及処罰を禁ずる憲法 39 条前段前半に求められている。

2. 内容

　罪刑法定主義は、①罪刑の法定（成文法主義）、②遡及処罰の禁止、③類推解釈の禁止をその内容としている。

1 罪刑の法定（成文法主義） A

　罪刑法定主義の定義からも明らかなように、罪刑法定主義のもとでは、犯罪と刑罰はあらかじめ成文の法律をもって規定しておかなければならない。

　したがって、まったく刑種や刑量を定めない絶対的不確定刑は禁止される。たとえば、刑種を定めず単に「〜した者には刑罰を科する」と規定したり、刑

種は定めるものの刑量の上限・下限を定めずに「〜した者は拘禁刑に処する」と規定したりすることは許されない。

他方、刑種および刑量の上限・下限を定める相対的不確定刑は罪刑法定主義に反しない。事実、刑法典の刑罰は、ほぼ全て相対的不確定刑である。

なお、罪刑法定主義と直接の関係はないが、上限と下限を定めて宣告する相対的不定期刑（たとえば、実際の裁判で裁判官が「被告人を拘禁刑3年以上5年以下に処する」と言い渡す刑）も許される。

2 遡及処罰の禁止 A

これも定義から明らかなように、犯罪と刑罰は「あらかじめ」定められていなければならず、行為の後になって定められた犯人に不利益な規定を遡及的に適用することは許されない。憲法39条前段前半は、「何人も、実行の時に適法であった行為……については、刑事上の責任を問はれない」とし、遡及処罰の禁止を明示している。

ただし、罪刑法定主義は犯人の利益のための原理であるから、犯人に有利な方向での遡及処罰は許される（刑法6条）。この点については、刑法の時間的適用範囲のところで詳述する（➡次ページ以下）。

3 類推解釈の禁止 A

犯人に不利益な類推解釈を許しては、罪刑法定主義の趣旨を没却する。よって、犯人に不利益な類推解釈は禁止される。

しかし、罪刑法定主義は犯人の利益のための原理であるから、やはり犯人に有利な方向での類推解釈は許される。

また、犯人に不利益であっても、類推解釈でない拡張解釈は許されるとされている。

> 類推解釈と拡張解釈の区別はあいまいです。試験との関係では、犯人に不利益な類推解釈は禁止され、拡張解釈は許されるということだけ押さえておけば十分でしょう。
> なお、本文であげた3つの内容に加え、罪刑法定主義の派生原則として、「明確性」や「罪刑の均衡」があげられることがあります。

第4章 刑法の適用範囲

1. 刑法の時間的適用範囲

　犯罪の実行行為の前、あるいは後に、法改正によって当該犯罪の刑が変更される場合がある。
　そのような場合、いつの時点の法律ないし刑を適用することになるのだろうか。
　これが、刑法の時間的適用範囲の問題である。

1 原則　B+

　この問題については、実行行為終了時の法律ないし刑を適用するのが原則と解されている。遡及処罰は禁止されているから（➡前ページ2）、というのがその理由である。
　まずはこの原則をしっかりと覚えておこう。

> 　たとえば、現在の強盗罪の法定刑は5年以上の有期拘禁刑とされているのですが（236条1項）、Aが強盗を行った後に、法改正がなされて強盗罪の法定刑に無期拘禁刑が追加されたとします。
> 　この場合、Aに適用することができるのは、あくまでもAが強盗を行った時点の法律ないし刑です。Aに改正後の法律を適用して無期拘禁刑に処することは許されません。

2 例外——6条　B+

　もっとも、上記の原則の例外として、6条は「犯罪後の法律によって刑の変更があったときは、その軽いものによる」と定めている。

ここで「犯罪後」とは、実行行為後という意味である（通説）。

したがって、実行行為後に刑が軽く変更された場合は、この6条によって、実行行為後の改正法が定める軽い刑が適用されることになる。

> 1のコラムでも説明したとおり、実行行為後の法改正によって**刑が重く変更**された場合は、実行行為時の法律が定める軽い刑が適用され、改正法が定める重い刑は適用されません。仮に改正法を遡及的に適用してしまうと、犯人に不利益な遡及処罰となり、罪刑法定主義に反することになってしまいます。
> 他方で、実行行為後の法改正によって**刑が軽く変更**された場合は、6条によって、実行行為時の法律が定める重い刑は適用されず、実行行為後の改正法が定める軽い刑が遡及的に適用されることになります。これも遡及処罰（事後法の適用）ではあるのですが、犯人に有利な遡及処罰ですから、罪刑法定主義に反することはありません（➡12ページ**2**）。

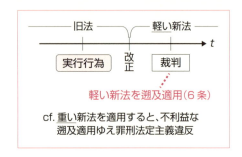

3 実行行為の途中で刑が変更された場合 B

では、実行行為の途中で刑が変更された場合は、どの時点の法が適用されるのだろうか。

この場合は、6条の適用はなく、常に改正後の新法が適用されることになる。改正後の新法こそが、実行行為終了時の法律だからである（➡13ページ**1**）。

たとえば、Aが被害者を3年間監禁した後に解放した事案で、監禁中に法律の改正によって監禁罪の刑が変更されたとする。この場合は、改正後の新法の刑の軽重を問わず、Aには改正後の新法が定める新しい刑が適用されることになるわけである。

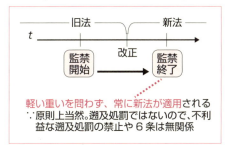

4 刑の廃止

ア 刑の廃止と経過規定

犯罪行為の時点では法律が存在していたものの、裁判時までに刑が廃止された場合には、その行為を処罰することはできないのが原則である（刑事訴訟法337条2号）。

ただし、その廃止法や新法のなかに「罰則の適用については、なお従前の例による。」旨の経過規定が設けられていれば、裁判時において刑が廃止されていても、刑の廃止前の行為についてはなお処罰可能となる。経過規定の存在により、その限度では刑の廃止はなかったことになるからである。

イ 限時法の理論

さらに、そのような経過規定がない場合であっても、「限時法」の理論により処罰が可能なのではないかが問題となるが、これを否定するのが通説である。

> 限時法とは、あらかじめ一定の有効期間を限って制定された法律のことです。
> こうした限時法は、有効期間の終了すなわち**廃止が近くなる**と、犯罪行為の時点ではまだ法律は有効であるにもかかわらず、実際上その法律によって**処罰することができなくなってしまう**という不都合性があります。なぜなら、犯罪行為と裁判との間には一定のタイムラグ

> が生じる以上、廃止が近くなると、犯罪行為──廃止──裁判となってしまい、前述した刑事訴訟法 337 条 2 号を適用すべきことになってしまうからです。
> そこで、こうした不都合性を回避するため、刑法の規定が限時法の性質を有する場合には、その規定が失効した後もこれによる処罰を認めようとする説が出てきます。これを、限時法の理論といいます。
> しかし、刑の廃止は、刑法 6 条を適用すべき「刑が軽く変更された場合」の極限的なかたちといえることから、限時法の理論は 6 条に反するというべきでしょう。

2. 刑法の場所的適用範囲

　日本国民が日本国内で行った行為につき、日本の刑法が適用されるのは当然である。
　では、外国人が日本国内で行った行為についても、日本の刑法が適用されるのか。日本国民あるいは外国人が、外国で行った行為についてはどうか。
　これが、刑法の場所的適用範囲の問題である。

	着目点	適用される犯罪
属地主義	場所（日本国内）	全犯罪
保護主義	保護法益（国益）	国益を害する一定の重大犯罪 日本国公務員による一定の重要な職務犯罪
属人主義	犯人の国籍（日本）	一定の重大犯罪 ※過失犯と単純横領は対象外
消極的属人主義	被害者の国籍（日本）	一定の重大犯罪
世界主義	国際協同	ハイジャック等

1　国内犯──属地主義　B+

　まず、日本国内において犯された犯罪、すなわち国内犯については、犯罪の内容や犯人の国籍、被害者の国籍などを問わず、およそ日本の刑法が適用される（1 条 1 項）。

この制度は、犯罪が行われた場所に着目して刑法を適用するものであることから、属地主義とよばれている。

なお、国外にある日本船舶または日本航空機内は、日本国内と同様に扱う（1条2項）。この点は短答式試験用に覚えておこう。

2 国外犯 B+

では、日本国外において犯された犯罪、すなわち国外犯については、日本の刑法は適用されないのだろうか。

ア 全ての者の国外犯──保護主義

まず、国外犯のうち、日本国の国益を害する一定の重大な犯罪については、犯人や被害者の国籍を問わず、およそ日本の刑法が適用される（2条）。

この制度は、犯罪の保護法益に着目して刑法を適用するものであることから、保護主義とよばれている。

イ 日本国民の国外犯──属人主義

次に、2条に列挙された犯罪以外の犯罪であっても、日本国民が一定の重大な犯罪を犯した場合には、やはり日本の刑法が適用される（3条）。

この制度は、主として犯人の国籍に着目して刑法を適用するものであることから、属人主義とよばれている。

3条に列挙された属人主義の対象とされている犯罪を全て記憶する必要はないが、そのなかに過失犯と単純横領罪が含まれていないことはできれば覚えておこう。

ウ 日本国民を被害者とする国外犯──消極的属人主義

また、日本国民が一定の重大な犯罪の被害者となった場合にも、日本の刑法が適用される（3条の2）。

この制度は、主として被害者の国籍に着目して刑法を適用するものであることから、消極的属人主義とよばれている。

エ　ハイジャック等——世界主義

　最後に、国際協同の観点から、ハイジャック等の場合につき刑法を適用することがある（4条の2）。

　この制度を、世界主義という。

> なお、国外犯は、その国の刑法の適用も受けるのが通常です。ただし、1つの犯罪を外国と日本で二重に処罰するのは妥当ではありませんから、刑法は、外国において刑の執行を受けている場合には刑の執行を減軽し、または免除するものとしています（5条）。

第 **2** 編

犯罪

第1章 犯罪の成立要件概説

1. 犯罪の成立要件

　犯罪の成立要件をいかに解するべきかという最も基礎的なレベルにおいてすら、実は様々な学説が存在している。しかし、試験との関係では、**構成要件該当性・違法性・責任（または有責性）** の3つを要求する通説的見解を知っておけば足りる。判例・実務もおおむねこの通説的見解に従っている。

　この通説的見解を「犯罪」の定義に引き直せば、犯罪とは構成要件に該当する違法・有責な行為だということになる。以下、それぞれの要素の詳細を学習する前に、ここで概略を確認しておこう。

1　構成要件（Tb）　A+

　構成要件とは、ここでは**刑法各論の条文**（77条以下）のことだと思っておいてほしい。たとえば、殺人罪の構成要件は「人を殺した」（199条）ということだとイメージしておけば今は十分である。

　通説は、構成要件を**違法有責行為類型**であると解している。「人を殺した」という行為は通常は違法であり有責であるといえることからもわかるように、普通は違法であり責任がある行為を集めてきて類型化したものが構成要件なのである。

　罪刑法定主義の観点から、犯罪が成立するためには、まずこの構成要件に該当することが必要である。

2 違法性（Rw） A⁺

構成要件に該当すると、次に違法性をチェックすることになる。違法性とは、ここでは「価値がない＝無価値である」ということだと思っておけばよい。

構成要件は、違法有責行為類型であった。したがって、構成要件に該当した以上、その行為は普通は違法でもあるはずである（構成要件の違法性推定機能）。よって、違法性の判断においては、「違法性がある」という積極的な認定は必要ではない。

しかしながら、構成要件に該当する行為の全てが必ず違法であるわけではない。たとえば、いきなり日本刀で襲われて殺されそうになった時に、身を守るため、やむをえずに反撃して相手を殺した場合、殺人罪の構成要件に該当することは間違いない。しかし、だからといって違法であるとはいいがたいであろう。

そこで、違法性の判断においては、とりあえず違法性を推定しておいたうえで、例外的に違法性がないのではないかということをチェックすることになる。すなわち、違法性阻却事由の有無を判断することになるのである。

3 責任（S） A⁺

構成要件に該当し、違法性阻却事由もないとなると、最後にこの責任の有無をチェックすることになる。責任とは、行為者に対する非難可能性のことである。

たとえば、無理やり覚醒剤を打たれて錯乱状態に陥ったAが、わけがわからなくなって通行人を刺し殺した場合、構成要件に該当し違法性阻却事由がないとしても、なお行為者たるAを非難することはできないであろう。それゆえ、3番目の要件として責任が要求されるのである。

なお、責任があることを有責という。

> 以上3つの犯罪成立要件の前提として、そもそも刑法上の「行為」とは何かという問題が議論されていますが、試験との関係での重要度は高くありません。本書は、行為を「人格の主体的現実化としての身体の動静」（したがって、過失行為や不作為も行為に含まれることになります）とする人格的行為論を前提としていますが、この定義を覚えておく必要はないでしょう。

2. 処罰阻却事由・処罰条件

B+

　構成要件・違法性・責任が満たされると犯罪が成立する。
　しかし、成立した犯罪の全てが処罰されるわけではない。犯罪によっては、犯罪が成立しているにもかかわらず、一定の事由が存在する結果、処罰ができなくなる場合がある。このような事由を処罰阻却事由という。たとえば、窃盗罪における親族相盗例（244条1項）がこれにあたる。
　また、犯罪によっては、犯罪が成立してもそれだけでは処罰することはできず、一定の客観的要件が成就してはじめて処罰が可能となる場合がある。この条件を処罰条件という。たとえば、事前収賄罪（197条2項）における公務員となった事実がこれにあたる（通説）。
　なお、これらは犯罪成立後の問題であるから、答案上で処罰阻却事由や処罰条件の問題を論ずる場合には、前提として必ず構成要件・違法性・責任を満たしていることを指摘する必要があることに注意しておいてほしい。

第2章 構成要件総論

罪刑法定主義の観点から、犯罪が成立するためには必ず構成要件に該当しなければならない。構成要件の分析は刑法全体を通じた重要課題である。

以下、個別の構成要件要素の検討に入る前に、構成要件について総論的に概観していこう。

1. 構成要件の機能

1 保障機能（罪刑法定主義的機能） B

罪刑法定主義のもと、構成要件に該当しない行為は、たとえ実質的に違法であり有責な行為（たとえば不倫行為）といえども処罰できない。これを、**構成要件の保障機能（罪刑法定主義的機能）**という。

2 違法性・有責性推定機能 B

構成要件は違法有責行為類型である。よって、構成要件に該当する行為は、違法性や有責性が推定される。これを、**構成要件の違法性・有責性推定機能**という。

2. 構成要件要素概説

　構成要件要素は、①客観的構成要件要素と②主観的構成要件要素に大別される。以下、それぞれを概観していこう。

1　客観的構成要件要素　A

　ここで客観的とは、外見的に認識されうるという意味である。客観的構成要件要素のうち、特に重要なのは、①実行行為、②構成要件的結果、③因果関係である。

ア　実行行為

　実行行為とは、特定の構成要件に該当する、法益侵害の現実的危険性を有する行為のことである。この定義はしっかりと覚えておいてほしい。

　たとえば、殺人罪（199条）の実行行為とは、抽象的には「人を殺す」行為のことであり、具体的には「ピストルで人を撃つ」行為や「日本刀で切りかかる」行為などのことである。それぞれ、殺人罪の法益たる生命を侵害する現実的危険性を有する行為であることを確認しておいてほしい。

イ　構成要件的結果

　多くの犯罪においては、結果の発生が構成要件要素とされている。たとえば、殺人罪においては「人の死亡」という結果の発生が要求されている。
　このように、構成要件要素となっている結果を構成要件的結果という。

（ア）結果犯、挙動犯、結果的加重犯

　この構成要件的結果と関連する事項として、ここで、①結果犯と②挙動犯の区別について検討しておこう。
　まず、結果犯とは、一定の結果の発生を構成要件要素として規定している犯罪をいう。刑法上の多くの犯罪はこの結果犯である。
　しかし、全ての犯罪が結果の発生を構成要件要素としているわけではない。たとえば、住居侵入罪（130条前段）は「侵入」という実行行為を要求している

のみである。

このように、結果の発生を構成要件要素とせず、行為者の一定の身体的動静のみが構成要件要素となっている犯罪を挙動犯（単純行為犯）という。

また、結果犯の特殊な形態として③結果的加重犯がある。

結果的加重犯とは、行為者が一定の故意に基づく犯罪行為（基本犯）を行った際、その行為からその故意を超過する重い結果が生じたことを構成要件として規定し、その重い結果が生じたことをもって基本となる犯罪より重い刑が定められている犯罪をいう。

たとえば傷害致死罪（205条）は、故意に基づき暴行罪ないし傷害罪を犯した後、その故意を超過する死亡という重い結果が生じた場合についての規定であり、暴行罪ないし傷害罪を基本犯とした結果的加重犯の典型である。

この結果的加重犯には、「よって」という文言が用いられることが多い（181条、205条、219条、221条など）。ただし、強盗致死傷罪（240条）のように「よって」という文言がない結果的加重犯もあることには注意が必要である。

> この結果的加重犯については、その成立のために重い結果の発生に対する行為者の過失が必要かという重要論点があります。この論点は、共犯の箇所で検討することにしましょう（⇒ 225ページイ）。

（イ）侵害犯、危険犯

また、犯罪は法益侵害の要否により、①侵害犯（実害犯）と②危険犯に区別される。

まず、侵害犯とは、保護法益を現実に侵害したことが構成要件要素となっている犯罪をいう。たとえば、殺人罪は、被害者の生命という保護法益の侵害が要件となっており、侵害犯である。

これに対し、危険犯とは、保護法益を現実に侵害する必要はなく、ただ保護法益侵害の危険を生じさせたことが構成要件要素となっている犯罪をいう。た

とえば、およそ放火罪（108条以下）は、不特定または多数人の生命・身体・財産という同罪の保護法益が侵害されたことを構成要件要素としていない犯罪であるから、危険犯にあたる。また、内乱罪（77条）は、国家の存立という同罪の保護法益が侵害されたことを構成要件要素としていない犯罪であるから、やはり危険犯にあたる。

> 内乱罪（77条）は、必然的な危険犯であり、侵害犯ではあり得ない犯罪です。保護法益である国家の存立が内乱によって実際に侵害されたのであれば、それは今存在している国家の消滅を意味することになり、内乱行為を裁くことのできる主体が存在しなくなってしまうからです。

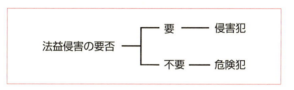

そして、危険犯は、さらに③具体的危険犯と④抽象的危険犯に分かれる。

まず、具体的危険犯とは、法益侵害の具体的危険が発生したことを構成要件要素として規定している犯罪をいう。

これに対し、抽象的危険犯とは、法益侵害の危険が現実に発生したことを構成要件要素としていない犯罪をいう。この抽象的危険犯は、一定の事由によって具体的危険の発生を擬制する犯罪であると解されている（通説）。

たとえば、建造物等以外放火罪（110条）は「公共の危険」の発生を要求しており、具体的危険犯にあたる。他方、現住建造物等放火罪（108条）は「公共の危険」の発生を要求しておらず、抽象的危険犯にあたる。

> 【法益侵害と結果の関係】
> 侵害犯における法益侵害は、通常、構成要件的結果として規定されています。よって、法益侵害と結果とはイコールで結ばれる関係にあるのが通常です。たとえば、殺人罪において

は、「被害者の生命の侵害」と「被害者の死亡」とはイコールなわけです。換言すれば、通常、侵害犯は結果犯です。
　しかし、両者は常にイコールであるわけではありません。たとえば現住建造物等放火罪（108条）では、「焼損」が構成要件的結果です。しかし、1つの建物を「焼損」したからといって、同罪の保護法益である「不特定または多数人の生命・身体・財産」が実際に侵害されるわけではありません。にもかかわらず、「焼損」という結果だけで犯罪成立としているわけですから、同罪は結果犯でありつつもなお危険犯であるといえるわけです。
　このように、法益侵害と構成要件的結果とは、必ずしもイコールではないという点に注意しておいてください。

（ウ）即成犯、状態犯、継続犯

　犯罪は、①即成犯、②状態犯、③継続犯の3つにも分類しうる。

　まず、**即成犯**とは、構成要件的結果の発生によって法益侵害が発生し犯罪も既遂となるが、その後、行為者の関与なくして法益侵害状態が継続する犯罪をいう。たとえば殺人罪がこれにあたる。

　これに対し、構成要件的結果の発生によって法益侵害が発生し犯罪も既遂となるが、その後、行為者の行為によって法益侵害状態が継続する犯罪を**状態犯**という。たとえば窃盗罪がこれにあたる。

> 即成犯と状態犯の違いは、**行為者による新たな行為が予定されているか否か**にあります。
> 　即成犯においては、行為者による新たな行為は予定されていません。したがって、もし新たな行為（たとえば、殺人後の死体遺棄行為）をなした場合には、別個の新たな犯罪（死体遺棄罪）が成立することになります。
> 　これに対し、状態犯においては、犯罪成立後における行為者の新たな行為（たとえば窃取した財物の損壊）が予定されています。それゆえに、これらの新たな行為は状態犯の構成要件によって評価しつくされていることになり、原則として別個の犯罪を構成しません。この場合の新たな行為を、**不可罰的事後行為**（共罰的事後行為）といいます（➡ 282ページ（イ））。

　他方、構成要件的結果の発生とともに法益侵害も発生し、犯罪は既遂となるが、その後も犯罪行為を継続している間、終始法益侵害の状態も継続して、実行行為ないし犯罪の継続が認められる犯罪を**継続犯**という。監禁罪（220条）がその典型である。

　継続犯には、①既遂後であっても、実行行為の共同や加功ができるため共犯が成立しうる、②犯罪行為を終了しない限り公訴時効の起算が始まらない（刑事訴訟法253条1項）という特徴がある。

ウ　因果関係

　結果犯においては、実行行為と構成要件的結果との間に因果関係が要求される。条文上は明示されていないことが多いが、解釈上、結果犯においては例外なく必要とされる構成要件要素である。

　因果関係については、詳細は後述する（➡ 41 ページ第 4 章）。

エ　その他

　以上に加え、行為の主体や行為の客体が、また構成要件によっては行為の状況（たとえば 230 条の「公然」性）が構成要件要素とされている。

2　主観的構成要件要素　A

　ここで、主観的とは、**行為者の内面**に関するものであるため、外見的には認識することができないという意味である。

　主観的構成要件要素としては、①構成要件的故意、②構成要件的過失、③目的犯における目的、④傾向犯における傾向が重要である。ここで概観しておこう。

ア　構成要件的故意

　構成要件的故意とは、**客観的構成要件要素の認識・認容**をいう（通説）。

　たとえば、殺人の実行行為、死亡結果などにつき、認識し、かつそれでもいいと認容している状態のことである。なお、結果発生などに対する積極的な意欲の有無は問わないので注意してほしい。

　構成要件的故意については、詳しくは後述する（➡ 55 ページ第 5 章）。

イ　構成要件的過失

　構成要件的過失とは、**予見可能性を前提とした結果回避義務違反**の行為をいう（新過失論）。

　たとえば、スピード違反で走行中に運転を誤って歩行者をひき殺した場合、人を死亡させるという結果を回避する義務に違反する行為である「スピード違反で走行する」という行為が過失を構成するわけである。

　構成要件的過失については、詳しくは後述する（➡ 86 ページ第 6 章）。

ウ　目的犯における目的

一定の行為の目的が構成要件要素とされている犯罪を目的犯という。たとえば、「行使の目的」を要求する公文書偽造罪（155条）は目的犯である。

目的犯における目的は、構成要件的故意（客観的構成要件要素の認識・認容）を超える特別の意欲を意味する。このような、客観的構成要件要素の認識・認容を超える主観的要素を**主観的超過要素**という。

エ　傾向犯における傾向

行為者の特定の心情または内心の傾向を構成要件要素とする犯罪を傾向犯という。なお、かつての判例では、強制わいせつ罪（176条）はわいせつの心情を構成要件要素とする傾向犯と解されていたが（最判昭和45・1・29刑集24-1-1）、近時の最高裁はかかる判例を変更し、同罪の成立にわいせつの心情は不要とした（最大判平成29・11・29百選Ⅱ14）。

---

3. 構成要件の確定

1　基本的構成要件の確定　A

刑法各本条において個別的に規定されている構成要件を、**基本的構成要件**という。たとえば殺人罪は199条という条文で個別的に規定されており、基本的構成要件にあたる。

しかし、いくら基本的構成要件といっても、その要素の全てが刑法各本条において個別的に明示されているわけではない。**刑法各本条の文言**をベースとしつつ、そこに**他の条文や解釈を加える**ことによって、はじめて構成要件が確定されるのである。

たとえば背任罪の構成要件は、247条という個別的な規定に、故意について定めた38条1項や解釈を加えることによって、以下のように確定される。

　　①　「他人のためその事務を処理する者が」 …………… 行為の主体

② 「自己若しくは第三者の利益を図る目的、又は
　　本人に損害を加える目的で」……………………… 目的
③ 「その任務に背く行為をし」…………………… 実行行為
④ その行為によって ……………………………… 因果関係（解釈）
⑤ 「本人に財産上の損害を加えた」…………… 構成要件的結果
⑥ 以上の各事実に対する認識・認容…………… 構成要件的故意(38条1項本文)

2 修正された構成要件　A

　刑法各本条において個別的に規定されている基本的構成要件は、通常、単独犯かつ既遂犯である。すなわち、未遂犯や共犯の構成要件は、通常は刑法各本条において個別的に規定されていない。未遂犯は43条によって、共犯は60条以下によって、それぞれ基本的構成要件に修正を加えて確定されるのである。

　このような、基本的構成要件に修正を加えることによって確定される構成要件を、修正された構成要件という。

> たとえば、殺人未遂罪の構成要件は、「人を殺した者」（199条）という基本的構成要件に43条からの修正を加えて、「人を殺す行為の実行に着手してこれを遂げなかった者」であると確定されることになります。また、殺人罪の共同正犯の構成要件は、199条に60条からの修正を加えることによって、「2人以上共同して人を殺した者」であると確定されるわけです。

3 規範的構成要件要素　B+

　構成要件の中には、社会の常識や価値観によりその意味する内容が異なりうる概念を構成要件要素としているものがある。たとえばわいせつ物頒布罪（175条）は、「わいせつ」性という、時代や社会によって大きく意味内容が変化しうる概念を構成要件要素としている。

　このような、その意味する内容が変化しうる構成要件要素を規範的構成要件要素という。換言すれば、法解釈によってその内容を確定することに限界があり、最終的に裁判官がその当時の社会常識によって規範的・評価的な価値判断を行って決定せざるを得ない部分を含んでいる構成要件要素を、規範的構成要件要素というわけである。

　この規範的構成要件要素については、いかなる程度の認識があればその構成要件的故意があるといえるのかが重要な問題となっている。この問題については、構成要件的故意のところで述べる（→58ページエ）。

第3章 実行行為

　前章では各構成要件要素を概観したが、ここからは、各構成要件要素ごとに詳しく検討していこう。まず最初に検討すべきは、実行行為である。
　ここで**実行行為**とは、特定の構成要件に該当する法益侵害の現実的危険性を有する行為をいう。
　かかる実行行為に該当するか否かが問題となるものとして、①不作為犯、②間接正犯がある。以下、みていくことにしよう。

1. 不作為犯

1 不作為犯の分類　A

　不作為犯とは、不作為によって犯罪を実現する場合をいう。この不作為犯は、真正不作為犯と不真正不作為犯に分かれる。
　真正不作為犯とは、構成要件が不作為の形式で規定されている犯罪を不作為によって実現する場合をいう。たとえば、不退去罪（130条後段）は真正不作為犯である。
　これに対し、**不真正不作為犯**とは、構成要件が作為の形式で規定されている犯罪を不作為によって実現する場合をいう。たとえば、海で幼いわが子が溺れているのを発見した父親が、子が死んだら好都合だと思って救助しなかった場合は、殺人罪の不真正不作為犯にあたる。

2 不真正不作為犯と罪刑法定主義　B

　以上の不作為犯のうち、不真正不作為犯については、そもそも、その成立を肯定することが類推解釈にあたり罪刑法定主義に反するのではないかが問題となる。

　この点、構成要件が作為の形式で規定されている場合でも、日常用語例として不作為による遂行形態を含んでいると解することができるのであれば、類推解釈にはあたらず、罪刑法定主義に反しないと考えていく。

　たとえば、「人を殺」すという文言は、たしかに作為を念頭においている。しかし、日常用語例として不作為による場合を含んでいると解することができるから、罪刑法定主義には反しないと考えていくことになるのである。

3 不真正不作為犯の実行行為性　A+　➡論証1

　では、いかなる場合に不真正不作為犯の実行行為性を肯定することができるのか。

　そもそも、実行行為とは、特定の構成要件に該当する法益侵害の現実的危険性を有する行為であった。そして、たとえば、「ミルクを与えない」という不作為も、赤ちゃんの生命という法益を侵害する現実的危険性を有する行為といえよう。よって、不作為も実行行為たりうるはずである。

　もっとも、およそあらゆる不作為に実行行為性を認めるのは自由保障の見地から妥当でない。たとえば、川で溺れている見知らぬ他人を助けなかったからといって、それを殺人罪の実行行為であると解するのは明らかに失当であろう。

　そこで、不真正不作為犯の実行行為性を肯定するためには、不作為が作為による実行行為と同視できる程の実質を備えていること、すなわち作為との構成要件的同価値性があることが必要であると考えていく。

4 同価値性の要件　A+

　不真正不作為犯の実行行為性を肯定するための要件である同価値性が認められるためには、判例は、①**作為義務**の存在と②**作為の可能性・容易性**が必要であると解しているようである。
　以下、それぞれを検討していこう。

作為との構成要件的同価値性 { ①作為義務の存在
②作為の可能性・容易性

> 　本書では、通説的な立場に従って、「作為義務」を「同価値性」が認められるための要件の1つとして位置づけています。しかし、論者によっては、本書における「同価値性」そのものを指して「作為義務」という言葉を用いる場合もあるようです。他の本を読む場合等には混乱しないように注意が必要です。

ア　作為義務

　作為義務は、いかなる場合に発生するのだろうか。
　通説は、①**法令**、②**契約・事務管理**、③**慣習・条理**、④**排他的支配**の有無を**総合的に考慮**して、作為義務が発生しているか否かを判断していく。
　以下、それぞれを説明していこう。

①法令
　まず、法令を根拠として、作為義務が発生することがある。
　たとえば、夫婦間の扶助義務を定める民法752条や、親権者の子に対する監護義務を定める民法820条に基づき、夫婦や親権者に作為義務が発生しうるわけである。

②契約・事務管理
　次に、契約や事務管理を根拠としても、作為義務が発生しうる。
　たとえば契約により幼児の養育を引き受けた場合や、事務管理的に交通事故の負傷者を自分の車で病院に運んでやる場合は、それぞれ、養育をするという作為義務、病院まで運ぶという作為義務が発生しうる。

③慣習・条理

さらに、慣習・条理を根拠としても、作為義務が発生しうる。この点は重要である。

たとえば、自分の銀行口座に現金が誤って振り込まれていることを知った者は、誤った振込みがあった旨を銀行に告知すべき信義則上の義務を負うと解されている（最決平成15・3・12百選Ⅱ52）。これは、条理に基づく作為義務といえる。

また、自己の行為によって結果発生の危険を生じさせた者は、条理に基づき、結果の発生を防止すべき法的義務を負うことがあると解されている。この場合の作為義務のことを、先行行為に基づく作為義務という。たとえば、自らの過失により机の下の書類を燃焼させた者は、これを消火する義務を負う（最判昭和33・9・9百選Ⅰ5）。

④排他的支配

以上に加えて、排他的支配が認められる場合も、作為義務が発生しうる。この点も重要である。

排他的支配とは、結果の発生の防止を期待できる者が他にいないことをいう。いいかえれば、被害者の法益の保護が行為者に排他的に依存している場合のことをいうわけである。

たとえば、湖で溺れているBを救助しうる者がAしかいない場合は、Bの生命の保護がAに排他的に依存しているといえるから、Aの排他的支配が認められる。したがって、AにBを救助するという作為義務が発生しうる。

作為義務は、以上の諸原因の1つが認められたからといって、それだけで生じるとは限りません。これらの諸原因を総合的に考慮して、作為義務の有無を判断していきます。

このことを、「湖でBが溺れている」という事案を使って検討してみましょう。

まず、AとBが見ず知らずの他人であり、Aがたまたま現場に通りかかっただけの場合は、たとえAの排他的支配が認められるとしても、なおAにBを救助するという作為義務を認めることはできません。

次に、AとBが親子であり、AがBを連れて周囲に誰もいない穴場の湖に遊びに行ったところ、Bが溺れたという場合はどうでしょうか。まず、AはBの親権者ですから、法令上の監護義務を負っています（民法820条）。また、自らBを人気のない湖という危ない場所に連れて行ったという先行行為も存在しています。さらに、周囲に誰もいないため、Aの排他的支配も認められます。これらの事情を総合的に考慮すれば、AにはBを救助するという作為義務があるというべきでしょう。

これに対し、たとえばその場にたまたまレスキュー隊員がおり、そのレスキュー隊員がB

> の救助に向かっているのであれば、Aの排他的支配が認められないことから、いくらAに法令上の監護義務や先行行為があったとしても、AにBを救助するという作為義務は認められないのが通常です。
> 　答案でも、丁寧なあてはめを心掛けてください。

イ　作為の可能性・容易性

　法は、人に不可能を強いることはない。したがって、作為の可能性がない状況でなされた不作為については、作為との同価値性が否定される。

　また、作為の可能性がないとはいえない場合であっても、作為がきわめて困難であった場合には、やはり作為との同価値性は否定されるというべきである。たとえば、父親Aが川に飛び込めば子供Bを助けることができたかもしれない場合であっても、泳ぎが苦手なため、むしろ自らも溺れる可能性のほうがはるかに大きかったという場合には、救助という作為をその父親Aに強制することはできないはずである。

　以上の観点から、作為との同価値性が認められるためには、**作為の可能性・容易性**が必要であると解されている。

> 不真正不作為犯の成否（すなわち作為との同価値性の有無）は、**作為義務の強弱と作為の容易性との相関関係で判断**されます。作為がきわめて容易である場合には、多少作為義務が弱くとも同価値性が肯定され、作為が困難である場合には、それだけ強い作為義務が認められてはじめて同価値性が肯定されることになります。

ウ　既発の危険を利用する意思

　なお、不真正不作為犯の成立範囲に主観面から絞りをかけるべく、不真正不作為犯の成立には、主観的要件として「既発の危険を利用する意思」が必要であるとする見解がある。

　しかし、成立範囲の限定は「作為との同価値性」を要求することにより十分可能であるため、このような主観面からの絞りは不要と解するべきであろう（最判昭和33・9・9百選Ⅰ5参照）。

2. 間接正犯

1 間接正犯の意義　A

　AがBをピストルで撃ち殺した場合、当然ながら、殺人罪（199条）の実行行為をなした者はAである（直接正犯）。実際にBに当たりBを死亡させたのはピストルの弾だからといって、ピストルの弾が実行行為者であるなどと考えることはもちろんあり得ない。この場合、ピストルの弾は行為者Aの道具にすぎず、いわばAの手の延長にすぎないと考えるわけである。
　そして、以上の理は、ピストル等の物を道具として利用した場合だけではなく、**他人を道具として利用**した場合にも妥当するはずである（道具理論）。
　このように、他人を道具として利用し、実行行為を行う場合を間接正犯という。

> たとえば、入院患者である甲を毒殺しようと考えた医師Aが、看護師Bに治療薬と偽って毒入りの注射器を渡し、甲に注射するよう指示したところ、事情を知らないBが指示どおりこれを甲に注射し甲が死亡したとします。この場合、たしかにA自身が直接患者に注射しているわけではありませんから、Aが実行行為をしたとはいえないようにもみえます。
> しかし、BはAにとってはピストルの弾と同様の道具にすぎないことから、やはりA自身が実行行為をしたと考えていくわけです。

2 間接正犯の成立要件　A+　→論証2

　間接正犯が成立するためには、まず、他人が行為者の道具にすぎないことが必要である。すなわち、①行為者が、他人の行為をあたかも**道具のように一方的に支配・利用**していたことが必要である。
　しかし、かかる客観的要件が満たされるだけでは足りない。間接正犯も正犯であり、教唆犯や幇助犯といった共犯ではない以上、その成立のためには、前提として正犯意思が必要であると考えていく。すなわち、②**特定の犯罪を「自己の犯罪」として実現する意思**を有していなければならないのである。
　なお、実際の答案では、「①②の要件を満たす場合には実行行為の定義を満

たす」という流れで書くか、または「①②の要件を満たす場合には正犯たりうる」という流れで書いていくことになる。

3　間接正犯の類型　B

間接正犯にはさまざまな類型がある。以下、主な類型を概観しておこう。

ア　被利用者が意思能力を欠く場合

意思能力を欠く者の行為を利用した場合は、間接正犯の典型例であるといえる。

たとえば、高度の精神病者や幼児を利用した場合がこれにあたる。

イ　被利用者が意思を抑圧されている場合

また、意思能力はあるものの、その意思を抑圧されている者の行為を利用した場合にも、間接正犯が成立する。

たとえば、12歳の少女Aが、義父であるBに命じられて窃盗を行ったとする。ここで、たとえ少女Aに意思能力が認められたとしても、Aが日頃から義父Bに虐待を加えられており、Bの命令には逆らえない状態であった場合、少女AはBの道具にすぎないというべきであろう。この場合には、Bに窃盗罪の間接正犯が成立することになる（最決昭和58・9・21百選Ⅰ74参照）。

ウ　被利用者が構成要件的故意を欠く場合

被利用者が構成要件的故意を欠いている場合、被利用者は規範に直面していない（規範的障害がない）ことから、利用者の「道具」にすぎないとされる。

たとえば、Aが事情を知らない郵便配達人Bを利用して、毒入りのウィスキーを被害者宅に送りつけた場合、郵便配達人Bは何らの規範に直面していないことから、Aの道具にすぎない。したがって、Aには殺人罪の間接正犯が成立する。

（ア）他の犯罪の構成要件的故意を有する場合

では、被利用者が、利用者が実現しようとしていた犯罪以外の犯罪については構成要件的故意を有していた場合はどうか。

たとえば、AがC所有の屏風の背後にいるCを殺害する目的で、それを知

らないB（被利用者）に対し、その屏風をピストルで撃つよう命じたとする。そしてBがこれに従った結果、Cが死亡したとしよう。

この場合、Bは殺人罪の故意は有しないものの、器物損壊罪の故意は有している。したがって、器物損壊罪の規範には直面していたといえる。にもかかわらず、BがAの道具といえるのかが問題となるのである。

この点、被利用者は、利用者が実現しようとした当該犯罪の規範には直面していない以上、利用者が実現しようとした当該犯罪との関係ではやはり道具にすぎないと解するべきであろう。

したがって、Aには殺人罪の間接正犯が成立することになる。

【故意ある幇助的道具】
この考え方をさらに進めて、利用者が実現しようとした当該犯罪についての故意を有する者も道具といえる場合があるとする見解があります。たとえば、上司の命令で偽造文書であることを知りながらワープロで文書を作成した者のように、被利用者が単なる機械的事務処理者といえる場合には、なお利用者の道具にすぎないというのです。このような場合の道具を、**故意ある幇助的道具**といいます。
しかし、実際には共謀共同正犯（→205ページ2.）とすればよい場合がほとんどですから、あまり実益のある議論ではありません。

（イ）被利用者に過失犯が成立する場合

被利用者に過失犯が成立する場合であっても、間接正犯が成立する。

たとえば、医師Aの話を盲信し、中身を確認することなく毒入りの注射を打った看護師Bには業務上過失致死罪が成立しうるが、医師Aが実現しようとした殺人罪の規範にBは直面していないため、なお医師Aに殺人罪の間接正犯が成立する。

エ　目的犯において、被利用者が目的を欠く場合

たとえば、Aが教材用と称して印刷業者Bに偽札を印刷させた場合、この印刷業者Bは通貨偽造罪（148条1項）における「行使の目的」を欠くことから、利用者Aの道具といえる。

したがって、Aに通貨偽造罪の間接正犯が成立する。

オ　被利用者の行為は構成要件に該当するが、違法性が阻却される場合

たとえば、Cの不法監禁を画策した警察官Aが、適法な職務行為を装って

警察官Bを欺きCの留置を依頼して留置させた場合、BはAの道具といえる。

したがって、Aに監禁罪の間接正犯が成立する（大判昭和14・11・4刑集18-497参照）。

カ　被害者の行為を利用する場合

やや特殊なケースであるが、たとえば追死すると偽って先に被害者を自殺させた場合、被害者を道具として利用した殺人の間接正犯が成立する（最判昭和33・11・21百選Ⅱ1）。

> 【自手犯】
> 　犯罪のなかには、間接正犯の形式によっては実現できないものも存在しています。たとえば、無免許運転罪や免許証不携帯罪は、構成要件上行為の主体と行為とが密接に関連づけられているため、直接運転行為をなした者以外は正犯たり得ないと解されています。
> 　このような、その実現のためには必ず行為者自身の手による実行を必要とし、他人を利用して実現することが不可能な犯罪を**自手犯**といいます。

第4章 因果関係

1. 因果関係の意義　A

　たとえば、Aが殺意をもって日本刀でBに切りかかったが、幸いにもBはその場から無傷で逃げることができたとしよう。しかし、Bは自宅へ帰る道すがら、全く関係ない車にはねられて結局死亡したとする。この場合、たしかに、Aは殺人の実行行為をなし、B死亡の結果も生じている。しかし、だからといってAに殺人罪が成立すると考えることは到底できないであろう。Aの実行行為とBの死亡結果とは無関係であり、因果関係が否定されるからである。
　このように、結果犯においては、客観的構成要件要素として、実行行為と構成要件的結果との間の因果関係が必要とされる。
　そして、この刑法上の因果関係は、条件関係と相当因果関係（または行為の危険性の結果への現実化）をその内容とすると考えていく。以下、個別にみていこう。

2. 条件関係

　論述式試験で条件関係を論じる機会はまれであるが、最低限の基礎的な部分については押さえておく必要がある。以下、概観しておこう。

1 条件関係の意義　A

　刑法上の因果関係が認められるためには、まず、実行行為と構成要件的結果（以下、単に「結果」と表記する）との間に、**「あれなければこれなし」**という関係が認められることが必要である。この関係のことを、条件関係という。

2 条件関係の判断　B+

ア　実行行為

　まず、「あれなければこれなし」という場合の「あれ」は、**当該犯罪の実行行為**でなければならない。換言すれば、実行行為がない場合には、そもそも条件関係は問題とならないのである。

　たとえば、夫を毒殺するべく毒薬を入手した妻が、とりあえず薬のビンに詰め替えて戸棚の奥に隠していたところ、偶然にこれを発見した夫が、薬と勘違いしてこれを飲み死亡したとしよう。この場合、条件関係はそもそも問題とならない。妻の行為は殺人罪の実行行為ではないからである。

イ　結果

　次に、「あれなければこれなし」という場合の「これ」は、**その時点において現に発生した具体的な結果**のことである。

　たとえば、AがBを熊と誤信して猟銃を発射しBに瀕死の重傷を負わせた後、人間を撃ったことに気づいたが、どうせ助からないのならいっそのことBを殺して早く楽にしてやろうと考えさらに1発猟銃を発射し、Bを即死させたとする。この場合、最後の発射行為が殺人罪の実行行為なのであるが、この最後の発射行為がなくとも数分後にはBは死亡していたであろうことを理由として、「あれなくともこれあり」と判断することはできない。仮にBが数分後に死

亡する運命だったとしても、実際にBが死亡した時点での死亡結果は、最後の発射行為がなければ存在し得ない以上、やはり「あれなければこれなし」といえるからである。

判例も、同様の事案において条件関係を肯定している（**最決昭和53・3・22百選Ⅰ14**）。

ウ　付加の禁止

最後に、条件関係の判断は、あくまでも実行行為を除いて考えるだけであって、現実に存在しなかった事実を仮定的に付け加えて判断してはならない。

たとえば、自動車通行量の多い路上で寝ていたBをAが車でひき殺してしまったが、もしAがひかなくとも後続車がすみやかにBをひいていたであろうということを理由として、「あれなくともこれあり」と判断することはできない。後続車がBをひくという事実は現実には存在しなかった事実であり、これを付け加えることはできないからである。したがって、この事例でも条件関係は肯定される。

【条件関係の判断】

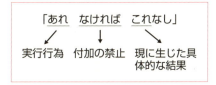

3　特殊な条件関係　B

ア　不作為犯の条件関係

不作為犯における条件関係は、「作為がなされたならば結果は発生しなかった」という関係、すなわち「あれあればこれなし」という関係を意味することになる。例外的に作為という仮定的な事情を付け加えて判断するわけである。

そして、「あれあればこれなし」という事実の立証は、「あれなければこれなし」という事実の立証よりも困難であることにかんがみ、最高裁は、「あれあれば十中八九これなし」といえればよいと解しているようである（**最決平成1・12・15百選Ⅰ4参照**）。

イ　合義務的な択一的挙動

行為者が法に違反する行為を行い、犯罪結果が発生したが、法を遵守していたとしても結果発生を避けられなかったと認められる場合を、合義務的な択一的挙動という。たとえば、Aがわき見運転をしていたところ、急に車道に飛び出してきたBをひいてしまったが、仮にわき見運転をしていなかったとしても、ブレーキが間に合わず結果の発生を避けられなかった場合がこれにあたる。

しかし、この場合は、結果回避可能性がない以上過失犯としての実行行為性を欠くと考え（➡ 88 ページイ）、そもそも条件関係は問題にならないと考えればよいであろう。

ウ　重畳的因果関係

単独では結果を発生しえない行為が 2 つ以上重畳して結果を発生させた場合を、重畳的因果関係という。たとえば、AとBが意思の連絡なしにそれぞれ致死量に満たない毒薬をCに服用させ、双方の毒物が合わさって致死量に達しCが死亡した場合がこれにあたる。

この場合、条件関係が認められることにつき争いはない。

エ　択一的競合

問題となるのは、択一的競合の場合である。択一的競合とは、複数の独立した行為が競合してある結果を発生させた場合において、それらの行為のいずれもが単独で同じ結果を発生させることができた場合をいう。たとえば、AとBが意思の連絡なしにそれぞれ致死量の毒薬をCに服用させ、Cが死亡した場合である。

（ア）AとBの毒が相乗効果を生じ、Cの死を早めたような場合

この場合には、当然条件関係が認められる。

（イ）AとBの毒に相乗効果がなかった場合

この場合の処理については、学説上争いがある。

純粋に論理的に考えれば、「あれなくてもこれあり」といえることから、条件関係は否定すべきことになる。

しかし、そのように解しては、それぞれが致死量に満たなかったウの場合に条件関係が肯定されることと比べて明らかに不均衡である。

そこで、Aの行為とBの行為とを一括して除去し、「あれなければこれなし」の関係を肯定する見解が妥当であろう。

3. 相当因果関係（学説） ➡論証3

1 因果関係に関する法的限定　A

ア　問題の所在

　Aが殺意をもってBに日本刀で切りかかったが、Bは軽いかすり傷を負うにとどまったとする。しかし、念のために病院へ行ったところ、医師が誤って毒物を注射してしまい、Bは死亡してしまったとしよう。

　この場合、Aが切りかからなければ、Bが病院に行き、毒物を注射されることもなかったのであるから、Aの行為とBの死亡結果との間には条件関係が認められる。そして、条件関係さえ認められれば刑法上の因果関係は肯定されるとする見解も存在する（条件説）。

　しかし、この場合にAを殺人罪の既遂とするのは、明らかに行きすぎであろう。

　そこで、刑法上の因果関係が認められるためには、条件関係が認められるだけでは足りず、何らかの法的な絞りを課する必要がでてくる。

イ　相当因果関係説（従来の通説）

　では、いかなる絞りを、いかなる理由に基づいて課すべきであろうか。

　そもそも、因果関係は構成要件要素のひとつであるから、刑法上の因果関係の有無は、構成要件該当性の有無の問題である。そして、構成要件とは、当罰的行為を社会通念に基づき類型化したものである。

　そこで、当該行為から当該結果が生じることが社会通念上相当といえる場合にのみ、刑法上の因果関係が認められると考えていくのが従来の通説である。この従来の通説は、相当因果関係説とよばれている。

Q 刑法上の因果関係　A

A説 条件説
結論：事実的な条件関係だけで足りる。
批判：「風が吹けば桶屋が儲かる」式に、条件関係の連鎖が無限に続き因果関係がきわめて広範囲に認められる可能性があり、不合理である。

B説 相当因果関係説（従来の通説）
結論：条件関係に加えて、当該行為から当該結果が生じることが社会通念上相当といえる場合にのみ、刑法上の因果関係が認められる。
理由：刑法上の因果関係の有無は、構成要件該当性の有無の問題であるところ、構成要件とは、当罰的行為を社会通念に基づき類型化したものである。

ウ　相当性の判断方法

では、相当因果関係説のいう「相当性」の有無は、いかに判断するべきか。

従来、「相当性」とは、その行為をすれば「当然」にその結果が生ずるとか、「通常」その結果が生ずるというような高度の蓋然性のことではなく、ある程度の可能性、すなわち、「ありうることだ」とか「異常でない」「稀有でない」といえる程度の関係を指すと説明されるのが一般的だった。

しかし、この説明は、なお曖昧さが残る。

そこで、近時では、相当因果関係説に立ちつつ、相当性の有無を、行為の危険性が結果として現実化したといえるか否かで判断する見解が有力である（井田など）。

2　相当性判断の基礎事情　A

ア　問題の所在

以上のように、行為と結果との間に相当性を要求するとしても、その判断に際していかなる事情を取り込むことができるのかは別問題である。

たとえば、Aが暗闇でBの頭を軽く小突いたところ、そのBが心臓発作を起こして死亡してしまったとする。この因果の経過は一見、異常事態であって相当性を欠くように思える。

しかし、Bが重度の心臓病を患っており、些細な刺激でも重大な心臓発作を起こす可能性のある者であった場合はどうか。その場合には、Aの行為の危険性は肯定され、Bの死亡結果はその現実化といえることになり、相当性は肯定されることになろう。

結局、「Bが重度の心臓病患者である」という事情を前提とするか否かで、相当性の判断に違いがでてくるわけである。そこで、どのような事情を前提とすることができるのか、またどのような事情は前提とすることができないのかという問題が生ずる。これが、相当性判断の基礎事情とよばれる問題である。

イ　学説

では、いかなる事情を基礎事情としうるのか。この点については、①主観説、②客観説、③折衷説が対立している。

（ア）主観説（主観的相当因果関係説）

主観説は、行為の時点において、行為者が認識・予見していた事情および認識・予見しえた事情を基礎としうるとする。

> 相当性判断の基礎事情は、**行為時の事情と行為後の事情（介在事情）**に分かれます。
> たとえば、上記2アの「Bが重度の心臓病患者である」という事情は行為時の事情、上記1ア（➡45ページ）の「Aに切りかかられ怪我をしたBが病院に行ったところ、医師が誤って毒物を注射した」という事情は行為後の事情です。
> そして、行為時の事情については「認識」、行為後の介在事情については「予見」の対象となるのですが、主観説は、行為者が現に認識・予見していた事情と、現に認識・予見していたわけではなくても行為者にとって認識・予見可能だった事情に限り、相当性判断の基礎事情とすることができると考えていくわけです。

しかし、この見解では、行為の時点において行為者が認識・予見しえなかった事情については、一般人が認識・予見しえた場合でも判断の基礎とすることができず、処罰範囲が狭くなりすぎる。

（イ）客観説（客観的相当因果関係説）

客観説は、行為時に存在した全ての客観的事情および行為の時点において一般人が予見しえた行為後の事情を基礎としうるとする。この見解は答案でも紹介する可能性が高いので、覚えておくとよい。

しかし、この見解では基礎事情として取り込める範囲が広すぎ、処罰範囲が不当に拡張されるおそれがある。妥当な見解とはいいがたいであろう。

（ウ）折衷説（折衷的相当因果関係説）

そもそも、因果関係の有無の問題は構成要件該当性の有無の問題であり、構成要件は当罰的行為を社会通念に基づき類型化したものであった。

そこで、まず、行為の時点において、一般人が認識・予見しえた事情を基礎

としうると解するのが妥当である。

しかし、構成要件は**有責行為類型**でもあった（➡ 21 ページ **1**）。そして、責任とは行為者に対する非難可能性のことであった（➡ 22 ページ **3**）。

そこで、行為者を基準として、行為の時点において**行為者が現に認識・予見していた事情**をも基礎とすることができると解するべきであろう。

以上をまとめれば、行為の時点において、一般人が認識・予見しえた事情および行為者が特に認識・予見していた事情を基礎として、相当性の有無を判断していくことになる。この見解は折衷説とよばれており、従来の通説となっている。

> 折衷説では、一般人を基準にする場合は「認識・予見しえた」か否かが問題となるのに対し、行為者を基準にする場合には「現に認識・予見していた」か否かが問題となる点に注意が必要です。行為者が現実に認識・予見していなかった事情は、たとえ行為者が認識・予見しえたであろう場合でも（一般人が認識・予見しえた場合は別として）基礎事情とすることはできません。記憶の際に注意しておいてください。

	主観説	客観説	折衷説
行為時の事情	行為者が認識していた事情、および認識しえた事情	全ての客観的事情	一般人が認識しえた事情、および行為者が現に認識していた事情
行為後の事情	行為者が予見していた事情、および予見しえた事情	一般人が予見しえた事情	一般人が予見しえた事情、および行為者が現に予見していた事情

> ここで、A が暗闇で B の頭を軽く小突いたところ、その B が心臓発作を起こして死亡してしまった事例を以上 3 つの学説にあてはめてみましょう。
> 主観説からは、「B が心臓病であること」を行為時に行為者 A が認識していたか、または A が認識しえたといえる場合にのみ、「B が心臓病であること」を基礎事情とすることができます。逆にいえば、そのような場合でない限り基礎事情とすることはできず、B が心臓病であるという事情は無視されて（すなわち B が健常者であることを前提として）相当性が判断されます。A が認識しておらず、かつ認識し得なかった場合には、相当性は否定されます。
> 客観説からは、「B が心臓病であること」は行為時に存在した客観的事情ですから、当然に基礎事情となります。そのうえで相当性を判断すれば、B の死亡結果は A の行為の危険性が結果として現実化したものといえることになり、B の死亡結果が生じるのは相当ということになります。
> 折衷説からは、行為時に、B が心臓病であるという事情を一般人が認識しえたか、または行為者たる A が現に認識していた場合に限って基礎事情とすることができます。そうした場合には、やはり B の死亡結果が生じるのは相当ということになるでしょう。

Q 相当性を判断するに際し、いかなる事情を基礎事情として取り込めるか　**A**

A説 主観説
結論：行為者が認識・予見していた事情および認識・予見しえた事情を基礎とする。
批判：因果関係が認められる範囲が狭すぎる。

B説 客観説（前田・曽根）
結論：行為時に客観的に存在していた全ての事情および行為当時一般人が予見しえた行為後の事情を基礎とする。
批判：結論的に条件説とほとんど変わらなくなる。

C説 折衷説（団藤・井田など）
結論：一般人が認識・予見しえた事情および行為者が特に認識・予見していた事情を基礎とする。
理由：構成要件は当罰的行為を社会通念に基づき類型化したものであり、また、責任類型として責任非難の前提ともなるものである。

4. 因果関係に関する判例　➡論証4

1　行為の危険性の現実化　A⁺

因果関係に関する判例は数多く存在するものの、いずれも当該具体的事実関係のもとにおける個別的な判断を示すにとどまり、理論的立場を直接的に明示した判例は存しない。

しかし、その個別的な判断の集積を通じて、判例の基本的立場は次第に明らかになってきているといえる。すなわち、判例は、被告人の行為が結果発生との関係で有する事実的影響力・因果的寄与度（およびこれと介在事情の因果的寄与度との比較）に注目し、行為が一定程度の重みをもって結果発生に寄与していれば、因果関係を肯定するという基本的立場をとっているようである。

そして、この判例の立場は、「行為の危険性が結果として現実化したといえるか」を基準とするものといいかえることができる。

相当因果関係説の立場でも、相当性の有無は、行為の危険性が結果として現実化したといえるか否かで判断する見解が有力です（➡46ページウ）。したがって、この点については、判例と相当因果関係説とは実質的に異なりません。
　しかし、従来の通説である**折衷的相当因果関係説は、判断の基礎事情を一定の事情に限定する**のに対し、**判例は基礎事情を限定しません**。また、折衷的相当因果関係説は、行為の時点に立って相当性の有無を判断するのに対し、判例は判断時点を行為時に固定しません。これらの点が、判例と折衷的相当因果関係説との最大の相違点です。
　答案では、原則として判例の立場が、あてはめを充実させやすい点でおすすめです。ただし、行為時の特殊事情のみが問題となる（つまり行為後の特殊事情は問題とならない）事案では、判例ではなく折衷的相当因果関係説で書いた方が書きやすいことがあります。また、後に学ぶ不能犯の論点も同時に出題された場合は、基礎事情を限定する**具体的危険説**（➡181ページエ）に立つ限り、因果関係についても基礎事情を限定する折衷的相当因果関係説で書いた方が安全です。
　結局、判例と折衷的相当因果関係説のどちらでも書けるようにしておくのがベストでしょう。

2　あてはめ方　A

　では、判例の立場からは、具体的にどのように因果関係の有無（すなわち行為の危険性が結果として現実化したといえるか否か）を判断することになるのだろうか。類型を分けて検討しよう。

ア　行為時の事情のみが存する場合
　まず、行為時の事情のみが存在し、行為後の事情が存在しない場合は、生じた結果は行為の有する危険性が現実化したものといえ、因果関係を肯定することになる。

イ　行為後の介在事情が存する場合
　では、行為後の介在事情が存する場合はどうか。
　この場合は、基本的に、行為後の介在事情の結果に対する**寄与度の大小**によって、因果関係の有無を判断することになる。
　すなわち、①行為後の介在事情の寄与度が小さい場合は、なお生じた結果は行為の危険性が現実化したものといえ、因果関係を肯定する（➡下記**3イ**参照）。
　他方、②行為後の介在事情の寄与度が大きい場合は、生じた結果は行為の危険性が現実化したものとはいえず、因果関係を否定するのが原則である（➡下記**3ア**参照）。

たとえば、「Aが殺意をもってBに日本刀で切りかかったが、Bは軽いかすり傷を負うにとどまった。その後、Bが念のために病院へ行ったところ、医師が誤って毒物を注射してしまい、Bが死亡した」という事案を検討してみましょう。
　この事案において、Aの行為自体はきわめて危険といえますが、Bの死因を形成したのはあくまでも医師による毒物の注射行為であり、Aが切りかかったという行為によってBの死因が形成されたわけではありません。したがって、医師による毒物の注射行為という介在事情の寄与度がきわめて大きい（換言すれば、Bの死亡結果はAの行為の危険性の現実化とはいえない）といえ、Aの行為とBの死亡との間の因果関係は否定されることになります。
　このように、被害者が死亡した事案では、問題となっている**当該行為によって死因が形成されたか否か**がしばしばポイントとなります。この点は覚えておきましょう。

　ただし、②の行為後の介在事情の寄与度が大きい場合であっても、行為と行為後の介在事情との間に一定の関連性が認められ、介在事情を経由して結果を発生させる危険性が行為のなかに含まれているといえる場合は、例外的に、生じた結果は行為の危険性が現実化したものといえ、なお因果関係を肯定することになる（➡下記**3ウ**参照）。

　たとえば、Aが殺意をもってB宅でBを刺したところ、Bが死亡したと誤信したAが、証拠隠滅の目的でB宅に放火したため、Bが焼死したとします。
　この場合、Aの刺すという行為は、Bの死因を直接形成したわけではありませんから、B死亡への寄与度は小さいとも思えます。
　しかし、殺人犯が、証拠隠滅のために現場建物を放火するということは**しばしばみられる事態**であることからすれば、Aの「Bを刺す」という行為自体のなかに、**証拠隠滅のための放火という介在事情を経由してBの死亡結果（焼死）を発生させる危険性が含まれていた**と評価することが可能です。したがって、この事例では、「Bを刺す」という行為の寄与度が大きい（換言すれば、「Bを刺す」という行為の危険性がBの焼死という結果に現実化した）といえ、因果関係を肯定していいでしょう。

3 重要判例　A⁺

　以下、あてはめを書く際に参考になる重要な判例を概観していこう。

ア　米兵ひき逃げ事件

　米兵ひき逃げ事件の事実の概要は次のとおりである。
　まず、被告人は自動車を運転中、過失により被害者を跳ね飛ばした。被害者は被告人の運転する自動車の屋根に跳ね上げられ、意識を喪失した。被告人は被害者を屋根に乗せていることに気づかずそのまま運転していたが、自動車に同乗していたAがこれに気づき、走行中の自動車の屋根から被害者の身体を引

きずり降ろした。被害者は、被告人の自動車車体との激突および道路面または路上の物体との衝突によって多数の打撲傷等を負い、頭部の打撲に基づく脳クモ膜下出血および脳実質内出血により死亡した。なお、死因となった頭部の打撲が、①自動車との衝突によるものか、②屋根から引きずり降ろされた際に生じたものかは不明であった。

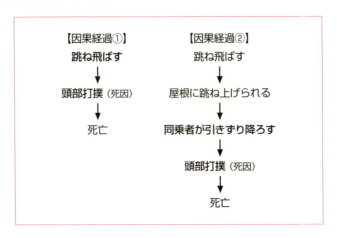

この事件で最高裁は、「同乗者が進行中の自動車の屋根の上から被害者をさかさまに引きずり降ろし、アスファルト舗装道路上に転落させるというがごときことは、経験上、普通、予想しえられるところではなく、ことに、本件においては、被害者の死因となった頭部の傷害が最初の被告人の自動車との衝突の際に生じたものか、同乗者が被害者を自動車の屋根から引きずり降ろし路上に転落させた際に生じたものか確定しがたいというのであって、このような場合に被告人の前記過失行為から被害者の前記死の結果の発生することが、われわれの経験則上当然予想しえられるところであるとは到底いえない」とし、因果関係を否定した（最決昭和42・10・24百選Ⅰ9）。

大審院・最高裁を通じて、最上級審の判例が因果関係を否定したのは、この米兵ひき逃げ事件だけである。

> 上の図で①の因果経過をたどったのならば、特に問題なく因果関係は肯定されます。ところが、本件は②の因果経過をたどった可能性もあることから、被告人に死亡結果を帰責するには②の場合であっても因果関係が肯定される必要があります。

そこで、②の因果経過について、判例の立場から考えてみましょう。まず、過失により被害者を跳ね飛ばしたという被告人の行為は、たしかに危険な行為ではあります。しかし、②の因果経過を前提とすれば、死因は、同乗者が被害者を引きずり降ろしたことによって生じたのであり、**被告人の行為によって死因が形成されたわけではありません**。また、同乗者の当該行為は、しばしばみられるものとはいえません。したがって、被害者の死亡結果を被告人の行為の危険性が現実化したものであるとはいいがたいでしょう。そのため、因果関係が否定されることになるわけです。

イ　大阪南港事件

　大阪南港事件の事案の概要は次のとおりである。

　まず、被告人が被害者の頭部等を多数回殴打するなどの暴行を加えた結果、被害者は脳出血を生じ、意識不明の状態に陥った。その後、被告人は、被害者を暴行現場から離れた大阪南港の資材置き場まで自動車で運搬し、午後10時40分ごろ被害者を同所に放置して立ち去ったところ、被害者は脳出血により死亡した。ただし、被害者は、その生存中、何者かによって角材でその頭頂部を数回殴打されており、その結果、幾分か死期が早まった。

　この事案において、最高裁は、「犯人の暴行により被害者の死因となった傷害が形成された場合には、仮にその後第三者により加えられた暴行によって死期が早められたとしても、犯人の暴行と被害者の死亡との間の因果関係を肯定することができ」るとし、本件の因果関係を肯定した（最決平成2・11・20百選Ⅰ10）。

　被告人が行った被害者の頭部等を多数回殴打するなどの暴行行為は、被害者の死亡結果を発生させる高度の危険性を有する行為といえます。そして、第三者の行為によって幾分か死期が早まったものの、第三者の行為の結果への寄与度は小さいというべきでしょう。むしろ、**死因たる「脳出血」は被告人の暴行から生じている**のですから、被告人の行為の結果に対する寄与度のほうがきわめて大きいといえ、したがって被害者の死亡結果は被告人の行為の危険性の現実化ということができるはずです。そのため、因果関係を肯定するべきことになるわけです。

ウ　トランク事件

　トランク事件の事案の概要は次のとおりである。

　被告人は、被害者を自動車後部のトランク内に押し込み、トランクカバーを閉めて同車を発進・走行させた後、路上で停車した。停車した地点は、ほぼ直

線の見通しのよい道路上であったが、後方を走行していた第三者Aがわき見運転をしていたため、第三者Aの車両がほぼ真後ろから被告人の車両に追突した。その結果、被告人の車両のトランク内にいた被害者は重傷を負い、まもなく死亡した。

　この事案において、最高裁は、「被害者の死亡原因が直接的には追突事故を起こした第三者の甚だしい過失行為にあるとしても、道路上で停車中の普通乗用自動車後部のトランク内に被害者を監禁した本件監禁行為と被害者の死亡との間の因果関係を肯定することができる」とした（最決平成18・3・27百選Ⅰ11）。

　この事案では、「わき見運転をして被告人の車に追突した」という第三者の行為によって直接的な死因が形成されているわけですから、因果関係は否定されることになるとも思えます。
　しかし、自動車が後部から他の自動車に追突されるという事態はしばしば生じること、および自動車のトランクはそこに人が入ることが予定されておらず、後部から追突された際に保護されない危険なスペースであることからすれば、「被害者を自動車のトランク内に押し込んだ」という被告人の行為には、**後部から他の自動車に衝突されるという事情を経由して被害者の死傷結果を発生させる危険が含まれていた**といえます。そのため、最高裁は、死亡との間の因果関係を肯定したのだろうと思います。
　ちなみに、そのように考えると、仮に本件が、被害者をトランクにではなく後部座席に押し込んだという事案であった場合には、死傷との関係で危険性を有する行為だったとはいえないことになり、因果関係は否定されるべきことになるでしょう。

4　判例の類型　B

　最後に、因果関係に関する判例を類型別に整理すれば、①被害者の特異体質・隠れた病変が存在する場合（**最判昭和46・6・17百選Ⅰ8**等）、②被害者の行為が介在する場合（**最決昭和59・7・6刑集38-8-2793、最決昭和63・5・11刑集42-5-807、最決平成16・2・17刑集58-2-169**等）、③行為者の事後行為が介在する場合（**大判大正12・4・30百選Ⅰ15**）、④第三者の行為が介在する場合（**最決昭和49・7・5刑集28-5-194、**前掲**最決平成2・11・20百選Ⅰ10、最決平成4・12・17百選Ⅰ12**等）の4つがあるといえる。

　なお、米兵ひき逃げ事件は④の類型に入るが、この事件についてだけは因果関係を否定したのは前述のとおりである。

第5章 構成要件的故意

1. 故意の意義

　38条1項は、「罪を犯す意思がない行為は、罰しない。ただし、法律に特別の規定がある場合は、この限りでない。」と規定している。この「罪を犯す意思」のことを故意という。
　以下、検討していこう。

1　故意の本質　A+

　故意がない限り、原則として犯罪は成立しない（故意犯の原則・38条1項本文）。また、過失犯の処罰規定があれば例外的に故意がなくても犯罪が成立するが（38条1項ただし書）、法定刑は故意犯のほうが断然重い（たとえば199条と210条を比較せよ）。
　これらは、故意を有する者には強い道義的非難が可能であることに基づく。すなわち、故意を有する者は、規範に直面し反対動機の形成が可能であったにもかかわらず、あえて犯罪行為に及んだといえる。それゆえ、故意を有しない者と比べて、強い道義的非難が可能なのである。この点に、故意の本質（故意責任の本質）があると考えていく。この故意の本質はしっかりと記憶しておいてほしい。

2　故意の分類　A

　38条1項本文の故意は、その認識内容の違いに応じて、構成要件要素としての故意たる構成要件的故意と、責任要素としての故意たる責任故意からなる

と解されている（多数説）。

このうち、責任故意は後に責任の箇所（➡ 144 ページ 4. 以下）で検討することとし、以下、本章では構成要件的故意について検討していくことにする。

$$
\text{「罪を犯す意思」} = 故意 \begin{cases} 構成要件的故意 \\ 責任故意 \end{cases}
$$

【故意責任と責任故意】
　故意の本質で出てきた「故意責任」という言葉と、故意の分類で出てきた「責任故意」という言葉は、その意味する内容が全く異なります。
　故意責任とは、「およそ故意を有する場合の強い道義的非難可能性」を意味します。すなわち、故意責任というときの故意には、構成要件的故意と責任故意の両方が含まれています。これに対し、責任故意とは、およそ故意の中で、責任レベルで要求される故意（すなわち、構成要件的故意ではない故意）を指しています。
　よく似た用語ですが、混同しないようにしましょう。

2. 構成要件的故意の要素

1　認識以外の要素の要否　B

構成要件的故意の要素として、犯罪事実の認識が必要である点については争いがない。問題は、単なる認識に加えて、犯罪事実の実現を意欲している等の要素をも必要とするか否かである。

この点、犯罪事実の実現を積極的に意欲している必要はないが、少なくとも犯罪事実の実現につき「仕方がない」「やむを得ない」といった認容があることを要するとする認容説が多数説である。

そして、この認容説を前提とすれば、認容の有無が故意と過失の分水嶺となる（故意と過失の境界〔➡ 62 ページ ウ〕）。

Q 構成要件的故意における認識以外の要素の要否　B

A説 認識説
結論：犯罪事実の認識だけで足りる。

B説 意欲説
結論：犯罪事実の実現を意欲し、希望していることを要する。

C説 認容説(多数説)
結論：犯罪事実の実現を認容していることを要する。
理由：犯罪事実の実現を意欲していた場合はもとより、犯罪事実を認識していながら、その回避に努めるどころか、あえて「仕方がない」「やむを得ない」としてその犯罪事実が実現するに任せたという「認容」の場合であっても、過失犯とは異なった強い道義的非難に値する。

2　認識・認容の対象　A

ア　客観的構成要件要素

構成要件的故意の要素である認識・認容の対象となる事実は、客観的構成要件要素に該当する事実である。

したがって、構成要件的故意があるといえるためには、たとえば、実行行為や行為の客体、結果等を認識し、認容していなければならない。

> この構成要件的故意は、実行行為の時点で必要です。したがって、厳密には、実行行為や行為の客体等については認識・認容、結果や因果関係については予見・認容ということになります。しかし、構成要件的故意を論ずるに際しては、認識と予見を区別せず、両者をあわせて認識というのが一般的なようです。本書もこうした一般的な言い方に従うことにします。

イ　因果関係の認識・認容の要否

客観的構成要件要素のうち、因果関係は構成要件的故意の対象とならず、認識・認容を要しないとする見解がある。

しかし、因果関係も客観的構成要件要素である以上、やはり構成要件的故意の対象であり、その認識・認容を要するというべきであろう。

ただし、因果の経過を具体的かつ詳細に認識することは実際上不可能であるし、また不要というべきであるから、因果関係の大筋の認識で足りると解されている。

この論点は、後述する因果関係の錯誤の処理（➡ 72 ページ**ウ**）に影響する。

> **Q 因果関係の認識の要否　A**
> **A説** 必要説（通説）
> 理由　因果関係は客観的構成要件要素である以上、当然に構成要件的故意の対象となる。
> **B説** 不要説
> 理由　実行行為と結果との認識があれば、故意非難を課すには十分である。

ウ　結果的加重犯の重い結果

結果的加重犯においては、その重い結果について認識・認容を要しないのは、その性質上当然である。

たとえば、傷害致死罪（205条）の重い結果である死亡結果につき認識・認容がある場合には、傷害致死罪ではなく端的に殺人罪（199条）が成立することになる。

エ　規範的構成要件要素の認識　➡論証5
（ア）意味の認識の必要性

たとえば、本屋を経営するAが、ロシア語で書かれた書籍を販売したとする。実はその書籍はわいせつきわまりない内容の小説であったのであるが、ロシア語を全く解さないAは、ロシア語で書かれた小説であるという程度の認識しか有していなかった。この場合、Aにわいせつ物頒布罪の構成要件的故意があるとはいえまい。たしかに、Aは当該書籍という物体の認識は有していた。しかし、その物体の意味、すなわち、それがわいせつ物であるということについては一切認識を有していなかったからである。

このように、規範的構成要件要素（➡ 31 ページ **3**）については、物体を認識していても必ずしも意味の認識に結びつかないという特殊性がある。それゆえ、その構成要件的故意があるといえるためには、特に意味の認識が必要となるのである。

（イ）意味の認識の程度
①　問題の所在

そして、かかる意味の認識については、その程度が問題となってくる。

たとえば、写真家であるBが、みだらな裸体を撮影した写真集を出版したとする。この写真集は、「徒らに性欲を興奮又は刺激せしめ且つ普通人の正常な

性的羞恥心を害し善良な性的道義観念に反するもの」という「わいせつ」の要件（最判昭和 26・5・10 刑集 5-6-1026）を充足するものであったが、法律の素人である B は、当然かかる要件も、当該写真集がそれを充足することも知らなかった。この場合、B にわいせつ性についての構成要件的故意があったといえるかが問題となってくるのである。

② 素人的認識

では、どう考えるべきか。この問題は故意の有無の問題であるから、故意の本質から考えていけばよい。

すなわち、故意の本質は、規範に直面して反対動機の形成が可能であったにもかかわらずあえて行為に及んだことに対する強い道義的非難にあった。

そして、反対動機の形成のためには意味の認識が必要であるが、その程度としては、なにも裁判官レベルの認識まで必要であるわけではない。行為者が、素人判断にせよ、みだらな性描写があるという程度の認識、すなわち素人的認識さえ有していたのであれば、十分に反対動機を形成することが可能であり、犯罪行為を踏みとどまれたはずであるといえよう。

そこで、わいせつ性などの規範的構成要件要素に対する意味の認識の程度としては、一般通常人が知っているような意味・性質の認識、すなわち素人的認識で足りると解していくのが通説である。

前述の写真家 B は、「一般的にみればいやらしい写真」が掲載されていることは当然認識していたはずである。よって、素人的認識があったといえ、わいせつ性についての構成要件的故意が認められることになる。

③ 錯誤の処理

では、B が本件写真集は芸術作品であり、「わいせつ」物にあたらないと勝手に思い込んでいた場合はどうか。いわゆる規範的構成要件要素の錯誤が問題となる。

この点、いくらそのように思い込んでいたとしても、「一般的にみればいやらしい写真」が掲載されていることを認識していたことに変わりはない。すなわち、素人的認識を有していたことに変わりはないのであるから、構成要件的故意は問題なく認められることになる。

なお、B は違法性の意識に欠けていたと思われるが、この点については責任故意の箇所で検討しよう（➡ 144 ページ 4.）。

以上のように、「素人的認識で足りる」という命題は、①意味の認識が必要である、②しかしその程度として裁判官レベルの認識は不要である、③したがってまた行為者が勝手な解釈をしているだけの場合には構成要件的故意が認められる、という3つのニュアンスを包含している多義的な命題であるといえます。混乱している人が多いところですが、この3つのニュアンスに分けて理解しておくと随分とすっきりするのではないかと思います。

オ　不真正不作為犯における作為義務の錯誤　➡論証6

（ア）問題の所在

たとえば、海で幼いわが子が溺れているのを発見した父親Aが、子が死んだら好都合だと思って救助しなかったとする。父親Aには作為義務が認められるのであるが、Aは、自らには作為義務がないと考えていたとしよう。この場合、Aに故意を認めることはできるのであろうか。

（イ）作為義務の体系的地位

この問題を論ずる前提として、不真正不作為犯における作為義務の体系的地位をいかに解するべきかが問題となる。

この点、不真正不作為犯の作為義務を、構成要件要素ではなく違法要素であるとする見解がある。しかし、そのように解しては全ての者の不作為が構成要件に該当することになってしまい、構成要件の違法性推定機能（➡24ページ **2**）を害する。

そこで、構成要件の違法性推定機能を維持するべく、作為義務は構成要件要素であると解するのが通説である。

この通説は、作為義務を負う者を保障人として類型化し、保障人による不作為のみが構成要件に該当しうると解していく（保障人説）。

> **Q 不真正不作為犯における作為義務の体系的地位　B**
>
> **A説** 違法性説（団藤）
> 結論：作為義務は違法要素である。
> 批判：構成要件の違法性推定機能を無意味にする。
>
> **B説** 保障人説（通説）
> 結論：作為義務は構成要件要素である。作為義務を負う者（保障人）の不作為のみが構成要件に該当しうる。
> 理由：構成要件の違法性推定機能を維持すべきである。

(ウ) 錯誤の処理

　以上のように作為義務を構成要件要素であると解すると、**作為義務は構成要件的故意の対象**であることになる。したがって、錯誤により作為義務の認識を欠く場合には、構成要件的故意に欠けることになる。

　もっとも、作為義務は**規範的構成要件要素**であると解するべきであるから、**素人的認識**がある場合には、構成要件的故意が認められることになる。

3. 構成要件的故意の種類

1　確定的故意と不確定的故意　B

ア　確定的故意と不確定的故意

　構成要件的故意は、確定的故意と不確定的故意とに分類される。

　確定的故意とは、犯罪の実現を**確定的**なものとして認識し、認容している場合をいう。

　これに対し不確定的故意とは、犯罪の実現を**不確定**なものとして認識し、認容している場合をいう。

イ　不確定的故意の分類

　これらのうち、不確定的故意は、さらに**概括的故意、択一的故意、未必的故意**に分類される。

　概括的故意とは、一定の範囲内のどれかの客体に犯罪的結果が発生すること

は確実であるが、客体の個数や客体を不確定なものと認識し、認容している場合をいう。たとえば、群集の中に爆弾を投げ込む場合の故意がこれにあたる。

択一的故意とは、数個の客体のうちのどれかに犯罪的結果が発生することは確実であるが、どれに発生するかは不確定なものと認識し、認容している場合をいう。たとえば、拳銃の弾丸がA・Bのどちらか一方に当たるだろうことは確信しているが、どちらに命中するかは不確実であると認識している場合の故意がこれにあたる。

未必的故意（未必の故意）とは、認容説によれば、犯罪的結果の発生自体を不確定なものとして認識し、認容している場合をいう。たとえば、「ナイフで刺すと死ぬかもしれないが、それでもかまわない」という意思で人を刺した場合の故意がこれにあたる。

> 不確定的故意は、犯罪の実現を不確定なものとして認識・認容している点で共通しています。しかし、概括的故意と択一的故意は、犯罪的結果が発生すること自体についての認識は確定的であるのに対し、未必的故意は、犯罪的結果が発生することの認識まで不確定的である場合をいいます。この意味で、未必的故意は純粋な不確定的故意といえるでしょう。

ウ　故意と過失の境界

以上のうち、もっとも不確定な故意である未必的故意すら認められない場合には、故意が認められず、過失として扱われることになる。

すなわち、故意についての認容説を前提とした場合、犯罪事実の実現を不確定なものとして認識し認容していればいわゆる未必的故意が認められるのに対し、認識はしているものの認容していなければ故意は認められず、認識ある過失として扱われることになるのである。

たとえば、ナイフで人を刺し殺した場合において、「死なない程度に刺すのが望ましいが、もし死んでしまってもそれはそれで仕方がない」と考えていた場合には殺人の未必的故意が認められる。これに対し、「刺し所が悪ければ死んでしまいかねないが、自分は刺すのがうまいから死んでしまうことはないだろう」と考えていた場合には、認容に欠ける以上故意が認められず、認識ある過失ということになる。

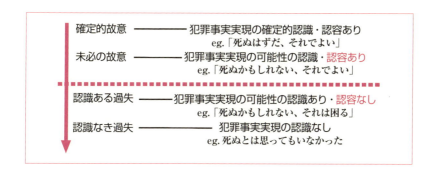

2 ヘルマンの概括的故意　　➡論証7

ア　問題の所在

　たとえば、海外旅行先で白い粉の運搬を依頼されたAがこれを日本に持ち込んだところ、実はその白い粉は覚醒剤だったとする。Aとしては覚醒剤であるとの認識はなかったが、わざわざ日本への運搬を依頼してきたところからみて、何らかの違法薬物なのではないかとは思っていたとしよう。

　この場合、覚醒剤についての構成要件的故意を常に否定してしまうと、薬物事犯の実態や実務上の必要性に反し、法益保護が図れなくなる。

　そこで、構成要件的故意を認めることができないか、また、認めることができるとしてそれはいかなる要件を満たした場合か。これが、**ヘルマンの概括的故意**とよばれる問題である。

イ　「類」の認識

　この問題も故意の有無の問題であるから、故意の本質から考えていけばよい。

　すなわち、**故意の本質**は、規範に直面して反対動機の形成が可能であったにもかかわらずあえて行為に及んだことに対する強い道義的非難にあった。

　そして、覚醒剤という認識（「種」の認識）を有していなくとも、**身体に有害で違法な薬物類であるとの認識**（「類」の認識）さえあれば、規範に直面し反対動機の形成が可能であったといいうると考えていく。なぜなら、類の認識の中には、種の認識が含まれているからである。

「類」は「種」を含む大きい集合のことです。どちらが大きい集合だったかすぐに忘れてしまいそうですが、そんなときは「人類」と「人種」という言葉を思い出すといいでしょう。

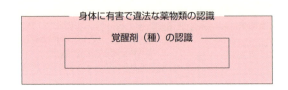

　ただし、たとえ身体に有害で違法な薬物類であるとの認識があった場合であっても、**覚醒剤を排除する積極的な認識**がある場合には、覚醒剤についての構成要件的故意を認めることはできない。

　「身体に有害で違法な薬物類ではあるかもしれないが、まさか覚醒剤ではないはずだ」と考えて覚醒剤を日本に持ち込んだ場合には、肝心の覚醒剤の部分が空白となってしまっているため、いかに類の認識があろうとも覚醒剤の故意が認められないからである。

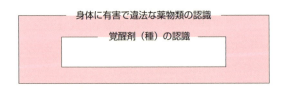

　以上をまとめれば、①身体に有害で違法な薬物類であるとの認識があり、かつ②覚醒剤（種）を排除する積極的な認識がない場合には、覚醒剤についての構成要件的故意が認められると考えていくことになる。

　判例も、「覚せい剤を含む身体に有害で違法な薬物類であるとの認識があったというのであるから……覚せい剤輸入罪、同所持罪の故意に欠けるところはない」としている（**最決平成２・２・９百選Ｉ40**）。

4. 事実の錯誤

1 事実の錯誤の意義　A

構成要件的故意に関する最も重要な論点が、事実の錯誤である。
ここで事実の錯誤とは、認識していた犯罪事実と現実に発生した犯罪事実とが一致しない場合をいう。

2 事実の錯誤の分類　A

事実の錯誤は、①具体的事実の錯誤と抽象的事実の錯誤、②客体の錯誤と方法の錯誤に分類される。
以下、それぞれをみていこう。

ア　具体的事実の錯誤と抽象的事実の錯誤

具体的事実の錯誤と抽象的事実の錯誤の区別はきわめて重要である。
まず、具体的事実の錯誤とは、認識していた犯罪事実と発生した犯罪事実とが、同一構成要件内で食い違った場合をいう。
たとえば、「A」だと思ってピストルを発射したらその人が実は「B」だった場合は具体的事実の錯誤である。

これに対し、抽象的事実の錯誤とは、認識していた犯罪事実と発生した犯罪事実とが、異なる構成要件にまたがって食い違った場合をいう。

たとえば、「A」のロウ人形を「A」本人と間違えてピストルで撃った場合、主観は殺人罪、客観は器物損壊罪であり、異なる構成要件にまたがって主観と客観が食い違っていることから、抽象的事実の錯誤にあたる。

以上の分類はしっかりと覚えておいてほしい。

事実の錯誤 ｛ ①具体的事実の錯誤：同一構成要件内で食い違い
②抽象的事実の錯誤：異なる構成要件にまたがって食い違い

イ　客体の錯誤と方法の錯誤

　客体の錯誤と方法の錯誤の分類は、後述する具体的事実の錯誤の処理において用いることになるが、用語と具体例を知っておけば足りる。
　客体の錯誤とは、行為者が行為の客体を取り違え、本来意図していた客体とは別の客体を攻撃した場合である。
　たとえば、「A」だと思ってピストルを発射したらその人が実は「B」だったという前述の例は、客体の錯誤である。

これに対し、方法の錯誤とは、行為の客体に関する行為者の認識に誤りはなかったが、行為者の攻撃の結果が、その意図した客体とは別個の客体に生じてしまった場合をいう。
　たとえば、「A」を狙ってピストルを発射したところ、弾がそれて横にいた「C」に当たってしまった場合である。

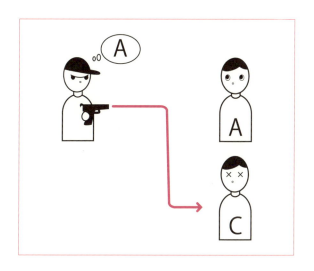

3　具体的事実の錯誤の処理　A+

ア　具体的符合説と法定的符合説　➡論証8前半
　具体的事実の錯誤がある場合において、構成要件的故意が認められるかどうかについては、具体的符合説と法定的符合説の対立がある。

（ア）具体的符合説
　具体的符合説とは、認識していた犯罪事実と発生した犯罪事実とが具体的に一致しない限り、発生した犯罪事実についての構成要件的故意が認められないとする見解である。
　この見解からは、まず、具体的事実の錯誤のうち、方法の錯誤については、発生した犯罪事実についての構成要件的故意は否定される。
　たとえば、「A」を狙ってピストルを発射したところ、弾がそれて横にいた「C」に当たってしまったという方法の錯誤の場合、行為者が具体的に認識し

ていた犯罪事実は「A」に対する殺人のみであるから、認められるのはあくまでもAに対する構成要件的故意だけであり、Cに対する構成要件的故意は認められないことになるのである。

【具体的符合説・方法の錯誤】

	認識していた犯罪事実	発生した犯罪事実	一致の有無
具体的事実	「A」を殺す	「C」を殺す	×

ただし、具体的事実の錯誤のうち、客体の錯誤については、具体的符合説からでも構成要件的故意を肯定するのが一般的である。「A」だと思ってピストルを発射したらその人が実は「B」だった場合でも、「その人」を殺す意思で「その人」を殺している以上、「その人」というレベルでなお主観と客観の具体的な一致があったと考えていくのである。

【具体的符合説・客体の錯誤】

	認識していた犯罪事実	発生した犯罪事実	一致の有無
具体的事実	「A」を殺す ＝「その人」を殺す	「B」を殺す ＝「その人」を殺す	○

(イ) 法定的符合説（判例・多数説）

しかし、かかる具体的符合説は妥当とはいえまい。

すなわち、そもそも故意の本質は、規範に直面して反対動機の形成が可能であったにもかかわらずあえて行為に及んだことに対する強い道義的非難にあった。

そして、かかる規範は、構成要件のかたちで我々一般国民に与えられている。

とすれば、認識していた犯罪事実と発生した犯罪事実とが構成要件的評価として一致する場合には、規範に直面していたといえる。

そこで、そうした場合には、発生した犯罪事実についての構成要件的故意が認められると解するのが妥当であろう。この見解は、法定された構成要件レベルで主観と客観が一致していればよいとする見解であることから、法定的符合説とよばれる。

この見解からは、具体的事実の錯誤の場合には、客体の錯誤であれ、方法の

錯誤であれ、発生した犯罪事実についての構成要件的故意を肯定することになる。

たとえば、方法の錯誤の事案において、「A」も「C」も構成要件レベルでは「人」（199条）である以上、「人」を殺す故意で「人」を殺した点にズレはない。したがって、C殺害の構成要件的故意を認めていくことになる。

【法定的符合説・方法の錯誤】

	認識していた犯罪事実	発生した犯罪事実	一致の有無
具体的事実	「A」を殺す	「C」を殺す	×
構成要件的評価	「人」を殺す	「人」を殺す	○

Q 具体的事実の錯誤の処理　A⁺

A説 具体的符合説

結論：認識していた犯罪事実と発生した犯罪事実とが具体的に一致しない限り、原則として、発生した犯罪事実に対する構成要件的故意は否定される。

帰結：①方法の錯誤は構成要件的故意を否定。
　　　②客体の錯誤は構成要件的故意を肯定。

批判：①器物損壊罪のように未遂や過失処罰規定がない場合、方法の錯誤においては行為者は不可罰となり、妥当な結論が図れない。
　　　②客体の錯誤と方法の錯誤の区別が明確にできない場合もある。

B説 法定的符合説（判例・多数説）

結論：認識していた犯罪事実と発生した犯罪事実とが、構成要件的評価として一致する限度で、発生した犯罪事実についても構成要件的故意を認める。

帰結：構成要件的故意を肯定。

イ　成立する故意犯の個数　→論証8後半

（ア）問題の所在

具体的事実の錯誤につき法定的符合説に立脚した場合には、さらに成立する故意犯の個数が問題となることがある。

たとえば、XがAを殺害する意図でAに向けてピストルを発射したところ、弾丸がAを貫通して横にいたBにも当たり、Aが負傷し、Bが死亡したとする。

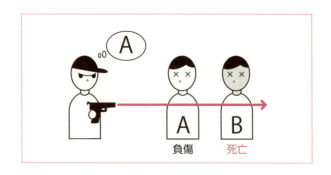

　このような場合を併発事例というが、この場合、法定的符合説に立脚すれば、AのみならずBに対する故意も認めることができそうである。しかし、そもそもXは、Aという「1人の人」を殺そうとして実行行為を行ったにすぎない。にもかかわらず、結果的にAに対する殺人未遂罪とBに対する殺人罪という2個の故意犯が成立するのは妥当なのであろうか。

（イ）一故意犯説
　この点、およそ「1人の人」を殺そうと思っていたにすぎない場合には、発生した犯罪事実のうち最も重い結果に対し1個の故意犯の成立を認めれば足り、それ以外の結果に対しては、原則として過失犯が成立しうるにとどまるとする見解がある。この見解は、1個の故意犯の成立しか認めないことから、一故意犯説とよばれる。
　この見解からは、先の事例においてはAに対する過失傷害罪と、Bに対する殺人罪が成立することとなる。

（ウ）数故意犯説
　かかる一故意犯説の根底にあるのは、処罰範囲が不当に拡大するのを防止したいという価値判断である。
　しかし、故意犯が複数個成立しても、これらはいずれも観念的競合（54条1項前段）として科刑上一罪となるから、処断上格別の不都合は生じないはずである（➡284ページ**2**）。
　また、そもそも法定的符合説は、故意の内容を構成要件の範囲で抽象化して考えるのであるから、故意の個数は観念できないというべきである。
　そこで、発生した犯罪事実の数だけ故意犯が成立すると解する見解が妥当であろう。この見解は、複数の故意犯の成立を認めることから、数故意犯説とよば

れる。判例も、この数故意犯説に立脚している(**最判昭和53・7・28百選Ⅰ42**)。

この見解からは、先の事例においてはAに対する殺人未遂罪と、Bに対する殺人罪が成立し、両者は観念的競合となる。

> 「故意の個数は観念できない」という点について、少し敷衍しておきましょう。
>
> 法定的符合説は、構成要件的故意を、あくまでも構成要件レベルで考えていきます。つまり、Aさんを殺す故意とかBさんを殺す故意とかいった具体的なレベルで構成要件的故意を考えるのではなく、およそ「人を殺」す（199条）ことの認識・認容が構成要件的故意だと考えていくわけです。
>
> とすれば、Aさんに対する構成要件的故意はあるが、Bさんに対する構成要件的故意はない、ということはあり得ないことになります。Aを殺す故意がある場合には、Aが「人」であり、Bも「人」である以上、常にBを殺す故意もあることになるからです。もっと大げさにいえば、「A」を殺す故意がある以上、世界中のあらゆる「人」を殺す構成要件的故意を認定しうるわけです。そして、「人」を殺すというレベルでの構成要件的故意は、およそ1つしかありえません。
>
> その意味で、数故意犯説は「法定的符合説に立脚する以上、故意の個数は観念できない」といっているわけです。
>
> なお、個数を観念できないのはあくまでも故意であって、故意犯ではありません。ややこしいところですが、故意の個数と、故意犯の個数とをきちんと分けて理解することが大切です。

Q 法定的符合説を前提として、併発事例において成立する故意犯の個数をいかに解するべきか　A

A説 一故意犯説

結論：発生した犯罪事実のうち最も重い結果に対し1個の故意犯の成立を認めれば足り、それ以外の結果に対しては、原則として過失犯が成立しうるにとどまる。

理由：行為者としては「1人の人」を殺そうとしていたにすぎないのに、数個の故意犯を認めることは責任主義に反する。

批判：甲がAを殺そうとしたところ、Aは負傷するにとどまったが、横にいたBが死亡した場合、最も重い結果が生じたBに対する故意を認め、Aについては過失を認めることになるが、これはAに対する故意をBに転用することを意味し、故意が心理的事実であることを無視するものである。

B説 数故意犯説（判例）

結論：発生した犯罪事実の数だけ故意犯が成立する。

理由：①故意は構成要件の範囲で抽象化されるので、故意の個数を観念することはできない。

②発生した結果の数だけ故意犯が成立しても、観念的競合（54条1項前段）として処理されるので、不都合ではない。

【具体的事実の錯誤・方法の錯誤のまとめ】
事案：XがA殺害の意図のもとピストルを発射した。
注：①殺人既遂や殺人未遂は故意犯である（38条１項参照）。
　　②傷害結果は殺人罪との関係では結果不発生と同じ。──→殺人の故意があれば殺人未遂となる。
　　③故意が認められなくとも、必ず不可罰となるわけではない。過失犯の成否を検討することになる。
　　④過失犯の未遂は構成要件が規定されていないため、不可罰である。
　　⑤Bが無傷の場合、Bへの罪責は不問とするのが通常である。ただし、理論的な帰結はカッコ付きで示した。

	法定的符合説		具体的符合説
	数故意犯説	一故意犯説	
X →A死亡 →B死亡	A：殺人既遂 B：殺人既遂	A：殺人既遂 B：過失致死	A：殺人既遂 B：過失致死
X →A死亡 →B傷害	A：殺人既遂 B：殺人未遂	A：殺人既遂 B：過失傷害	A：殺人既遂 B：過失傷害
X →A死亡 →B無傷	A：殺人既遂 B：（殺人未遂）	A：殺人既遂 B：（過失の未遂で不可罰）	A：殺人既遂 B：（過失の未遂で不可罰）
X →A傷害 →B死亡	A：殺人未遂 B：殺人既遂	A：過失傷害 B：殺人既遂	A：殺人未遂 B：過失致死
X →A傷害 →B傷害	A：殺人未遂 B：殺人未遂	A：殺人未遂 B：過失傷害	A：殺人未遂 B：過失傷害
X →A傷害 →B無傷	A：殺人未遂 B：（殺人未遂）	A：殺人未遂 B：（過失の未遂で不可罰）	A：殺人未遂 B：（過失の未遂で不可罰）
X →A無傷 →B死亡	A：殺人未遂 B：殺人既遂	A：過失の未遂で不可罰 B：殺人既遂	A：殺人未遂 B：過失致死
X →A無傷 →B傷害	A：殺人未遂 B：殺人未遂	A：過失の未遂で不可罰 B：殺人未遂	A：殺人未遂 B：過失傷害
X →A無傷 →B無傷	A：殺人未遂 B：（殺人未遂）	A：殺人未遂 B：（過失の未遂で不可罰）	A：殺人未遂 B：（過失の未遂で不可罰）

ウ　因果関係の錯誤　➡論証9

（ア）問題の所在

　たとえば、AがBを海に突き落として溺死させようと考え、崖からBを突き落としたところ、Bは溺死する前に、せり出した岩に激突して死亡したとする。

この場合、Aの認識していた因果経過と、実際に生じた因果経過とが異なることから、構成要件的故意が認められるかが問題となる。

（イ）法定的符合説からの処理

まず、前提として因果関係が構成要件的故意の対象かが問題となるが、**因果関係も客観的構成要件要素**である以上、やはり構成要件的故意の対象となると解するべきである（➡ 57 ページイ）。したがって、因果関係の錯誤も、**具体的事実の錯誤**の一種として、法定的符合説により処理すべきことになる。

とすれば、認識していた因果経過と実際に生じた因果経過が構成要件的評価として一致している場合、すなわち主観と客観が**刑法上の因果関係**の範囲内で符合している場合には、構成要件的故意が認められることになる。

> たとえば殺人罪の因果関係は、構成要件レベルでは「溺れて」死ぬとか「激突して」死ぬといった具体的なかたちで規定されているわけではありません。あくまでも、「刑法上の因果関係が認められること」というかたちで規定されていると解釈していくわけです。したがって、主観における因果経過と客観における因果経過につき、**それぞれ刑法上の因果関係**が認められるならば、構成要件レベルでは一致しているといえるわけです。
> たとえば、「溺れて」死ぬことには刑法上の因果関係が認められ、「激突して」死ぬことにも刑法上の因果関係が認められることから、両者は構成要件レベルで一致します。よって、因果関係についての構成要件的故意が認められることになるわけです。

【法定的符合説・方法の錯誤】

	認識していた犯罪事実	発生した犯罪事実	一致の有無
具体的事実	「溺れて」死ぬ	「激突して」死ぬ	×
構成要件的評価	刑法上の因果関係	刑法上の因果関係	○

> なお、この論点は、後述するウェーバーの概括的故意（➡ 81 ページ **5**）や早すぎた構成要件の実現（➡ 83 ページ **6**）という重要論点におけるポイントの1つとなりますから、しっかりと押さえておきましょう。

Q 因果関係の錯誤の処理　A

A説
結論：行為者の認識した因果の経過と現実の因果の経過とが刑法上の因果関係の範囲内で符合している限り、構成要件的故意は阻却されない。
理由：因果関係の認識必要説＋法定的符合説。

B説
結論：構成要件的故意は阻却されない。
理由：因果関係の認識不要説。

4 抽象的事実の錯誤の処理 A

　抽象的事実の錯誤は、認識していた犯罪事実（主観）と、発生した犯罪事実（客観）とが、異なる構成要件にまたがって食い違っている場合である。

ア　38条2項の内容

　この抽象的事実の錯誤の処理について規定した条文として、38条2項がある。
　この38条2項は、「重い罪に当たるべき行為をしたのに、行為の時にその重い罪に当たることとなる事実を知らなかった者は、その重い罪によって処断することはできない」と定めている。
　まず、この条文を読み解くための2つの前提知識を説明する。
　第1に、およそ抽象的事実の錯誤は、法定刑の軽重の点で、①主観の方が重い場合、②客観の方が重い場合、③主観と客観が同じ重さの場合、という3つの類型に分類される。
　第2に、抽象的事実の錯誤の事案では、主観と客観とが異なる構成要件にまたがって食い違っている場合であるから、主観に対応した罪の成否と、客観に対応した罪の成否が、それぞれ問題となりうる。
　以上を前提として38条2項を読むと、この条文がごくわずかのことしか定めていないということがわかるはずである。
　すなわち、38条2項は、抽象的事実の錯誤の類型のうち、②客観の方が重い場合（主観の方が軽い場合）について、重い客観に対応した罪が成立しないと述べるにとどまっている。②客観の方が重い場合に、軽い主観に対応した罪が成立するか否かについては一切述べていないし、また、①主観の方が重い場合や、③主観と客観が同じ重さの場合についても、一切述べていないのである。
　したがって、38条2項が述べていない部分については、重要な解釈問題となっている。

類型	主観に対応した罪の成否	客観に対応した罪の成否
①主観＞客観	解釈問題	解釈問題
②主観＜客観	解釈問題	不成立（38Ⅱ）
③主観＝客観	解釈問題	解釈問題

イ 主観の方が重い場合　→論証10

では、どのように解釈するべきだろうか。類型ごとに抽象的事実の錯誤の処理を検討していこう。

まずは、①主観の方が重い場合についてである。

たとえば、AがBを殺す意思でBに向かってピストルを発射したところ、Bには当たらず横においてあったBのツボに当たりツボが割れたとする。この場合、Aに殺人未遂罪が成立するのは当然として、さらに器物損壊罪が成立すると解することができるのだろうか。

また、Xが、Yが占有しているカバンであるとの認識で当該カバンを勝手に持ち帰ったところ、実はYはカバンを置き忘れてその場を遠く離れており、すでにカバンの占有を失っていたとする。この場合、Xは窃盗罪の故意で占有離脱物横領罪の客観を実現していることになるのであるが、Xに占有離脱物横領罪の故意を認め、同罪が成立すると解することができるのだろうか。

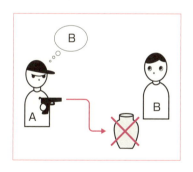
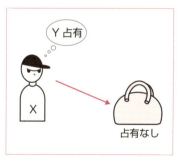

（ア）抽象的符合説

少数説である抽象的符合説は、およそ犯罪の意思で犯罪の結果が生じた以上は、少なくとも軽い罪の限度では故意犯が成立するとする。現在検討している①主観の方が重い場合については、生じた軽い客観に対応する故意を常に認め

ていくわけである。
　この抽象的符合説からは、たとえば上記のAがツボを割った事例では、Aには殺人罪の故意のみならず器物損壊罪の故意も認められることになる。したがって殺人未遂罪のみならず器物損壊罪も成立することになる。
　また、たとえば上記のXがカバンを持ち帰った事案では、Xに占有離脱物横領罪が成立することになる。なお、窃盗罪については、そもそも同罪の客観的構成要件にあたる事実がないため、抽象的符合説からであっても同罪は成立しない。

> 　この抽象的符合説は、主観主義刑法理論（➡7ページ1）に立脚した見解です。すなわち、主観主義刑法理論にとって、故意とは犯人の内心における社会的危険性を判別するための要件なのですが、およそ犯罪の意思で犯罪の結果を生じさせた以上、犯人の社会的危険性の徴表として十分であると考えていき、その結果、生じた犯罪事実（客観）に対応する故意犯の成立を38条2項の範囲内で認めてしまうわけです。

（イ）法定的符合説
　ⅰ　原則
　以上に対し、本書の採用する法定的符合説からは、原則として発生した犯罪事実に対する構成要件的故意は認められないことになる。
　すなわち、具体的事実の錯誤において論じたように、故意の本質は、規範に直面して反対動機の形成が可能であったにもかかわらずあえて行為に及んだことに対する強い道義的非難にある。
　そして、かかる規範は構成要件のかたちで我々一般国民に与えられている。
　そうだとすれば、認識していた犯罪事実と発生した犯罪事実とが構成要件的評価として一致する場合にのみ、規範に直面していたといえ、構成要件的故意が認められることになる。
　ところが、抽象的事実の錯誤の場合には、認識していた犯罪事実と発生した犯罪事実とが、異なる構成要件にまたがって食い違っている以上、行為者は規範に直面していたとはいえない。
　よって、原則として、発生した犯罪事実に対する構成要件的故意は認められないことになるのである。
　したがって、上記のツボが割れたという事案では、Aは殺人罪の構成要件的故意を有するにとどまり、実際に発生した器物損壊の事実に対する構成要件的

故意は認められないことになる。その結果、器物損壊罪は成立せず、殺人未遂罪のみが成立することになる。

ⅱ　例外——実質的符合説

ただし、法定的符合説が常に発生した犯罪事実についての構成要件的故意を否定するわけではない。

例外的に、認識していた犯罪事実と発生した犯罪事実の**構成要件が実質的に重なり合う場合**には、その**重なり合いの限度で規範に直面**していたといえる。

よって、その重なり合いの限度で、構成要件的故意が認められることになる。

たとえば、重いＡ罪と軽いＢ罪があり、両者は軽いＢ罪の限度で重なり合っているとします。そして、犯人がＡ罪の構成要件的故意を有している場合は、そのＡ罪の構成要件的故意の中にＢ罪の構成要件的故意が含まれているといえることから、Ａ罪の故意に加えてＢ罪の故意も有しているといえると解していくわけです。

そして、構成要件は**法益侵害行為を類型化**したものであるから、かかる実質的な重なり合いの有無は、**保護法益や行為態様**の共通性などを基礎として判断していくべきである（実質的符合説、判例・通説）。

たとえば、上記のＸがカバンを持ち帰った事案（➡75ページイ）では、主観は窃盗罪、客観は占有離脱物横領罪というかたちで主観と客観がズレているわけですが、両罪は、財物という保護法益および財物の取得という行為態様が共通していますから、軽い占有離脱物横領罪の限度で、実質的に重なり合っているといえます。

そして、Ｘは窃盗罪の構成要件的故意を有しているわけですから、その窃盗罪の構成要件的故意の中から、客観に対応した占有離脱物横領罪の構成要件的故意を抽出することが可能です。よって、占有離脱物横領罪の客観面も主観面も認められるため、Ｘには占有離脱物横領罪が成立することになるわけです。

ちなみに、窃盗罪については、そもそも客観的構成要件に該当する事実がないため、成立する余地はありません。

判例ないし裁判例が、構成要件の実質的な重なり合いを認めた代表的な例として、以下のものがある。丸暗記する必要はないが、だいたいのイメージはもっておこう。

- 殺人罪と同意殺人罪（東京高判昭和33・1・23高刑特5-1-21）
- 強盗罪と窃盗罪（最判昭和25・7・11百選Ⅰ91）
- 強盗罪と恐喝罪（最判昭和25・4・11刑集4-4-528）
- 窃盗罪と占有離脱物横領罪（東京高判昭和35・7・15下刑集2-7=8-989）
- 虚偽公文書作成罪と公文書偽造罪（最判昭和23・10・23刑集2-11-1386）
- 覚醒剤所持罪と麻薬所持罪（最決昭和61・6・9百選Ⅰ43）

> このように、パッと見て似ていると感じる構成要件については、ほとんど全て実質的な重なり合いが認められます。ただし、**死体遺棄罪と保護責任者遺棄罪**については、実質的な重なり合いが**否定**される点に注意が必要です。
> すなわち、まず、死体遺棄罪の実行行為は**死体の遺棄**であるのに対し、保護責任者遺棄罪の実行行為は**生きている人間の遺棄**ですから、両罪の行為態様は全く異なります。また、死体遺棄罪の保護法益は**国民の宗教的感情**であるのに対し、保護責任者遺棄罪の保護法益は被遺棄者の**生命・身体**ですから、保護法益も全く異なります。そのため、両罪は、一切重なり合いのない、全く別の構成要件であると解されているのです。この点は論述式試験で頻出ですから、早めに覚えておきましょう。

Q 抽象的事実の錯誤の処理～主観の方が重い場合　A

A説　抽象的符合説
- 結論：およそ犯罪の意思で犯罪の結果が生じた以上は、少なくとも軽い方の故意犯の成立（既遂）が認められる。
- 批判：①主観主義刑法理論にそもそも問題がある。
　　　　②構成要件を無視するものである。

B説　法定的符合説（判例・多数説）
- 結論：認識していた犯罪事実と発生した犯罪事実とが、構成要件的評価として一致する限度で、発生した犯罪事実についても構成要件的故意を認める。
- 帰結：①原則として、発生した犯罪事実について構成要件的故意は認められない。
　　　　②例外的に、認識していた犯罪事実と発生した犯罪事実の構成要件が重なり合う場合には、その重なり合いの限度で、発生した犯罪事実について構成要件的故意が認められる。

Q 構成要件の重なり合いの判断基準　A

A説　形式的符合説
- 結論：構成要件上の形式的な重なり合いが認められる場合にのみ、構成要件の重なり合いが認められる。

B説　実質的符合説（判例・通説）
- 結論：保護法益の共通性および行為態様の共通性などを基礎として、実質的な重なり合いが認められれば足りる。
- 理由：構成要件は法益侵害行為を類型化したものである。

ウ　客観の方が重い場合　➡論証11

　次に、抽象的事実の錯誤のうち、②客観の方が重い場合について検討しよう。
　たとえば、Pが、公園のベンチの上に置かれてあるQのカバンを勝手に持ち帰ったとする。Pは、Qはカバンを置き忘れて既に帰宅しており、当該カバンは占有離脱物であると思っていたのであるが、実はQはベンチからほど近いトイレに行っているだけであり、カバンの占有は未だ失われていなかったとしよう。この場合、Pは占有離脱物横領罪の故意で窃盗罪の客観を実現していることになるのであるが、何罪が成立することになるのだろうか。

（ア）38条2項の適用

　このように、②客観の方が重い（主観の方が軽い）場合については、まずは前述した38条2項を適用することになる。
　すなわち、「重い罪に当たるべき行為をしたのに、行為の時にその重い罪に当たることとなる事実を知らなかった者は、その重い罪によって処断することはできない」（38条2項）のであるから、②客観の方が重い（主観の方が軽い）場合は、客観に対応した重い罪は成立し得ない。この点につき、見解の対立はない。
　上記のPも、重い窃盗罪にあたるべき行為をしているが、「行為の時にその重い罪に当たることとなる事実を知らなかった」（軽い占有離脱物横領罪の構成要件的故意しかなかった）のであるから、38条2項によって、重い窃盗罪の成立は否定されることになる。

（イ）主観に対応した軽い罪の成否――客観的構成要件該当性の有無

　では、主観に対応した軽い罪は成立するのだろうか。

前述したとおり、この点については38条2項は何も定めていないため、重要な解釈問題となっている。
　まず、この問題は、上記の①主観の方が重い場合（➡75ページイ）とは異なり、**構成要件的故意の有無の問題ではない**。したがって、この問題を故意の本質から論ずることはできない。
　この問題は、**客観的構成要件該当性の判断は実質的に行うべきである**という観点から論じていくべき問題である。
　そして、構成要件は**法益侵害行為を類型化**したものであるから、**保護法益や行為態様の共通性**などを基礎として、軽い構成要件的故意に対応した軽い客観的構成要件該当性の有無を判断することになる。

> 　以上の内容を、上記のPの事例を使って補足しておきます。
> 　まず、Pに軽い主観に対応した占有離脱物横領罪が成立するか否かを検討するに際して、同罪の構成要件的故意の有無は問題となり得ません。なぜなら、Pは、同罪の構成要件的故意は当然に有しているからです。
> 　問題となるのは、Pが有している軽い占有離脱物横領罪の構成要件的故意に対応した、**同罪の客観の存否**です。すなわち、実際に生じた重い窃盗罪の客観の中から、Pが有する軽い占有離脱物横領罪の構成要件的故意に対応した軽い占有離脱物横領罪の客観を抽出して認定することができるか否か——いいかえれば、軽い占有離脱物横領罪の客観的構成要件該当性の有無——が問題となるわけです。
> 　この点、窃盗罪（客観）と占有離脱物横領罪（主観）は、財物という保護法益および財物の取得という行為態様が共通していますから、軽い占有離脱物横領罪の限度で実質的に重なり合っているといえます。そのため、実際に生じた重い窃盗罪の客観の中から、Pが有する軽い占有離脱物横領罪の構成要件的故意に対応した軽い占有離脱物横領罪の客観を抽出して認定することができます。
> 　そして、Pは同罪の構成要件的故意はもちろん有しています。
> 　したがって、Pにはめでたく占有離脱物横領罪が成立することになるわけです。

エ　主観と客観が同じ重さの場合

　最後に、③主観と客観が同じ重さの場合についてである。
　この場合は、2つの構成要件が実質的な重なり合いが認められれば、客観に対応した犯罪の成立を認めていくことになる（最決昭和54・3・27刑集33-2-140）。

> 　たとえば、覚醒剤輸入罪（覚醒剤取締法41条2項、1項、13条）と麻薬輸入罪（麻薬及び向精神薬取締法64条2項、1項、12条1項）は、その法定刑の重さは全く同じです。また、両罪は保護法益や行為態様の点で、実質的に重なり合っています。

したがって、たとえばAが覚醒剤輸入罪の構成要件的故意で客観的には麻薬を輸入した場合は、麻薬輸入罪の客観面が認められるのに加えて、Aが有する覚醒剤輸入罪の構成要件的故意を通じて麻薬輸入罪の構成要件的故意も認められるため、客観に対応した麻薬輸入罪が成立することになります。
　ちなみに、抽象的事実の錯誤が問題となるのは、上記の麻薬を輸入したAが、「自分が輸入しているのは覚醒剤そのものだ」と思っていた場合です。仮に、Aが「自分が輸入しているのは身体に有害で違法な薬物類だ」と思っていた場合は、抽象的事実の錯誤ではなく、既に学んだヘルマンの概括的故意の問題となります（→63ページ**2**）。

5　ウェーバーの概括的故意　A　→論証12

ア　問題の所在

　行為者が第1の行為で結果を発生させたと思い第2の行為を行ったところ、実は第2の行為によりはじめて結果が生じた場合を、ウェーバーの概括的故意の問題という。

　たとえば、AがBを殺そうとして後頭部を金属バットで強打したところ（第1行為）、Bは気絶しただけであったのだが、死んだと誤信したAがBを海岸の砂浜に埋め（第2行為）、その結果Bが窒息死したという場合である。

　この場合、Aに殺人罪が成立するのだろうか。

イ　処理

（ア）行為の個数

　まず問題となるのは、第1行為と第2行為を全体として1個の行為とみるか、それとも分断して別個の行為とみるかである。

　この点、従来は、原則として別個の行為とみつつも、第1行為と第2行為が時間的・場所的に接着している場合には、全体として1個の行為とみることができるとする見解が有力だった。

　しかし、第1行為と第2行為とでは、行為者Aの有する故意の内容が大きく異なる以上、いくら時間的・場所的に接着していようとも、分断して別個の行為とみるのが妥当であろう。

（イ）因果関係の有無

　そこで次に問題となるのが、殺人罪の実行行為である第1行為と、Bの窒息死という結果との間に、因果関係が認められるかである。

因果関係についての判例の立場（➡ 49 ページ 4. 以下）で検討してみよう。

たしかに、Ｂの死因を直接形成したのは第 2 行為であることからすれば、第 2 行為という介在事情の寄与度が大きく、第 1 行為との間の因果関係は否定されるとも思える。

しかし、殺害行為に及んだ者が犯行の発覚をおそれて被害者を遺棄することは十分にありうることからすれば、Ａの第 1 行為のなかには、第 2 行為を経由してＢの窒息死という結果を発生させる危険性が含まれていたということができる。

したがって、Ａの第 1 行為とＢの窒息死との間の因果関係は認められる。

>　従来は、行為を分断するかぎり、第 1 行為と結果との間の因果関係は否定されるとする見解が有力でした。すなわち、折衷的相当因果関係説を前提とした場合、第 1 行為は殺人の実行行為にあたるものの、その後の第 2 行為という介在事情を行為者は予見しておらず、一般人にとっても予見不可能だったとすれば、第 2 行為は基礎事情から除外することになります。そうすると、後頭部を殴ったら窒息死したという因果経過は相当とはいえない以上、第 1 行為については殺人未遂罪が成立するにとどまる（そして第 2 行為については過失致死罪が成立するにとどまる）と考えられていたのです。
>　そして、だからこそ、時間的・場所的に接着している場合は、例外的に第 1 行為と第 2 行為を全体として 1 個の行為とみることができると解されていました。「後頭部を殴って埋める」という全体として 1 個の殺人の実行行為があったとみることができるのならば、かかる 1 個の行為の結果、Ｂが窒息死するという結果が生じるのは相当といえ、因果関係が肯定されることになるからです。
>　しかし、そもそも、殺人の実行行為に及んだ者が犯行の発覚をおそれて被害者を遺棄することは十分にありうる以上、第 2 行為という介在事情を一般人は予見可能だったとみることも可能です。そのようにみれば、折衷的相当因果関係説からも、第 1 行為と結果との間の因果関係を肯定することができます。また、本文のように、因果関係について判例の立場に立った場合も、もちろん第 1 行為と結果との間の因果関係を肯定することが可能です。
>　そうだとすれば、わざわざ故意の異なる 2 個の行為を、全体として 1 個の行為とみる必要はありません。行為を分断したうえで、第 1 行為と結果との間の因果関係を肯定すれば十分でしょう。

（ウ）故意の有無――因果関係の錯誤

しかし、かかる因果の経過は、Ａが第 1 行為時に認識していた因果の経過と異なる。

そこで、因果関係の錯誤が、さらに問題として生じる。

この点については、因果関係も構成要件的故意の対象としつつ、客観と主観がともに刑法上の因果関係の範囲内にある限り、構成要件的故意を認めるべきであった（➡ 72 ページ**ウ**）。

そして、上記のＡが認識していた因果経過にも、実際に生じた因果経過に

も、ともに刑法上の因果関係が認められることから、Aには構成要件的故意が認められる。

したがって、Aの第1行為につき、殺人罪が成立することとなろう。

(エ) 第2行為の評価

残された問題は、Aの第2行為の評価である。

第2行為については、死体遺棄の故意で、客観的には殺人を行っていることから、抽象的事実の錯誤が問題となる。

この点については、殺人罪は成立しないだけでなく（38条2項）、両罪は保護法益が全く異なる以上、死体遺棄罪も成立しない（➡ 78ページのコラム）。

過失致死罪（210条）または重過失致死罪（211条後段）は成立しうるが、殺人罪と保護法益が同一であり、かつ時間的・場所的に近接しているため、結局、重い殺人罪の包括一罪となろう（➡ 282ページ**イ**）。

6 早すぎた構成要件の実現　A　➡論証13

ア 問題となる場面

行為者が第2行為で結果を発生させようと思い、まず第1行為を行ったところ、第1行為により結果が生じた場合を、早すぎた構成要件の実現の問題という。

たとえば、Aが、Bの首を絞めて失神させたうえ（第1行為）、Bを川に転落させて溺れさせ（第2行為）殺害しようとしたところ、首を絞めた時点でBが死亡してしまった場合がこれにあたる。

イ 処理

この問題においては、①第1行為の時点で殺人罪の実行の着手があったといえるのか、および、②第1行為の時点での構成要件的故意の有無と因果関係の錯誤が問題となる。

以下、それぞれを検討していこう。

(ア) 実行の着手

実行の着手の有無については、構成要件的結果発生の現実的危険性が生じた時点で実行の着手を認める見解が通説である（➡ 162ページ**(イ)**）。

問題は、かかる危険性がいつの時点で生じたかについての判断であるが、第

1行為が第2行為と密接な行為であるといえる場合には、第1行為の時点でかかる危険性が生じたといえ、実行の着手があったといってよいであろう。

そして、密接な行為といえるか否かは、①第1行為が第2行為を確実かつ容易に行うために必要不可欠であったか、②第1行為が成功した場合、第2行為を遂行するうえで障害となるような特殊の事情が存したか否か、③第1行為と第2行為が時間的場所的に近接しているか否か、等の事情を考慮して決することになる。

（イ）構成要件的故意

第1行為の時点での構成要件的故意の有無についても、実行の着手と同様の基準により判断しうる。

すなわち、第1行為が第2行為と密接な行為であるといえる場合には、第1行為の時点で殺人の故意があったといってよいであろう。

もっとも、認識・認容していた因果経過と実際に生じた因果経過とがズレていることから、さらに因果関係の錯誤が問題となる。

この点、因果関係の認識・認容を構成要件的故意の要素とし、かつ、事実の錯誤について法定的符合説を採用する本書の立場からは、主観と客観が刑法上の因果関係の範囲内で符合している場合には、構成要件的故意が認められることになる（➡73ページ（イ））。

ウ　判例（最決平成16・3・22百選Ⅰ64）

被告人が、Aにクロロホルムを吸引させて失神させたうえ（第1行為）、約2キロ離れた港まで運んでA所有の自動車に乗せ自動車ごと海中に転落させて沈めた（第2行為）ところ、実はAはクロロホルムを吸引した時点で死亡していた可能性があることが判明した事案において、最高裁は次のように述べ殺人罪の成立を肯定した。

（ア）実行の着手について

「第1行為は第2行為を確実かつ容易に行うために必要不可欠なものであったといえること、第1行為に成功した場合、それ以降の殺害計画を遂行する上で障害となるような特段の事情が存しなかったと認められることや、第1行為と第2行為との間の時間的場所的近接性などに照らすと、第1行為は第2行為に密接な行為であり、実行犯3名が第1行為を開始した時点で既に殺人に至る

客観的な危険性が明らかに認められるから、その時点において殺人罪の実行の着手があったものと解するのが相当である」。

（イ）故意について

「実行犯3名は、クロロホルムを吸引させてAを失神させた上自動車ごと海中に転落させるという一連の殺人行為に着手して、その目的を遂げたのであるから、たとえ、実行犯3名の認識と異なり、第2行為の前の時点でAが第1行為により死亡していたとしても、殺人の故意に欠けるところはなく、実行犯3名については殺人既遂の共同正犯が成立するものと認められる」。

第6章 構成要件的過失

1. 過失犯総論

1 過失犯処罰の要件——特別の規定の存在　B

　刑法は、行為者に故意がある場合にのみ処罰するのを原則とし（38条1項本文）、過失による場合は、**特別の規定がある場合にのみ処罰**するものとしている（同項ただし書）。

　したがって、刑法典上の犯罪については、刑法各本条において過失による場合を処罰する旨の明文規定がある場合に限って、過失による場合を処罰することができる。

> 　たとえば、過失によって人を死亡させた場合の処罰について考えてみましょう。
> 　まず、「人を殺した者」という199条の文言には、故意による場合に加えて過失による場合も含まれているようにも読めます。しかし、刑法総則に定められている38条1項本文とセットで読むことによって、199条は、故意によって人を殺した場合のみを定めた規定ということになります（➡30ページ1参照）。したがって、過失によって人を死亡させた行為者を、この199条によって処罰することはできません。
> 　しかし、刑法典は、199条とは別に、「過失により人を死亡させた者」を過失致死罪として処罰する旨の明文規定（38条1項ただし書のいう「特別の規定」）を定めています（210条）。したがって、過失によって人を死亡させた行為者も、この210条によって処罰することができるわけです。
> 　これに対し、たとえば他人所有の器物を損壊する行為については、故意による場合の処罰を定めた261条があるだけであり、過失による場合を処罰する旨の明文規定はありません。したがって、過失によって他人の器物を損壊する行為は、処罰することができません。

　では、刑法典以外の特別刑法（➡3ページ2.）上の犯罪についても、過失による場合を処罰するにはその旨の明文規定が必要なのだろうか。

この点については見解が対立しているが、判例は、論理必然的に、あるいは当該法規の趣旨・目的から、過失による場合を処罰する趣旨が読み取れる場合には、明文がなくても過失による場合を処罰できると解している（最決昭和28・3・5刑集7−3−506、最判昭和37・5・4刑集16−5−510）。この判例は、短答式試験用に一応知っておこう。

2　過失犯の構造　B+

当然ではあるが、過失がない限り、過失犯は成立し得ない。
ここで過失とは、概していえば、**注意義務に違反**することをいう。この点については特に争いはない。
争いがあるのは、①かかる**注意義務の内容**をいかに解するべきか、および②**過失の体系的な地位**をいかに解するべきかである。やや抽象度の高い議論ではあるが、試験との関係で必要な限度で概観しておこう。

ア　旧過失論

旧過失論は、①過失を構成する注意義務は**予見義務**であると解し、過失とは**予見可能性を前提とした予見義務の違反**のことをいうと解している。
すなわち、結果の発生を予見することが可能である場合は、結果の予見をする義務（予見義務）が認められるところ、精神の緊張を欠いて結果の発生を予見しなかった（予見義務に違反した）という心理状態こそが、過失の中核であると解するわけである。
そして、この旧過失論においては、②過失はもっぱら**責任要素**であると解されている。

> 以上の旧過失論について、具体例で敷衍しておきましょう。
> たとえば、自動車で走行中のAがわき見運転をしていたところ、歩行者を跳ねてしまい、その歩行者が死亡したとします。
> この場合に、旧過失論によれば、予見可能性を前提とした予見義務の違反、すなわち歩行者を跳ねて死亡させてしまうことの予見が可能であったのに精神の緊張を欠いてかかる予見をしなかった、というAの心理状態が過失の中核ということになります。まさに「うっかりしていた」という心理状態が過失の本質であると解していくわけです（①）。
> では、旧過失論においては、なぜ過失はもっぱら責任要素であると解されているのでしょうか（②）。
> まず前提として、およそ犯罪成立要件についてのかつての通説的見解は、主観的要素は

構成要件や違法性のレベルで問題とするべきではなく、責任レベルではじめて問題にするべきであると解していました。たとえば「構成要件的故意」は構成要件要素としては認められないと解していたわけです。

こうしたかつての通説的見解を前提としたうえで、過失を心理状態として捉える旧過失論を採用すれば、過失は必然的に責任要素であるということになります。

そして、旧過失論に立脚する学者は、犯罪成立要件についてもかつての通説的見解に立脚する場合が多かったため、「旧過失論においては過失はもっぱら責任要素である」と説明されることが多いのです。

イ 新過失論

以上に対し、新過失論は、①過失を構成する注意義務の中核は**結果回避義務**であり、過失とは**予見可能性を前提とした結果回避義務違反の行為**のことをいうと解する。

すなわち、結果の発生を予見することが可能である場合は、その予見される結果の発生を回避する義務（結果回避義務）が認められるところ、かかる結果回避義務を履行しなかったという行為こそが、過失の中核であると解するわけである。

そして、この新過失論においては、過失を行為と捉える以上、②過失は責任要素であるのみならず、**第1次的には構成要件要素**であると解することになる。

上記のわき見運転をしていたAの例でいえば、歩行者を跳ねて死亡させてしまうことの予見が可能である以上、その予見される結果の発生を回避するべく、Aはわき見運転をせずに前方を注視して運転するという義務（結果回避義務）を負っていたといえるはずです。ところが、Aはこの結果回避義務を履行せず、わき見運転をしてしまったわけです。新過失論は、そのような結果回避義務違反の行為こそが、過失の本質であると解していくわけです。

思うに、過失の有無の判断において重視されるべきは、目に見えない心理状態ではなく、具体的な行為のあり方のはずである。したがって、新過失論が妥当であろう。

以下の本書の記述は、特に断らない限り、この新過失論を前提とする。

Q 過失犯の構造 B⁺

A説 旧過失論

結論：①注意義務の中核は予見義務である。
　　　②過失とは、予見可能性を前提とした予見義務の違反である。
　　　③過失は、もっぱら責任要素である。

B説 新過失論
結論：①注意義務の中核は結果回避義務である。
　　　②過失とは、予見可能性を前提とした結果回避義務違反の行為である。
　　　③過失は、構成要件要素かつ責任要素である。

2. 過失犯の成立要件に関する個別問題

1　予見可能性の基準者　B

前述したとおり、過失とは予見可能性を前提とした結果回避義務違反の行為である。

では、結果回避義務の前提である予見可能性の有無は、誰を基準として判断すべきか。

過失は、まずは構成要件レベルで要求され、次いで責任レベルで要求される。そして、構成要件は社会通念を基礎とした当罰的行為の類型であり、また、責任は行為者に対する非難可能性である。

よって、**構成要件的過失**の段階では**一般人**を基準とし、また、**責任過失**の段階では**行為者個人**を基準とするべきであろう。

この意味で、構成要件的過失の要件としての注意義務を**客観的注意義務**、責任過失の要件としての注意義務を**主観的注意義務**という。

【過失犯の成立要件】

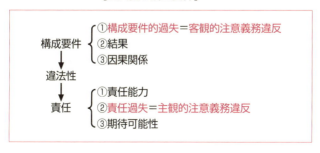

2　予見可能性の対象・程度　B+　→論証14

予見可能性は、①結果および②因果関係について要求される。そして、この2つにつき必要とされる予見可能性の程度については争いがある。

ア　結果の予見可能性の程度
(ア) 問題の所在

たとえば、Aが制限速度を大幅に上回る速度で車を運転していたところ、ハンドル操作を誤って車を信号柱に激突させたとする。その衝撃により、Aの車の後部荷台にこっそりと忍び込み同乗していたBが死亡したのであるが、AはBが乗車している事実を認識していなかったとしよう。

この場合、「B」が死亡するという結果についての予見可能性はなかったというべきであるが、では、Aの過失が否定されるのか。これが、結果の予見可能性の程度の問題である。

(イ) 理論構成

結果の予見の程度については、何が起こるかわからないといった単なる危惧感・不安感で足りるとする見解がある（新・新過失論）。

しかし、前述のごとく予見可能性は結果回避義務を導くものである以上、人を結果回避へと動機づける程度の予見可能性が必要である。

とすれば、単なる危惧感・不安感では足りず、構成要件レベルの結果についての予見可能性が必要であると同時に、それで足りるというべきであろう。

前述の例においても、Aの無謀な運転によりおよそ「人」（自動車の運転により人を死傷させる行為等の処罰に関する法律5条）が死亡することについての予見は可能であったといえることから、予見可能性が認められ、したがって、「スピード違反をしない」という結果回避義務があったといえる。それにもかかわらずスピード違反をしていることから、過失が認められることになる（**最決平成1・3・14百選Ⅰ52**参照）。

> **Q 結果の予見可能性の程度　B+**
> **A説** 新新過失論・危惧感説(藤木)
> 結論：何が起こるかわからないといった単なる危惧感・不安感で足りる。
> 理由：公害事件などで過失犯処罰を拡大する必要がある。

B説 通説
結論：構成要件レベルの結果についての予見可能性が必要であり、それで足りる。
理由：①予見可能性は結果回避義務を導くものであるから、一般人を結果回避へと動機づける程度の具体的予見可能性が必要である。
②ただし、一般人を結果回避へと動機づける程度の予見可能性があれば足りると解すべきであるから、法定的符合説にみられる程度の抽象的な認識可能性をもって十分であると解すべきである。

イ　因果経過の予見可能性の程度

　以上の発想は、過失と結果との間の因果関係についての予見可能性の程度においても妥当する。
　すなわち、因果経過の基本的部分について予見可能性が認められれば、結果回避への動機づけは十分であると考えていくわけである。
　たとえば、幼稚園の園長が、保健所の指導を無視し、滅菌措置を施さないまま井戸水を園児に供給したところ、園児が、事件当時未知であった新種の病原性大腸菌に感染し死亡したとする。この場合、「当該新種の病原性大腸菌に感染して死亡する」という因果経過については予見不可能であるが、かかる因果経過の基本的部分、すなわち「大腸菌に感染して死亡する」ことは十分に予見可能であった以上、なお予見可能性が認められ、園長に過失が認められることになる（浦和地判平成8・7・30判時1577-70参照）。

3　予見可能性と結果回避義務の関係　B+

ア　許された危険

　前述したように、予見可能性は結果回避義務を肯定するための要件である（➡88ページイ）。すなわち、予見可能性が否定されれば、結果回避義務自体が認められないことになる。
　では、逆に、予見可能性が肯定される場合には、常に結果回避義務が認められるのかというと、実はそうではない。
　たとえば、ある医師が、患者が死亡する可能性を伴う危険な手術を行ったとする。この場合、患者の死亡という結果についての予見可能性は否定できないが、だからといって、常にその手術を回避する義務を医師に対して認めるのは失当である。今日要求される医療水準を満たした手術だったのであれば、仮に患者が死亡したとしても、医師の過失は否定されるべき場合が多いであろう。

このように、予見可能性が認められる場合であっても、当該行為の社会的有用性等にかんがみ、結果回避義務が否定される場合がありうる。このような場合を、許された危険という。

そして、許された危険の法理を適用すべきか否かは、当該行為の社会的有用性のほか、当該行為の社会的必要性、予想される危険の蓋然性、侵害されるべき法益の価値などを総合的に考慮して決定される。

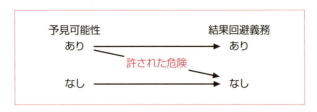

イ 信頼の原則

かかる許された危険の一類型として、信頼の原則がある。

信頼の原則とは、他人が予期された適切な行動に出るであろうことを信頼するのが相当な場合には、たとえその他人の不適切な行動と自己の行動とがあいまって法益侵害の結果を発生させたとしても、結果回避義務が否定され、これに対しては過失責任は問われないという法理である。

この信頼の原則は、たとえば、Ａの運転する車が青信号に従って交差点に進入したところ、Ｂの運転する車が信号を無視して交差点に飛び出してきたため、衝突事故が起き、Ｂが死亡した場合に、Ａの信頼を理由としてＡの結果回避義務（たとえば最徐行で交差点に進入する義務）を否定する法理として活用される。

かかる信頼の原則が適用されるためには、①信頼の存在、②信頼の相当性等が必要である。

4 監督過失　B

ア 意義

監督過失は、狭義の監督過失と管理過失に分かれる。

狭義の監督過失とは、直接に結果を発生させる過失をした行為者（直接行為者）に対し、これを監督すべき地位にある者（監督者）がその過失を防止すべき

義務を怠ったことを理由に過失責任を問われる場合をいう。
　結果に対する監督者の過失が間接的である点に特殊性があるといえる。

```
監督過失 ━▶ 直接行為者の過失 ━▶ 結果
```

　これに対し、管理過失とは、監督者が直接果たすべき義務、特に物的・人的な管理措置を講じて結果の発生を防止すべき義務を怠り、直接行為者の過失と競合しまたは単独で結果を発生させた場合をいう。
　結果に対する監督者の過失が直接的である点で、通常の過失と異なることはない。

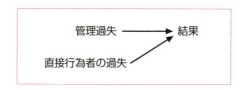

イ　狭義の監督過失の特殊性

　狭義の監督過失の場合、監督者の過失と結果発生の間に直接行為者の行為が介在している。したがって、狭義の監督過失を認めるためには、①直接行為者の過失による結果の発生についての予見可能性が必要である。
　また、監督者である以上、信頼の原則を安易に適用するべきではないが、②安全教育や指示を徹底したうえであれば、信頼の原則も適用されうるとするのが判例である（最判昭和63・10・27刑集42-8-1109）。

第7章 違法性

　構成要件に該当すると、次に違法性の検討に入ることになる。
　以下、まずは違法性についての総論的な事項を検討したうえで、章を改めて個別的な違法性阻却事由を検討していこう（➡ 100 ページ第 8 章）。

1. 違法性の実質

1　形式的違法性と実質的違法性　B

　行為が形式的に刑法上の行為規範に違反することを形式的違法性という。すなわち、違法とは文字どおり法に反することである、という考え方である。
　違法性が、そうした形式的違法性としての側面を有することについては争いがない。しかし、かかる形式的な捉え方だけでは、違法性の実体は不明なままである。
　そこで、学説上、形式的違法性を基礎に据えつつも、さらに違法性の実質を解明する努力がなされている。このように実質的に捉えられた違法性を、実質的違法性という。

2　結果無価値論と行為無価値論　A

　違法性の実質については、刑法の機能・役割をいかなるものとして捉えるかという法哲学的問題とも関連して、学説上激しい対立がある。試験との関係で必要な限度で概観しておこう。

ア　結果無価値論

違法性の実質についての第1の見解は、結果無価値に違法性の実質を求める結果無価値論である。

この見解は、法益侵害または法益侵害の危険が生じたという結果の点に、違法性の実質を求めていくわけである。

イ　行為無価値論

第2の見解は、結果無価値のみならず行為無価値にも違法性の実質を求める行為無価値論である。

たとえ法益侵害または法益侵害の危険という結果が生じたとしても、それだけで違法性が認められると解するのは妥当でない。結果を生じさせた行為も無価値であって、はじめて違法性が認められるというべきである。したがって、この行為無価値論が妥当であろう。

答案でも個別的な論点の理由付けとしてよく言及するので、行為無価値論の結論はしっかりと覚えておこう。

「行為無価値」「結果無価値」という用語で混乱してしまう人が多いのですが、実はこれらの用語の意味する内容は簡単です。

まず、「無価値」というのは、「否定的な評価を受ける」という意味、もっと平たく言えば「望ましくない」という意味で用いられています。

そして、刑法上の犯罪は、通常、『行為→結果』という構造を有していますから、①結果が望ましくない（結果無価値）という点に違法性の実質がある（結果が望ましくないから違法とされる）と解するべきか、それとも②結果に加えて行為も望ましくない（行為無価値）という点に違法性の実質がある（結果に加えて行為も望ましくないから違法とされる）と解するべきかで、見解が大きく分かれているわけです。

なお、本書の採用する行為無価値論は、行為無価値のみに違法性の実質を求めるわけではありません。**結果無価値のみならず行為無価値にも違法性の実質があると考える見解**です。したがって、行為無価値にのみ違法性の実質を求める純粋な行為無価値論（一元的行為無価値論）と区別するために、本書の採用する行為無価値論は**行為無価値二元論**とよばれることがあります。

Q 違法性の実質　A

A説 結果無価値論（山口など）

結論：法益侵害ないしその危険を因果的に生じさせたがゆえに否定的な評価を受けるという意味での結果無価値が認められることに違法性の実質がある。

理由：①刑法は、道徳や倫理の強制のためにではなく、法益の保護のために存在する。
　　　②法益侵害ないしその危険が生じたことの判断は明確・可視的である。

批判：結果無価値が認められれば直ちに違法だと考えるならば、違法の範囲が無限定なものとなってしまう。

B説 行為無価値論（大谷・井田など）
結論：結果無価値に加えて、行為が社会倫理秩序に違反したこと（大谷）あるいは行為が刑法の設定した行為規範に違反したこと（井田）を理由とする否定的評価という意味での行為無価値にも違法性の実質がある。
理由：①刑法は法益保護機能のみならず社会倫理秩序維持機能をも有する（大谷）。
②行為規範を手段とする一般予防こそが本質的な刑法の目的であり、存在理由である（井田）。
③刑法は、行為以外のものを処罰の対象としておらず、行為無価値のない犯罪はあり得ない。
批判：行為無価値の評価は不明確である。

ウ　理論的帰結

以上の結果無価値論と行為無価値論との対立は、刑法の個別的な論点にも影響を及ぼす。

たとえば、①違法性阻却の一般的な根拠について、結果無価値論からは、大なる法益を保全するためには、それと同等の、またはそれよりも小なる法益を犠牲にすることも許されるという法益権衡説が採用されることになる。これに対し、行為無価値論は、行為に社会的相当性が認められるがゆえに違法性が阻却されるとする社会的相当性説と親和的である。

また、②主観的違法要素を認めるか否かについて、結果無価値論は、違法性の実質をなす結果の有無は、行為者の主観とは無関係であることから、主観的違法要素につき否定的な傾向がある（たとえば、正当防衛において、防衛の意思不要説に立つ論者が多い）。これに対し、行為無価値論は、行為の社会的相当性の有無は行為者の主観をも考慮して決定されるべきことから、主観的違法要素を認めることに肯定的な傾向がある。

	違法性阻却の一般的な根拠	主観的違法要素
結果無価値論	法益権衡	否定的
行為無価値論	行為の社会的相当性	肯定的

2. 違法性阻却事由

1 違法性阻却事由の意義　A

　構成要件は、違法有責行為類型である。よって、構成要件に該当する行為は、違法性が推定される（構成要件の違法性推定機能）。
　このように違法性が推定される結果、違法性の判断においては、積極的に違法性を認定する必要はなくなる。ただ、構成要件に該当する行為につき、違法性の推定を覆して、行為を適法なものとすべき特別の事情がないかをチェックすれば足りることになる。
　かかる特別の事情を、違法性阻却事由という。

> 　勘違いしてしまいがちなのですが、「違法性を阻却する」といっても、それはいったん違法となった行為からその違法性が取り除かれるということを意味するわけではありません。あくまでも、最初からその行為は違法ではなかったということを意味しています。
> 　比喩的に説明すれば、構成要件に該当したことによる違法性の推定というのは、いわば黒いサングラスをかけてものを見るイメージです。判断の対象たる行為が本当に黒い（違法）かどうかはまだわからないけれども、とりあえず**黒いサングラス**をかけて眺めておけばいいというのが、**構成要件の違法性推定機能**です。
> 　ここで、仮に対象たる行為が本当は真っ白（適法）だったとしても、サングラスを通してみればやはり黒く見えます。しかし、決して対象自体が本当に黒いわけではありません。そして、違法性阻却事由という特別の事情がある場合には、その黒いサングラスを外さなければならないわけです。
> 　すなわち、違法性が阻却されるというのは、違法性阻却事由という特別の事情があるためにサングラスを外してみたら、判断の対象である行為が実は最初から真っ白だったことがわかったという意味なわけです。

2 違法性阻却の一般的根拠　A⁺　➡論証 15

　前述したように、違法性の実質をいかに解するかによって、違法性阻却の一般的な根拠が異なってくる。
　結果無価値論からは、大なる法益を保全するためには、それと同等の、またはそれよりも小なる法益を犠牲にすることも許されるという法益権衡説が採用されることになる。ちょうど民法の相殺のように、ある法益が守られたという

事実が、現実に生じた同等の（または小なる）法益侵害の無価値性を打ち消すイメージである。

これに対し、**行為無価値論**は、たとえある行為により法益侵害やその危険が生じたとしても、行為が社会的相当性の範囲内にある場合には違法性が阻却されるという**社会的相当性説**と親和的である。

行為無価値論に立脚する本書も、社会的相当性説を採用する。

> たとえば、Xに木刀で襲われそうになったAが、自分の身を守るためにやむを得ず素手で反撃し、相手に傷害を負わせたとします。この場合、正当防衛（36条1項）として違法性が阻却されるのですが、その根拠についての説明が、法益権衡説と社会的相当性説とで異なるわけです。
> すなわち、法益権衡説は、侵害者であるXの身体の安全を犠牲にすることによってそれと同等のAの身体の安全が守られたから違法性が阻却されるのだと考えるのに対し、社会的相当性説は、Aの反撃行為が社会的に相当といえることから違法性が阻却されるのだと考えていきます。
> そしてこの説明の仕方の違いは、防衛の意思の要否（→114ページ（ア））などの論点に影響を及ぼしていきます。

3 違法性阻却事由の種類　B

刑法は、違法性阻却事由として、**法令行為**（35条前段）、**正当業務行為**（35条後段）、**正当防衛**（36条1項）、**緊急避難**（37条1項本文）の4つを規定している。

しかし、これらの規定に該当しなくとも、違法性阻却の一般的根拠を満たすかぎり、違法性が阻却される余地がある。その場合の違法性阻却事由を、**超法規的違法性阻却事由**という。

3. 違法の客観性

本章の最後に違法の客観性について概観しておくが、きわめて抽象的な議論であり、試験との関係での重要度は低い。

1　違法性の判断基準　C

違法性の判断は客観的になされなければならないとされる。これを、違法の客観性という。

ここで「客観的に」とは、行為者の人格にまで掘り下げて判断するのではなく、行為者の人格からいちおう離れて、当該行為それ自体を対象として客観的に判断しなければならないという意味である。

この点で、行為を行為者人格と結びつけてその深みにまで掘り下げたうえ、当該行為に関し行為者自身を非難できるかどうかを考える責任判断とは大きく異なる。

2　違法性の判断対象　C

かかる違法の客観性は、違法性の判断対象の客観性を意味するわけではない。

すなわち、行為の要素として違法性の実質に影響を及ぼすものである限り、行為者の主観面や、行為者の身分といった人的な要素も違法性判断の対象となる。

> 行為無価値論を前提とした場合、違法性が阻却されるかどうかは、行為が社会的に相当といえるか否かで判断されます。
> そして、「どういうつもりで行為を行ったのか」という点は、行為の社会的相当性判断において重要なポイントとなりえます。すなわち、行為無価値論においては、違法性の判断においても行為者の主観面を判断しうるわけです。
> したがって、行為無価値論においては、「違法の客観性」といっても、それは判断対象を客観的なものに限るという意味ではなく、行為の相当性の有無は社会的な見地から、言い換えれば一般人の視点から判断していくことを意味することになります。

第8章 違法性阻却事由

1. 正当行為

　正当行為とは、社会生活上、正当なもの（適法なもの）として許容される行為である。

　35条は、「法令又は正当な業務による行為は、罰しない。」と規定し、①法令行為と②正当業務行為のみを正当行為としてあげている。

　しかし、今日の通説的見解は、その他の正当行為として、③被害者の承諾に基づく行為、④推定的承諾に基づく行為、⑤治療行為、⑥義務の衝突などにも35条が準用されると解している。

　以下、これらを個別に検討していこう。

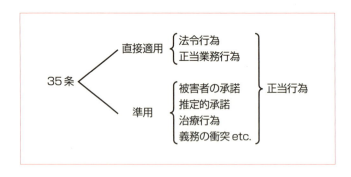

1　法令行為　B

　法令行為とは、法律・命令その他の成文法規が、それを行うことを許容して

いる行為である（35条前段）。

たとえば、警察官が逮捕状により被疑者を逮捕する行為は、逮捕罪（220条）の構成要件に該当するが、法令行為（刑事訴訟法199条）として違法性が阻却される。一般私人による現行犯逮捕も同様である（同法213条）。

2 正当業務行為　B+

正当業務行為とは、社会生活上正当なものと認められる業務行為である（35条後段）。

ここで「業務」とは、**社会生活上の地位に基づき反復・継続して行われる行為**をいう。したがって、必ずしも職業である必要はなく、たとえばアマチュア・ボクシングも「業務」にあたる。

3 被害者の承諾　A　➡論証16

ア 被害者の承諾の意義

被害者の承諾とは、法益の帰属者である被害者が、自己の法益を放棄し、その侵害に承諾・同意を与えることである。

イ 被害者の承諾の法律上の効果

被害者の承諾は、ローマ法の昔から、行為の違法性を阻却する効果をもつと解されてきた。しかし今日では、被害者の承諾は、違法性阻却に限定されず、個々の犯罪の特性に応じて、**いくつかの異なる法律上の効果**を有するに至っている。

ここで便宜上、違法性を阻却する以外の効果も含めて、被害者の承諾の法律上の効果を説明しておく。これらの効果と具体例はしっかりと覚えておいてほしい。

（ア）構成要件該当性を阻却する場合

被害者の承諾のないことが構成要件要素となっている犯罪においては、被害者の承諾は、**構成要件該当性を阻却する**効果を有する。

たとえば、住居侵入罪（130条前段）、窃盗罪（235条）、16歳以上の被害者に対する不同意性交等罪（177条1項）等がその典型である。

(イ) 違法性を軽減し、法定刑を軽くする場合

　被害者の承諾があることが構成要件要素となっている犯罪においては、被害者の承諾は、違法性を軽減し、法定刑を軽くする効果を有する。

　たとえば、殺人罪（199条）に対する同意殺人罪（202条）がその典型である。

(ウ) 犯罪の成否に何ら影響しない場合

　構成要件の性質上、被害者の承諾の有無が問われない犯罪においては、被害者の承諾は、犯罪の成否に何ら影響しない。

　たとえば、16歳未満の被害者に対する不同意性交等罪（177条3項）、16歳未満の被害者に対する不同意わいせつ罪（176条3項）がその典型である。これらの被害者には性交等やわいせつ行為について承諾能力がないものとみなすわけである。

(エ) 違法性を阻却する場合

　以上の類型のいずれにも該当しない犯罪において、被害者の承諾がある場合に、行為の違法性が阻却される場合がある。

　たとえば、傷害罪（204条）がその典型である。以下、項を改めて検討しよう。

ウ　被害者の承諾が違法性を阻却する根拠

　被害者の承諾が違法性を阻却する根拠についての説明は、違法性の実質の理解により異なってくる。

　すなわち、徹底した結果無価値論に立つ場合には、被害者が法益を放棄したゆえに、結果の無価値性が否定されるからであると説明することになる。

　これに対し、行為無価値論に立つ場合には、被害者の承諾があり結果の無価値性が否定されるだけでは足りず、その承諾を得た動機・目的や、被害者の承諾を得てなされた侵害行為の手段・態様・程度等をも総合的に考慮した結果、その行為が社会的に相当であると認められてはじめて違法性が阻却されるのだと説明することになる。

> 　要するに、行為無価値論においては、被害者の承諾は**違法性阻却の有無を判断する際の一資料**にすぎないわけです。被害者の承諾があったからといって、必ず違法性が阻却されるわけではありません。
> 　また、結果無価値論においても、たとえば国家的法益や社会的法益を被害者個人が放棄することはできませんから、やはり被害者の承諾があったからといって、必ず違法性が阻却されるわけではありません（➡次ページエ）。

したがって、多くの文献においてしばしば（そして便宜上本書でも時折）用いられる「被害者の承諾が違法性を阻却する」という表現は、厳密には不正確といえます。厳密には、「被害者の承諾がある場合には、違法性が阻却される場合がある」というべきことになるのだろうと思います。

Q 被害者の承諾により違法性が阻却される場合がある根拠　A

A説 法益性欠如説
結論：被害者の処分の結果、保護すべき法益が存在しなくなることに根拠がある。
理由：結果無価値論ないし法益衡量説。

B説 社会的相当性説
結論：被害者の承諾により、社会的相当性が認められる場合があることに根拠がある。
理由：行為無価値論ないし社会的相当性説。

エ　被害者の承諾がある場合の違法性阻却の要件

　以上の根拠についての説明の違いは、具体的には被害者の承諾に基づき行為の違法性が阻却されるための要件の違いに現れてくる。
　以下、検討していこう。

【被害者の承諾がある場合に違法性が阻却されるための要件】

①個人的法益
②承諾が有効（能力＋真意）　　　行為無価値論・結果無価値論に共通の要件
③行為の前に存在
④行為者が承諾を認識
⑤承諾が外部的に表示　　　　　　行為無価値論からの要件
⑥行為態様の相当性

（ア）結果無価値論・行為無価値論に共通の要件

①　承諾が、被害者自らが処分しうる個人的法益に関するものであること

　国家的法益や社会的法益については、被害者の承諾は無意味であるのは当然である。
　たとえば、公務執行妨害罪（95条1項）において、被害者たる公務員Ａが公務の妨害を承諾したとしても、Ａには国家的法益である公務の作用を放棄・処分する権限がないことから、その承諾は意味をなさない。

② 承諾自体が有効であること

承諾が有効でなければならないのも当然といえる。

承諾が有効であるというためには、承諾能力があり、かつ真意からの承諾であることが必要である。

また、争いがあるものの、承諾の動機に錯誤がないことも必要というべきであろう。判例も、構成要件要素としての承諾の有効性が争われた事案においてではあるが、動機の錯誤に基づく承諾を無効としている（最判昭和33・11・21百選Ⅱ1）。

Q 動機に錯誤がある承諾の有効性　B+

たとえば、犯人が強盗の意図を秘して「今晩は」と挨拶したのに対して、家人が「おはいり」と答えた場合、家人の承諾は有効か。

A説
結論：有効。
理由：法益侵害行為について同意している以上、その有効性に影響はない。

B説
結論：無効。
理由：被害者は行為者の欺もう行為によって承諾を与えたのであり、その承諾は、真意に出たものとはいえない。

③ 承諾が行為の前に存在すること

行為の後になってはじめて被害者が犯人の犯行を許したとしても、それは犯人に有利な情状となるにすぎず、遡及的に行為の違法性を阻却するものではないのも当然である。

（イ）行為無価値論からの要件

行為無価値論に立った場合、上記の3要件に加え、行為の社会的相当性の有無に関連して、以下の3つの要件を充足することが必要とされる。

④ 行為者が承諾のあることを認識していること

行為が社会的に相当といえるか否かは、行為の客観面のみならず、行為者の主観をも考慮して決定される必要がある。

よって、行為者が被害者の承諾のあることを認識していることが必要である。

⑤ 承諾が外部的に表示されていること

行為者が被害者の承諾のあることを認識していることが必要である結果、被

害者の承諾は、被害者の内心において存在するだけでは足りず、外部的に表示されていることが必要となる。

> 以上に対し、結果無価値論においては、現に被害者が承諾しており、法益の放棄があるといえれば違法性が阻却されることになります。よって、結果無価値論からは、④行為者が認識している必要はないし、したがってまた、⑤外部的に表示されていることも不要であると解するのが一般的です。

⑥ 承諾に基づいて行われる行為態様自体が社会生活上是認できる相当なものであること

さらに、いかに被害者の承諾があるといえども、承諾を得た動機・目的、侵害行為の手段・方法、結果発生の部位やその程度などの諸般の事情に照らして、当該行為の態様が社会的に相当といえないのであれば、違法性阻却は認められない。

判例も、自動車事故を装い保険金を騙取する目的で、被害者の承諾を得てその者に故意に自己の運転する自動車をぶつけて傷害を負わせた事案において、違法性は阻却されないとしている（最決昭和55・11・13百選Ⅰ22）。

> また、たとえ被害者が「殴っていい」と言ったからといって、調子に乗って何発も殴り大けがを負わせた場合には、発生した結果の程度に照らして行為の相当性を否定するべきでしょう。
> ちなみに、本文中で紹介した保険金詐欺の判例において、被害者が実際に負った傷害はかなり軽度だったようです。それにもかかわらず最高裁が違法性阻却を認めなかったのは、承諾を得た目的が、保険金の騙取というきわめて違法性の強いものだったからであるといわれています。まさに、諸般の事情を総合考慮して、相当性の有無を判断したわけです。

4 推定的承諾

ア 推定的承諾の意義

推定的承諾に基づく行為とは、明示的にも黙示的にも承諾があったわけではないが、被害者がその当時の事情を知っていたら当然に承諾したであろうと考えられる場合に、その推定される承諾を前提として行う行為をいう。

たとえば、火災の際に、家財道具を搬出しその焼損を防止する目的で、不在者の家屋に侵入する行為などがその典型である。

イ　推定的承諾の効果

　推定的承諾に基づく行為は、被害者の承諾に基づく行為と類似しているが、現実の承諾が存在しない以上、もっぱら行為の違法性を阻却するにすぎないと解するのが通説である。
　したがって、住居侵入罪のように、被害者の承諾がないことが構成要件要素となっている犯罪との関係でも、推定的承諾は構成要件該当性を阻却する効果は有せず、ただ違法性阻却事由となりうるにすぎない。

ウ　推定的承諾による違法性阻却の要件

　推定的承諾に基づき違法性が阻却されるためには、①具体的状況のもとにおいて、被害者の承諾が客観的かつ合理的に推定されることのほか、②承諾が、被害者自らが処分しうる個人的法益に関するものであること、③行為態様自体が社会生活上是認できる相当なものであることが必要であろう。
　なお、これらの要件を満たした場合には、被害者が事後的に不承諾の意思を表明しても、違法性阻却の効果に何ら影響はないと解されている。

5　治療行為　B

ア　治療行為の意義

　治療行為とは、手術などのように、治療の目的で行われる医療上の措置をいう。
　治療行為は一般に傷害罪等の構成要件に該当するが、後述の要件を満たす限り、違法性が阻却される。

イ　治療行為の違法性を阻却する根拠と要件

　行為無価値論に立った場合には、治療行為の違法性が阻却される根拠は行為の社会的相当性にあることになる。
　もっとも、いかなる要件を満たせば治療行為に社会的相当性が認められるかについては争いがある。
　この点、治療行為が、①治療目的を有し、かつ②医学上一般に承認された手段・方法により行われた限り社会的相当性を認める見解もある。
　しかし、患者の自己決定権（憲法13条）の尊重の見地から、これらに加えて

③患者等の承諾または推定的承諾に基づく場合に限って社会的相当性が認められると解するべきであろう。

したがって、患者等の同意を得ず、また、同意が推定されない状況でなされた専断的治療行為は、たとえ治療の目的を達したとしても原則として違法である。

> 以上の議論は、治療行為をした医者が本物か偽者かを問わず妥当します。すなわち、以上の要件を満たす限り、本物の医者による治療行為はもとより、たとえ医師の資格のないニセ医者によって治療行為が行われた場合でも、違法性は阻却されます（医師法違反の点については別論ですが）。
> これとは逆に、たとえ本物の医者による治療行為であっても、以上の要件を満たさない限り、原則として違法性は阻却されません。答案を見ていると、時折、「本物の医者による治療行為であれば正当業務行為として当然に違法性が阻却される」と書いている人がいますが、それは誤解ですから注意しておきましょう。

Q 治療行為に社会的相当性が認められ、違法性が阻却されるための要件　B

A説
結論：①治療目的を有し、②医学上一般に承認された手段・方法により行われれば足りる。
帰結：①②を満たす限り、専断的治療行為の違法性も阻却される。

B説（多数説）
結論：①②に加え、③患者等の承諾または推定的承諾に基づくことが必要である。
帰結：専断的治療行為の違法性は原則として阻却されない。
理由：患者等の自己決定権の尊重。

6　義務の衝突　B+

ア　義務の衝突の意義

義務の衝突とは、両立し得ない複数の法律上の義務が存在するため、そのうちのある義務を履行するためには、他の義務を怠る以外に方法がない場合をいう。

たとえば、A・B 2 人のわが子を乗せたボートが転覆したため、その父親がA・B 2 人を助ける法的作為義務を同時に負っている場合において、Aを救助するために、やむを得ずBを放置して死亡させた場合がその典型である。

イ　義務の衝突の要件・効果

義務の衝突がある場合においては、義務の軽重を比較して、少なくとも履行した義務が放置した義務と同等のものであるときは、社会的相当性を有するものとして、当該義務違反の違法性が阻却されると解するのが通説である。

7　その他の正当行為　B⁻

その他の正当行為として、労働争議行為や安楽死・尊厳死があるが、試験との関係での重要性は低い。

ア　労働争議行為

労働争議行為とは、労働組合の団体交渉その他の行為であって、労働者の地位を向上させ、労働組合を組織し、労働契約を締結するなどの目的を達成するためになされる行為である。

正当な労働争議行為は、威力業務妨害罪（234条）・脅迫罪（222条）・強要罪（223条）等の違法性を阻却する。

イ　安楽死

安楽死とは、傷病者が激烈な肉体的苦痛に襲われ自然の死期が迫っている場合に、傷病者の嘱託に基づき、苦痛を緩和・除去して安らかに死を迎えさせる措置をいう。

安楽死のうち、毒薬を飲ませたり患者の首を絞めて殺すなど、作為により直接に生命を短縮する場合を積極的安楽死（殺害型安楽死）という。

かかる積極的安楽死の違法性阻却の要件に関する裁判例として、以下の2つが注目されている。

> 【名古屋高判昭和37・12・22高刑集15-9-674】
> 「行為の違法性を阻却すべき場合の一として、いわゆる安楽死を認めるべきか否かについては、論議の存するところであるが、それはなんといっても、人為的に至尊なるべき人命を絶つのであるから、つぎのような厳しい要件のもとにのみ、これを是認しうるにとどまるであろう。
> 　(1)　病者が現代医学の知識と技術からみて不治の病に冒され、しかもその死が目前に迫っていること、
> 　(2)　病者の苦痛が甚しく、何人も真にこれを見るに忍びない程度のものなること、

(3) もっぱら病者の死苦の緩和の目的でなされたこと、
(4) 病者の意識がなお明瞭であつて意思を表明できる場合には、本人の真摯な嘱託又は承諾のあること、
(5) 医師の手によることを本則とし、これにより得ない場合には医師によりえない首肯するに足る特別な事情があること、
(6) その方法が倫理的にも妥当なものとして認容しうるものなること。
これらの要件がすべてみたされるのでなければ、安楽死としてその行為の違法性までも否定しうるものではないと解すべきであろう。」

【横浜地判平成7・3・28 百選Ⅰ20】
「本件で起訴の対象となっているような医師による末期患者に対する致死行為が、積極的安楽死として許容されるための要件をまとめてみると、〔1〕患者が耐えがたい肉体的苦痛に苦しんでいること、〔2〕患者は死が避けられず、その死期が迫っていること、〔3〕患者の肉体的苦痛を除去・緩和するために方法を尽くし他に代替手段がないこと、〔4〕生命の短縮を承諾する患者の明示の意思表示があること、ということになる。」

ウ 尊厳死

尊厳死とは、回復の見込みのない末期状態の患者に対し、生命維持治療（延命措置）を中止し、人間としての尊厳を保たせつつ、死を迎えさせることをいう。

尊厳死の違法性阻却を認めるか否かについて、否定説と肯定説の対立があり、また、肯定説のなかでも、患者自身による延命措置拒否の意思表示が困難な場合に家族や第三者による意思表示の代行を認めるのか等、多くの点で難しい問題がある。

2. 正当防衛

1 緊急行為 B

緊急行為とは、法秩序の侵害に対する予防または回復を国家機関が行ういとまがない場合に、私人がなす行為をいう。

緊急行為には、明文があるものとして、①<u>正当防衛</u>（36条1項）と②<u>緊急避</u>

難（37条1項本文）が、また、明文はないが解釈上緊急行為にあたるとされるものとして、③自救行為がある。
　以下ではまず、正当防衛を検討しよう。

緊急行為 ｛ 正当防衛 / 緊急避難 / 自救行為 ｝

2　正当防衛の意義と根拠　A

　正当防衛とは、急迫不正の侵害に対し、自己または他人の権利を防衛するため、やむを得ずにした行為をいう（36条1項）。たとえば、突然日本刀で切りかかられたので、足元の石を侵害者に投げつけるような場合がその典型である。
　正当防衛の要件を満たすと違法性が阻却される。その根拠については争いがあるが、試験との関係では、法秩序の保全に積極的に協力する行為として社会的相当性が認められるからであると解しておけば足りる。

3　正当防衛の成立要件　A

　正当防衛が成立するためには、①急迫不正の侵害に対し、②自己または他人の権利を③防衛するため、④やむを得ずにした⑤行為であることが必要である。これらの要件はしっかりと覚えておいてほしい。
　以下、これらの要件を個別に検討していこう。

ア　急迫不正の侵害

　「急迫不正の侵害」という要件は、①急迫、②不正、③侵害、の3つに分けることができる。

（ア）急迫　➡論証17

　「急迫」とは、緊急避難における「現在」と同義であり、法益の侵害が現に存在しているか、または間近に迫っていることをいう。
　したがって、過去の侵害は「急迫」性を満たさない。昨日殴られたから今日殴り返すというのは正当防衛たり得ないわけである。

> つまり、過去において急迫不正の侵害があったとしても、それが既に終了している場合には、もはや「急迫」とはいえませんから、正当防衛は成立しないわけです。では、いつ急迫不正の侵害が終了するのかというと、それは結局、諸般の事情の総合考慮で判断するしかありません。
> たとえば、凶器を持った人間に襲いかかられた場合には、侵害者からその**凶器を奪った時点で急迫不正の侵害は終了**したといえる場合が多いといわれていますが、凶器を奪った後であっても、なお例外的に急迫不正の侵害の継続が肯定される場合もあります。判例も、強暴な男であるとの噂のある、どう猛な人相をした男が生木を持って打ちかかってきたので被告人がこれを奪い取ったところ、男がなおも素手で組み付こうとする気勢を見せたことから、奪った生木で被告人が男の頭部を1回殴打したという事案で、侵害の急迫性を認め、正当防衛の成立を肯定しています（最判昭和26・3・9刑集5-4-500）。

　また、間近に迫っているとはいえない将来の侵害も「急迫」性を満たさない。明日殴られそうだから前もって今日殴っておいた、という行為が正当防衛たり得ないのは当然であろう。

> では、たとえば不法侵入者に備えて塀の上に高圧電流を流しておく場合などのように、**防衛のための設備をあらかじめ準備しておく場合**はどうでしょうか。一見、将来の侵害に対する防衛行為として、急迫性が否定されそうです。しかし、かかる設備が現実に防衛の効果をもち、暴行罪ないし傷害罪の構成要件に該当することになるのは、将来において**侵害が急迫した時点**からです。塀の上の高圧電流は、実際に泥棒が塀を乗り越えて家の中に侵入しようとした時点においてはじめて防衛の効果をもち、構成要件に該当することになるわけです。
> よって、かかる設備は、将来の侵害に対するものではなく、あくまでも急迫した侵害に対するものといえます。

　では、行為者が不正の侵害を事前に予測していた場合はどうか。たとえば、AがBに今まさに襲われているのであるが、実はAはBに襲われることをあらかじめ予測し、準備していたとする。その場合であっても、「急迫」性が認められるのだろうか。

　学説では、急迫性はその本来の語義からして客観的観点から判断するべきと解し、行為者が積極的加害意思を有する場合でも急迫性は肯定したうえで、後は防衛の意思（➡ 114ページ**ウ**）の問題とする見解が有力である。

　一方、判例は、侵害を予期していただけでは急迫性は失われないとしつつも、「その機会を利用し積極的に相手に対して加害行為をする意思で侵害に臨んだとき」は、急迫性の要件を満たさないとする（最決昭和52・7・21刑集31-4-747）。積極的加害意思がある場合には急迫性を否定するわけである。答案では、この判例の立場で十分であろう。

判例のいう積極的加害意思がある場合というのは、侵害行為に対して「ウェルカム！」と思っているような場合のことです。たとえば、Aは以前から気に入らないBを殴ろうと考えていたところ、Bが自分を襲う予定を立てていることを知り、これは好都合だ、この機会を利用してBを痛めつけよう、と思っているような状態をイメージするといいでしょう。

Q 不正の侵害を事前に予測していた場合、「急迫」性が認められるか　A

A説（判例）
結論：侵害を予期しているだけでは急迫性は失われないが、その機会を利用し積極的に相手に対して加害行為をする意思（積極的加害意思）で侵害に臨んだときは、急迫性の要件を満たさない。

B説
結論：肯定。
理由：急迫か否かは、本来の語義どおり、客観的観点から定められるべきである。

（イ）不正

「不正」とは、違法のことである。

たとえば、AがBにいきなり夜道で殴りかかられた場合、Bの行為は暴行罪（208条）の構成要件に該当し、かつ違法性阻却事由もないので、違法な行為といえる。よって、これに対するAの反撃行為は、「不正」な侵害に対する反撃として正当防衛たりうる。

他方、Aが逃げるために無関係の通行人であるCを押し倒したといった場合は、「不正」の侵害に向けられた行為ではないことから、緊急避難とされる。すなわち、正対不正の関係が正当防衛、正対正の関係が緊急避難である。

では、AがBの飼い犬に襲いかかられたところ、その犬に反撃し死亡させた場合、正当防衛とすべきか、それとも緊急避難とすべきか。動物による攻撃が「不正」たりうるかが問題となる。刑法上、動物は「物」として扱われるため、この問題は対物防衛の問題とよばれる。

なお、この対物防衛が問題になるのは、前提として動物を殺傷する行為が構成要件に該当している場合だけです。この点、人に飼われている動物を殺傷する行為は器物損壊罪（261条）の構成要件に該当しますが、動物が無主物（いわゆる野良）の場合は、それを殺傷しても刑法上の構成要件には該当しません。よって、無主物である動物を殺傷した場合には、特別法違反の点を別にすれば、違法性阻却の問題である対物防衛を論じる余地はありません。
　また、動物による攻撃について、飼い主に故意や過失がある場合には、動物に反撃したとしても、それは飼い主自身の違法行為（208条、211条等）に対する反撃であるといえることから、対物防衛を論じる必要はありません。
　要するに、①飼われている動物を殺傷したこと、②飼い主に故意・過失がないことが、対物防衛の問題を論ずる前提です。

　この点、否定説は、「不正」とは違法であり、違法とは法規範違反であるところ、法規範は人間にのみ向けられたものであるから、動物の攻撃は「不正」たり得ないとする。この見解からは、対物防衛行為は、「不正」の侵害を要件としていない緊急避難として処理することになろう。
　しかし、かかる否定説は、緊急避難の要件が正当防衛に比べて厳格である点で被侵害者の保護に欠けると批判されている。
　以上に対し、肯定説は、「不正」とは犯罪成立要件としての違法性を意味するわけではなく、これに対して正当防衛が許されるかどうかという見地から問題とされるべき一般法的観点における違法性を意味すると解し、動物の攻撃も「不正」たりうると解していく。
　試験との関係では、簡単に書きたいときは否定説、余裕があるときは肯定説でいくとよい。

　肯定説における「一般法的観点における違法性」という概念は難解ですが、この概念は「犯罪成立要件としての違法性ではない違法性」を指しています。つまり、たしかに「不正」を「犯罪成立要件としての違法性」と解すると、動物の攻撃は「不正」たり得ないことになるけれども、「不正」をそのような「犯罪成立要件としての違法性」に限定する必要はないのだという趣旨で、「一般法的観点における違法性を意味する」と肯定説はいっているわけです。

Q 対物防衛の成否──動物の攻撃が「不正」たりうるか　B

A説　否定説（団藤）
結論：「不正」たり得ない。対物防衛は緊急避難として処理される。
理由：法規範は人間の行為に向けられた規範である。
批判：緊急避難しか認められないとするのでは、その要件の厳格さから、被侵害者の

保護の点で不十分である。

B説 肯定説（大塚仁）
結論：「不正」たりうる。
理由：「不正」とは、犯罪成立要件のひとつとしての構成要件に該当する行為について論ぜられるべき違法性ではなく、被侵害者の法益を侵害し、これに対して正当防衛が許されるかどうかという見地から問題とされるべき一般法的観点における違法性を意味するにすぎない。

（ウ）侵害

「侵害」とは、法益に対する実害またはその危険を生じさせる行為をいう。
この「侵害」要件については、試験との関係で重要といえる論点はない。

イ　自己または他人の権利

正当防衛は、「自己」の権利を防衛するためのみならず、「他人」の権利を防衛するためであっても成立する。

なお、ここにいう「権利」とは、狭い意味の権利ではなく、法益を意味する。判例は、かかる法益には国家的法益や社会的法益が含まれると解している（最判昭和24・8・18刑集3-9-1465）。

ウ　防衛するため──防衛の意思　➡論証18

（ア）防衛の意思の要否

① 問題の所在

甲がAをピストルで撃ち殺したところ、実はAはBを今まさに撃ち殺そうとしていたとする。甲はAがBを殺そうとしていたという事情を一切認識していなかったのであるが、結果的に、甲はBの生命を救ったことになる。

このような場合を偶然防衛というが、この偶然防衛について、正当防衛を成立させるべきであろうか。これは、正当防衛が成立するためには、防衛の意思という主観的要素が必要か否かという問題である。

② 理論構成

まず、結果無価値論を徹底すれば、防衛の意思は不要ということになる。結果無価値論においては、違法性阻却の有無は法益の権衡の有無によるところ、行為者の主観は法益の権衡の有無に影響しないからである。

これに対し、本書の立脚する行為無価値論においては、違法性阻却の有無は行為の社会的相当性の有無によることになる。そして、行為者の主観は、かかる社会的相当性の有無に影響を与える。

また、36条1項の「ため」という文言は、防衛の意思が必要であることを表すと解するのが素直であろう。

よって、防衛の意思が必要であると解するべきである。

> したがって、偶然防衛には正当防衛は成立せず、犯罪が成立することになります。
> なお、その場合に成立する犯罪について、行為は無価値といえるが生じた結果は無価値とはいえないとして、結果不発生と同視し未遂犯が成立するとする少数説があります。たしかに筋はとおっているのですが、試験との関係では、結果が生じている以上既遂犯が成立すると解しておけば十分でしょう。

Q 防衛の意思の要否　A

A説　不要説
結論：不要である。
帰結：偶然防衛は正当防衛といえる。
理由：結果無価値の徹底。

B説　必要説
結論：必要である。
帰結：偶然防衛は正当防衛とはいえない。
理由：①行為者の主観は社会的相当性の有無に影響を及ぼす。
　　　②36条1項の「ため」という文言。

(イ) 防衛の意思の内容

では、防衛の意思が必要であるとして、その内容をいかに解するべきか。

この点、正当防衛は、緊急事態においていわば反射的・本能的に行われることも少なくない。このような場合に防衛の意思を否定するべきではないであろ

う。

そこで、防衛の意思とは、明確かつ積極的な防衛目的をいうのではなく、急迫不正の侵害を意識しつつこれを避けようとする単純な心理状態をいうと解すべきである。

したがって、もっぱら攻撃の意思で反撃行為がなされた場合には、「避けようとする」とはいえず防衛の意思は否定される。

他方、もっぱら攻撃の意思で反撃行為がなされたのでない限り、たとえ憤激・逆上していたとしても、また、攻撃の意思を併有していたとしても、防衛の意思は肯定される。

　以上、防衛の意思の要否とその内容という2つの論点は、ワンセットの論点としてしっかりと覚えておいてください。
　なお、「もっぱら攻撃の意思」を有していたということは、「積極的加害意思」を有していたということと、実質的に同じです。
　そして、前述した「急迫」性について、私たちは侵害を予期していただけでは急迫性は失われないとしつつも、積極的加害意思もあった場合は急迫性は否定されると考えました（→110ページ（ア））。
　したがって、「もっぱら攻撃の意思」＝「積極的加害意思」を有していた場合の効果としては、**急迫性が否定される**ケース（①）と、**防衛の意思が否定される**ケース（③）とがあるわけです。図にまとめておきますので、頭の中を整理しておきましょう。

	侵害の予期	積極的加害意思	急迫性	防衛の意思
①	あり	あり	×	―
②	あり	なし	○	○
③	なし	あり ＝もっぱら攻撃の意思	○	×
④	なし	なし	○	○

　なお、「急迫」性について、それを客観的要件と解する学説に立ったとしても、行為者が侵害を予期し、かつ積極的加害意思を有していた場合には、防衛の意思が否定されますから、結局、正当防衛は成立しないことになります。すなわち、この場合に正当防衛が成立しないという最終的な結論自体については、判例と学説とで違いはないわけです。短答式試験でひっかからないように、この点も注意しておきましょう。

（ウ）過失行為による防衛行為

このように防衛の意思の内容をゆるやかに解すると、過失行為においても防衛の意思を認めうることになる。

たとえば、Aが熊に襲われたと誤信して発砲したところ、熊が実は人間Bで

あったとする。その場合、Aの行為は業務上過失致死罪（211条本文）の構成要件に該当するが、Aはなお急迫不正の侵害を意識しつつこれを避けようとする単純な心理状態にあったといえるので、Aに防衛の意思を認めることができる。したがって、BがAを殺すつもりで襲いかかっていたような場合には、Aの行為には正当防衛が成立しうる。

エ 「やむを得ずにした」──防衛行為の相当性

「やむを得ずにした」とは、防衛行為の相当性、すなわち、反撃行為が侵害に対する防衛手段として相当性を有するものであることを意味する（最判昭和44・12・4刑集23-12-1573）。

（ア）行為の相当性と結果の相当性

正当防衛を定めた36条1項と、緊急避難を定めた37条1項本文とを対比すれば明らかなように、正当防衛においては法益権衡の原則は適用されない。

したがって、「やむを得ずにした」とは、あくまでも行為の相当性を意味するのであって、結果の相当性を意味するわけではない。すなわち、反撃行為が相当性を有する限り、反撃行為によって生じた結果が、侵害されようとした法益よりもたまたま大きなものとなってしまったとしても、なお「やむを得ずにした」といえる。

判例も、Aに突然左手の指をつかまれ、ねじ上げられた被告人が、痛さのあまりこれを振りほどこうとしてAの胸を1回強く突き飛ばしたところ、Aは後頭部をたまたま付近に駐車してあった自動車の車体に打ちつけ、治療45日間の重傷を負ったという事案において、正当防衛の成立を肯定している（前掲最判昭和44・12・4刑集23-12-1573）。

（イ）行為の相当性の判断

行為が相当性を有するか否かは、侵害にさらされている法益の種類や、侵害行為の態様や激しさ、侵害者の凶悪性・危険性、侵害行為による被害が事後において回復が可能であるかどうか等、諸々の事情を総合的に判断して決するほかない。

この点、素手による侵害に対して木刀で反撃する場合のように、武器の対等性に欠ける場合には相当性が否定されやすいが、諸般の事情によりなお相当性を認めうる場合もある。

判例においても、年齢も若く体力も優れたAが「お前、殴られたいのか」と言って手拳を前に突き出し、足を蹴り上げる動作を示しながら被告人に近づいてきたところ、被告人が、やむなく菜切包丁を構え、「切られたいんか」と言ってAを脅した行為につき、相当性を認めたものがある（**最判平成１・１１・１３百選Ⅰ25**）。

（ウ）相当性を欠く場合

防衛行為が相当性を欠く場合には違法性は阻却されない。よって、責任が認められる限り、犯罪が成立する。

もっとも、正当防衛の他の要件を満たしている場合には、過剰防衛として刑が任意的に減軽・免除される（36条2項）。

オ　行為――反撃行為

防衛「行為」は、侵害者に向けた反撃行為として行わなければならない。

（ア）行為が第三者に向けられた場合

したがって、たとえ急迫不正の侵害があったとしても、それを回避するための行為が侵害者ではなく第三者に向けられる場合には、それは正当防衛ではなく緊急避難である。Aによる急迫不正の侵害から逃れるため、甲が無関係の通行人Bを押し倒して怪我をさせたような場合がその典型である。

（イ）行為は侵害者に向けられたが、反撃行為の結果が第三者に生じた場合
➡論証19

では、（ア）と異なり、行為は侵害者に向けられたものの、反撃行為の結果が第三者に生じた場合はどう処理するべきか。

たとえば、Aに日本刀で襲われた甲が、反撃のため足元にあった石をつかんでAに向かって投げつけたところ、Aには当たらず、たまたまAの横を歩いていたBに当たってしまったとする。甲としては侵害者たるAに向けて反撃行為

をしたつもりであったものの、その結果が第三者たるBに生じてしまったわけである。

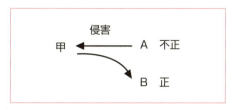

この場合の処理については、①正当防衛とする説、②緊急避難とする説、③誤想防衛（➡151ページ **1** 以下）とする説が対立している。

この点、第三者たるBは何ら「不正の侵害」をしていない以上、①正当防衛の成立を認める見解は妥当ではない。

そこで、②緊急避難として処理する見解を採用すれば試験対策としては十分である。

ただし、理論的には、主観的には正当防衛であるが客観的には正当防衛の要件を満たしていないことから、③誤想防衛とする見解が筋がとおっている。場合によってはこの見解を採用してもよい。

> ②の緊急避難として処理する見解に立った場合には、次に、その事案が緊急避難の要件（➡124ページ **2** 以下）を満たしているかをチェックすることになります。
> 上記の事案では、甲がAから切りかかられたことは、Aとの関係では急迫不正の侵害ですが、Bとの関係では「**現在の危難**」といえますし、また、**防衛の意思は避難の意思を含む**と解されますから、甲には「**避難の意思**」もあることになります。さらに、甲は自己の生命を守るためにBの身体を害しており、「**法益権衡**」も満たしています。したがって、「**補充性**」が認められれば、甲の行為は緊急避難として違法性が阻却されることになります。

Q 反撃行為の結果が第三者に生じた場合の処理　A

A説 正当防衛説
結論：正当防衛が成立する。
批判：第三者には何らの「不正の侵害」もない。

B説 緊急避難説
結論：緊急避難として処理すべきである。
批判：行為者はあくまでも正当防衛の認識で反撃行為を行っているのであるから、緊急避難を問題にするのは誤想防衛との関係で権衡を失する。

C説 誤想防衛説
結論：誤想防衛が成立する。

理由：認識（正当防衛）と客観的事実（正当防衛の要件なし）との間に錯誤が存する場合といえる。
批判：正当防衛として行われたにもかかわらず、結果として、その行為が違法となってしまうのは妥当でない。

（ウ）防衛者が第三者の物を利用する場合

また、防衛者が第三者の物を利用して反撃行為をしたところ、第三者の物が壊れてしまった場合も、第三者は何ら不正の侵害をしていないことから、緊急避難として処理すべきとするのが通説である。

たとえば、日本刀を持ったAに襲いかかられた甲が、第三者たるBの所有物である木刀を利用してAに反撃したところ、Bの木刀が折れてしまったとする。甲の行為は、Bとの関係では器物損壊の構成要件に該当するが、緊急避難の要件を満たすことから、違法性が阻却されることになる。

（エ）侵害者が第三者の物を利用した場合

では、逆に、侵害者が第三者の物を利用して襲ってきたため、これに反撃したところ、その反撃により第三者の物が壊れてしまった場合はどうか。

この場合は、（ウ）とは異なり、第三者の物は侵害者の不正な侵害行為の一部をなしていると解することができるから、器物損壊との関係でも正当防衛として処理すべきであろう。

4 正当防衛における個別的問題　A

ア　自招侵害　➡論証20

自招侵害とは、防衛者が自ら招いた不正の侵害をいう。たとえば、AがBをからかったところ、これに怒ったBがAに殴りかかってきた場合などがその典型である。かかる自招侵害に対して反撃をした場合、正当防衛が成立するかが問題となっている。

この点、正当防衛が違法性阻却事由である根拠は、行為の社会的相当性にある。ところが、自招侵害に対する反撃は、原則として社会的相当性に欠けるといえよう。したがって、原則として正当防衛の成立は否定するべきである。

もっとも、例外的に社会的相当性が肯定される場合もありうる。たとえば、軽い挑発に対して、相手方が予想以上に重大な法益を侵害する行為をしてきた場合には、なお社会的相当性が認められる余地があろう。

> 「予想以上に重大な法益を侵害する行為をしてきた」というのは、たとえば、AがBを軽くからかっただけなのに、これに激怒したBがいきなりピストルを取り出してAを撃とうとしてきたような場合のことです。いくらその原因を招いたのはAだといっても、さすがにBに対する反撃行為を許さないというのは酷ですから、例外的にAによる反撃行為に社会的相当性を肯定するわけです。

判例も、①被告人がAを1回殴打し逃走したところ、②その現場から約86.5メートル離れた場所でAが被告人に追いつき、被告人を殴打したため、③被告人が特殊警棒でAを数回殴打し、Aに傷害を負わせたという事案において、③の被告人の行為につき、「被告人は、Aから攻撃されるに先立ち、Aに対して暴行を加えているのであって、Aの攻撃は、被告人の暴行に触発された、その直後における近接した場所での一連、一体の事態ということができ、被告人は**不正の行為により自ら侵害を招いた**ものといえるから、**Aの攻撃が被告人の前記暴行の程度を大きく超えるものでない**などの本件の事実関係の下においては、被告人の本件傷害行為は、被告人において何らかの反撃行為に出ることが正当とされる状況における行為とはいえない」とし、正当防衛の成立を否定している（最決平成20・5・20百選Ⅰ26）。

イ けんか

同様の考え方は、いわゆるけんかにおいてもあてはまる。すなわち、けんかはそれ自体社会的相当性を欠く行為であるから、原則として正当防衛は成立しないが、例外的に社会的相当性が肯定される場合もありうる。

たとえば、素手で殴りあっていたところ、相手方が突然ナイフを出して襲いかかってきた場合には、これに対する反撃について社会的相当性を肯定する余地があろう。

5 過剰防衛（36条2項） A

過剰防衛は**犯罪成立後**のレベルの問題であるが、便宜上ここで説明する。

ア 過剰防衛の意義

過剰防衛とは、急迫不正の侵害に対し、防衛の意思で、防衛の程度を超えた反撃行為を行った場合をいう（36条2項）。

過剰防衛といえるためには、正当防衛の要件のうち、防衛行為の相当性という要件以外の要件は全て満たしている必要がある。したがって、急迫不正の侵害がない場合や、防衛の意思を有しなかった場合には、過剰防衛とはならない。

イ　過剰防衛の類型

過剰防衛は、質的過剰と量的過剰に分類される。

（ア）質的過剰

質的過剰とは、必要以上に強い反撃を加えた場合である。たとえば、素手による侵害に対して日本刀で反撃した場合がその典型である。

この質的過剰については、過剰防衛が成立しうることにつき特に問題はない。

（イ）量的過剰　➡論証21

これに対し、量的過剰とは、当初は防衛の程度の範囲内にある反撃であったが、反撃を続けるうち、相手方の侵害がやみ、またはその程度が著しく弱まったのに、なおそれまでと同様の反撃を続けた場合である。

この量的過剰については、問題となる行為を全体として1個の行為と捉えるか、それとも急迫不正の侵害が止んだ時点を分岐点として第1行為と第2行為に分断して捉えるかにより、結論が大きく異なってくる。

すなわち、まず、全体として1個の行為と捉えれば、全体として過剰防衛が成立することになる。

他方、行為を分断して考えれば、第1行為は正当防衛といえるものの、急迫不正の侵害がやんだ後の第2行為は、正当防衛はもとより過剰防衛にすらならないことになる。その結果、第1行為は違法性が阻却され不可罰、第2行為は完全な犯罪として処罰できる、ということになるわけである。

では、いかなる場合に全体として1個の行為と捉え、またいかなる場合に行為を分断して捉えるべきか。

この点につき、判例は、①全体が同一の防衛の意思に基づく行為といえる事案では、全体的に考察して1個の過剰防衛とする一方（最決平成21・2・24刑集63-2-1）、②被告人が、被害者が更なる侵害行為に出る可能性のないことを認識したうえ、防衛の意思ではなく、もっぱら攻撃の意思に基づき相当に激しい態様の第2暴行を加えた事案では、行為を分断して捉え、過剰防衛の成立を否定している（最決平成20・6・25百選Ⅰ27）。

答案では、ⓐ第2行為の時点で、当初の防衛の意思が継続していたか、それとももっぱら攻撃の意思だったのか、ⓑ行為者が、被害者が更なる侵害行為にでる可能性がないことを認識していたか否か、ⓒ第2行為の態様・程度等を総合的に考慮して、全体として1個の行為とするか、行為を分断して捉えるかを判断していくことになろう。

ウ　過剰防衛の効果と根拠

過剰防衛行為については、犯罪の成立は否定されないが、情状により刑を減軽または免除することができる（任意的減免〔36条2項〕）。

この任意的減免の根拠については、違法性が軽減されるからであるとする違法性減少説もあるが、恐怖・興奮などにより多少の行きすぎを犯したとしても行為者を強く非難できないからであるとする責任減少説が通説である。

> **Q 過剰防衛の任意的減免の根拠　A**
>
> **A説　責任減少説**（通説）
> 結論：急迫不正の侵害に直面するという緊急事態においては、恐怖、驚愕、興奮、狼狽などにより多少の行きすぎを犯しても強く非難できず、責任が減少するからである。
>
> **B説　違法性減少説**
> 結論：法益侵害に対する防衛効果が生じた点で、違法性が軽減されるからである。
>
> **C説　違法性・責任減少説**
> 結論：責任が軽減されるとともに違法性も軽減されるからである。

6　誤想防衛・誤想過剰防衛　A

正当防衛や過剰防衛に関連するものとして、①誤想防衛と②誤想過剰防衛がある。

誤想防衛とは、正当防衛の成立に必要な客観的要件を現実には具備していないのに、これがあるものと誤信して、防衛の意思で反撃行為を行った場合をいう。

また、誤想過剰防衛とは、急迫不正の侵害がないのに、このような侵害があるものと誤信して防衛行為を行ったが、それが行為者の誤想した侵害に対する防衛としては過剰であった場合をいう。

これらの処理については、責任故意の箇所で説明する（➡ 151ページ 5.）。

3. 緊急避難

1　緊急避難の意義　A

　緊急避難とは、自己または他人の生命・身体・自由・財産等に対する現在の危難を避けるため、やむを得ずにした行為であって、他にその危難を避ける方法がなく、かつその行為から生じた害悪が行為によって避けようとした害悪を超えないものをいう（37条1項本文）。たとえば、突然日本刀で襲いかかられたAが、その場から逃げるために無関係の通行人Bを押し倒す場合が典型である。
　緊急避難は、緊急行為の一種である点で正当防衛と共通する。しかし、正当防衛が「正対不正」の関係での問題であるのに対し、緊急避難は「正対正」の関係での問題である点で、両者は本質的に異なる。

2　緊急避難の成立要件　A

　緊急避難が成立するためには、①自己または他人の現在の危難を②避けるため③やむを得ずにした行為であって、④これによって生じた害が避けようとした害の程度を超えなかったことが必要である。このうち、③と④はあわせて避難行為の相当性とよばれる。これらの要件はしっかりと覚えておいてほしい。

ア　「現在の危難」

　「現在」とは、正当防衛における「急迫」と同義である。すなわち、危難が現に存在するか、または間近に迫っていることをいう。
　「危難」とは、法益に対する侵害または侵害の危険のある状態をいう。
　かかる「現在の危難」は、正当防衛とは異なり、不正であることは要件とされていない。したがって、人の行為（適法・違法を問わない）のみならず、動物の動作や自然現象であっても問題なく「現在の危難」にあたる（cf. 対物防衛）。

> 意外とイメージできていない人が多いようなのですが、「現在の危難」と「急迫不正の侵害」とは大小関係（包摂関係）にあります。現在の危難のうち、「不正」なものが急迫不正

の侵害なわけです。したがって、仮に急迫している侵害が「不正」とはいえなくても、なお現在の危難にはあたりえます。たとえば自然現象はその典型です。

また、逆に急迫不正の侵害がある場合には、必ず現在の危難もあることになります。急迫不正の侵害を受けた者が第三者に対し避難行為を行った場合に、緊急避難として処理するのも（➡118ページオ以下）、こうした両者の関係を前提としています。

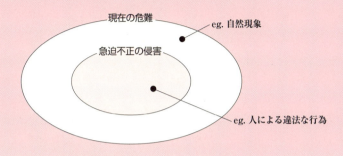

イ 「避けるため」──避難の意思

緊急避難においても、正当防衛と同じく、避難の意思が必要であると解していく。

避難の意思の内容については、防衛の意思と同様に解してよい。すなわち、避難の意思とは、現在の危難を意識しつつこれを避けようとする単純な心理状態をいうと解していく。

ウ 避難行為の相当性

緊急避難は「正対正」の関係での問題である。それゆえ、緊急避難における避難行為の相当性は、防衛行為に要求される相当性と比べて、きわめて厳しいものとなっている。

すなわち、避難行為に相当性が認められるためには、以下に述べる補充の原則と法益権衡の原則を満たすことが必要である。

（ア）「やむを得ずにした」──補充の原則

「やむを得ずにした」とは、正当防衛とは異なり、補充の原則を要求する趣旨であると解されている。

ここで補充の原則とは、緊急避難が成立するためには、危難を避けるために当該避難行為を行うこと以外に方法がなく、そのような行動に出たことを条理

上肯定しうることが必要であるとする原則である（最大判昭和24・5・18刑集3-6-772）。

（イ）「生じた害が避けようとした害の程度を超えなかった」──法益権衡の原則

緊急避難が成立するためには、明文で「生じた害が避けようとした害の程度を超えなかった」ことが必要とされている。この要件を、法益権衡の原則という。正当防衛とは異なり、行為のみならず結果の相当性まで必要とされるわけである。

なお、「超えなかった」といえば足りることから、価値の大きい法益を救うために価値の小さい法益を害した場合のみならず、ある法益を救うためにそれと同価値の法益を害した場合にも、法益の権衡は認められる。前者の例としては、路上で殺されそうになった人がやむを得ず付近の住宅に無許可で逃げ込む場合が、後者の例としては、自分の飼い犬が同価格程度の近所の飼い犬にかみ殺されそうになったのでその犬を撲殺した場合があげられる。

3 緊急避難の法的性質　A　➡論証22

以上の要件を満たした場合、当該避難行為は「罰しない」とされる（37条1項本文）。

もっとも、緊急避難が何を阻却するのか、換言すれば、緊急避難がどのような法的性質を有しているのかについては、争いがある。

まず、前提として、期待可能性という概念を説明しておく。責任とは行為者に対する非難可能性であるところ、行為者が適法行為にでることが期待できない場合には、行為者を非難することはできない。よって、適法行為に出ることの期待可能性があることは、責任を肯定するための要件の1つであると解されている。

そして、緊急避難は違法ではあるが期待可能性に欠ける場合であるとして、責任が阻却されるとする見解がある（責任阻却事由説）。

しかし、「他人」の法益を守るための緊急避難行為については、期待可能性に欠けるとはいえないであろう。

そこで、通説は、緊急避難行為は、社会的相当性を有する行為として違法性が阻却されると解している（違法性阻却事由説）。

Q 緊急避難の法的性質　A

A説 責任阻却事由説
理由：緊急避難は違法であるが、危難に直面しているため他の適法行為を期待できない点で責任が阻却される。
批判：「他人」の法益を守るための緊急避難について、期待可能性がないとはいえない。

B説 違法性阻却事由説（通説）
理由：①（社会的相当説から）緊急避難の要件を満たす行為は、社会全体の見地から社会的相当性を有するといえる。
　　　②（法益権衡説から）緊急避難は法益権衡を要件としている。

C説 二分説
結論：①大きな法益を救うために小さな法益を犠牲にし、あるいは等しい一方の法益を救うために他方の法益を害する場合は違法性阻却事由である。
　　　②小さい法益を救うために大きな法益を犠牲にする場合は責任阻却事由である。

> この論点は、**緊急避難行為に対する反撃行為**が、正当防衛として処理されるのか、それとも緊急避難として処理されるのかに影響していきます。
> たとえば、AにBが甲を突き倒して逃げようとしたところ、甲がBに反撃したとします。Bの行為が緊急避難の要件を満たしているとした場合、緊急避難を**責任阻却事由**と解すると、Bの行為は違法ではあることから、これに対する甲の反撃は「急迫不正の侵害」に対する反撃として正当防衛となります。一方、緊急避難を**違法性阻却事由**と解すると、Bの行為は違法性が阻却され「不正の侵害」とはいえなくなるから、これに対する甲の反撃は**緊急避難**として処理していくことになるわけです。

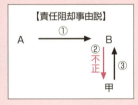
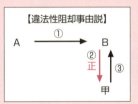

4　自招危難　B

　現在の危難が生じているとして、それを避難行為者が自ら招いた場合に緊急避難が成立しうるかについては、正当防衛における自招侵害と同様の考え方が妥当する。
　すなわち、たとえ形式的に緊急避難の要件を満たしていたとしても、行為の社会的相当性が否定される結果、緊急避難は成立しないのが原則であるが、例

外的に社会的相当性が肯定される場合もありうる。たとえば、予想以上に重大な危難が生じた場合には、緊急避難行為にもなお社会的相当性が認められる余地があろう。

5 業務上特別の義務がある者の緊急避難　B

業務上特別の義務がある者には、緊急避難の規定は適用されない（37条2項）。

ここで特別の義務とは、業務の性質上、一定の危険に身をさらさなければならない義務のことである。かかる義務を負う者としては、消防士、警察官、自衛官などがあげられよう。

6 過剰避難　B

ア　過剰避難の意義

過剰避難は過剰防衛と同様、犯罪成立後の問題であるが、便宜上、ここで説明しておく。

過剰避難とは、緊急避難の他の要件が満たされている場合において、避難行為がその程度を超えた場合をいう（37条1項ただし書）。

「その程度を超えた」場合とはいかなる場合かについては争いがあるが、①補充の原則に反した場合と、②法益権衡の原則に反した場合があるとするのが通説である。

> **Q　過剰避難となる場合　B⁻**
>
> **A説**（通説）
> 結論：補充性の程度を超えた場合と、法益の権衡を破った場合とがある。
> **B説**
> 結論：法益権衡を失する場合のみをいい、補充の原則に反する場合は過剰避難も認められない。

イ　過剰避難の効果と根拠

過剰避難の効果と根拠は、過剰防衛のそれと同様に解してよい。

すなわち、過剰避難行為については、犯罪の成立は否定されないが、情状により刑を減軽または免除することができる（任意的減免・37条1項ただし書）。そして、その根拠については、恐怖・興奮などにより多少の行きすぎを犯したとしても行為者を強く非難できないからであるとする責任減少説が通説である。

7　誤想避難・誤想過剰避難　B

　誤想避難とは、緊急避難の成立に必要な客観的要件を現実には具備していないのに、これがあるものと誤信して、避難の意思で避難行為を行った場合をいう。

　また、誤想過剰避難とは、現在の危難がないのに、そうした危難があるものと誤信して避難行為を行ったが、それが行為者の誤想した危難に対する避難行為としては過剰であった場合をいう。

　これらの処理についても、誤想防衛・誤想過剰防衛と同じく、責任故意の箇所で説明する（➡ 151 ページ 5. 以下）。

4. 自救行為

1　自救行為の意義　B+

　たとえば、Aが大切にしているバッグを見知らぬBに盗まれたとする。後日、街を歩いていたところ、人ごみの中にそのバッグを持ったBを偶然発見したAは、Bの隙をみてバッグを自ら取り返した。

　この場合、Bによる法益侵害行為は過去のものであるから、「急迫不正の侵害」や「現在の危難」という要件を満たさず、Aの行為につき正当防衛や緊急避難が成立する余地はない。

　しかし、だからといって常に違法性を阻却しないというのは妥当ではないであろう。そこで問題となるのが、自救行為による違法性阻却の可否である。

2　自救行為の要件　B+　➡論証 23

　刑法は、自救行為についての規定を設けていない。

　しかし、違法性の実質は、社会的相当性を逸脱した法益の侵害またはその危険にあった。とすれば、自救行為が、社会的に相当な行為といえるのであるな

らば、違法性を阻却することも可能であろう（超法規的違法性阻却事由）。

もっとも、自救行為の違法性阻却を広く認めると、私人の実力行使による自力救済の横行を招くことにもなりかねない。

そこで、一定のきわめて限定された場合にのみ、その社会的相当性が肯定されるというべきである。

具体的には、①権利に対する侵害がなされたことに加えて、②被害回復の緊急性があること、すなわち、法律上の正規の手続による救済を待っていては時期を失して当該権利の回復が事実上不可能になるか、または著しく困難となること、③自救の意思（権利保全の目的）があること、④自救行為自体相当性を有していること（補充の原則や法益権衡の原則も適用される）、等の要件を全て具備していることが必要であると解すべきであろう。

5. 可罰的違法性の理論 B⁻

可罰的違法性とは、処罰に値する程度の違法性のことである。

理論的な対立の激しいところであるが、試験との関係では、可罰的違法性を有しない行為については、たとえそれが構成要件に該当するとしても、なお違法性が阻却されると解しておけば十分である。すなわち、可罰的違法性がないことは、超法規的な違法性阻却事由であると考えていくわけである。

たとえば、ちり紙一枚を盗む行為は、窃盗罪（235条）の構成要件に該当するが、なお可罰的違法性に欠けるとして、違法性阻却を認めていくことになる。

第9章 責任

1. 責任総論

1 責任主義 B

ア 責任主義の意義

「責任なければ刑罰なし」という法諺があるように、行為が構成要件に該当し、かつ、違法性が阻却されないだけでは、犯罪は成立しない。これらに加えて、さらに責任が認められなければならない。すなわち、責任は第3の犯罪成立要件である。

このように、行為者に責任が存在する場合にのみ犯罪が成立するとする原則を、責任主義という。

ここで責任とは、構成要件に該当する違法な行為をしたことについて、その行為者を道義的に非難しうること、すなわち、行為者に対する非難可能性をいう。

イ 責任主義の内容

では、いかなる場合に責任が存在する（行為者を非難できる）といえるのであろうか。

（ア）主観的責任

まず、非難可能性を認めるためには、行為者の主観面において、責任能力および故意または過失があることが必要であろう。

このように、行為者に責任能力および故意または過失が具備される場合にの

みその行為者を非難できるとすることを、主観的責任という。

> この主観的責任の対概念は、客観的責任です。ここで客観的責任とは、行為者が客観的な法益侵害の結果を惹起した以上、常に非難できるとすることをいいます。こうした客観的責任の観念を採用することができないのは当然といえるでしょう。

（イ）個人的責任

次に、非難可能性を認めるためには、行為者自身が犯罪を犯した場合でなければならないというべきである。

このように、**個人はその犯した犯罪についてのみ**責任を負い、他人が犯した犯罪について責任を課されることはないとすることを、個人的責任という。

> この個人的責任の対概念は、団体責任です。ここで団体責任とは、たとえば犯罪者の血縁者にも責任を認める等、一定の団体の構成員であることを理由として責任を認めることをいいます。こうした団体責任の観念を採用することができないことも、個人主義・自由主義を標榜する日本国憲法のもと当然というべきでしょう。

```
責任主義 ┤ ①主観的責任　cf. 客観的責任
         └ ②個人的責任　cf. 団体責任
```

2　責任の本質　C

責任の本質をいかに解するかについては、人間の自由意思を肯定するか否か（➡7ページ1.）と関連して、以下のように学説が分かれている。試験との関係での重要性は低いので、学習時間に余裕があるときに概観しておく程度で十分であろう。

> **Q 責任の本質　C**
>
> **A説** 道義的責任論（行為責任論、意思責任論）
> 結論：悪い意思決定を行ったことに対する道義的な非難可能性に責任の本質がある。
> 理由：自由意思を認める客観主義刑法理論に立脚。
>
> **B説** 社会的責任論（行為者責任論、性格責任論）
> 結論：個々の意思決定ではなく、行為者の性格の社会的危険性に責任の本質がある。
> 理由：自由意思を否定する主観主義刑法理論に立脚。
>
> **C説** 人格責任論（人格形成責任論）
> 結論：自ら主体的に形成した人格の主体的現実化としての犯罪行為が行われたことに

　　　　責任の基礎がある。
　理由：相対的意思自由論に立脚すると、第一次的には行為責任が妥当であるが、第二次的には、そのような行為の背景にある人格を、素質と環境との制約を受けながらも、主体的選択により形成してきた点にも責任の本質がある。

3　責任の要素と判断基準　A

ア　責任の要素

　責任の要素として、主観的責任の観点から①責任能力や②責任故意または責任過失が要求されるのは当然として、現在の通説は、これらに加えて③適法行為に出ることの期待可能性を要求する。

$$
責任\begin{cases} ①責任能力 \\ ②責任故意・責任過失 \\ ③期待可能性 \end{cases}
$$

イ　責任の判断

　責任判断は、具体的かつ実質的になされ、かつ、類型化された判断基準がないことから非類型的になされる。これらの点では、責任判断と違法性判断は共通する。
　しかし、責任は行為者に対する非難可能性であるから、行為者人格との結びつきにおいて、**行為者を基準に**主観的に判断される。この点で、責任判断は、行為を客観的見地から判断する違法性判断と異なる。

2. 責任能力

1 責任能力の意義　B+

責任能力とは、行為の違法性を弁識し、かつ、それに従って自己の行動を制御する能力をいう。

責任能力に欠ける者を刑罰をもって法的に非難することはできない。よって、責任能力は責任の一要素とされる。

2 責任能力の存否　B+

ア　責任無能力

責任能力を全く欠く場合を責任無能力という。この場合、当然犯罪は不成立となる。

刑法は、責任能力を欠く者として、心神喪失者（39条1項）および刑事未成年者（41条）を規定している。これらについては後述する（➡次ページ 3 以下）。

イ　限定責任能力

責任能力を欠くまでには至っていないが、その程度が著しく低い状態を限定責任能力という。

刑法は、限定責任能力者として、心神耗弱者（39条2項）を規定している。これについても後述する（➡次ページ 3）。

ウ　責任能力の存在時期

責任能力は、実行行為の時に存在していることを要する。これを、行為・責任能力同時存在の原則（または同時存在の原則）という。

> 逆にいえば、結果発生時において責任能力を欠いていても、実行行為の時点で責任能力を有していたならば、責任能力の点では何の問題もありません。

なお、この同時存在の原則は、「原因において自由な行為」の法理との関連で修正を受ける（➡ 138ページイ）。

3 心神喪失者・心神耗弱者　B+

ア 心神喪失

心神喪失とは、精神の障害により、行為の違法性を弁識する能力が全くないか、または、弁識に従って行動する能力が全くない状態をいう。

心神喪失者は責任無能力であるから、その行為は不可罰とされる（39条1項）。

イ 心神耗弱

心神耗弱とは、精神の障害により、行為の違法性を弁識する能力が著しく減退しているか、または、弁識に従って行動する能力が著しく減退している状態をいう。

心神耗弱者は限定責任能力者であるから、必ず刑が減軽される（必要的減軽・39条2項）。

> 精神の障害により、弁識能力と行動制御能力の両方に欠ける場合（下図⑤）はもちろん、行動制御能力にのみ欠ける場合（下図④）も心神喪失者（責任無能力者）です。「行為の違法性を弁識する能力はあるが、その弁識に従って行動する能力のない者は、心神耗弱者である。○か×か」というヒッカケ問題をよく見ますが、答えは×です。
> また、心神耗弱者（限定責任能力者）は、犯罪成立要件としての責任能力は有しています。したがって犯罪は成立するわけですが、処罰阻却事由ないし処罰条件レベルで、非難可能性が弱いことから刑が必要的に減軽されるわけです。

【心神喪失・心神耗弱のまとめ】

○：あり　△：著しく減退　×：なし

	弁識能力	行動制御能力	
①	○	○	責任能力あり
②	○	△	心神耗弱（限定責任能力）
③	△	○	心神耗弱（限定責任能力）
④	○	×	心神喪失（責任無能力）
⑤	×	×	心神喪失（責任無能力）

ウ　心神喪失・心神耗弱の判断

被告人の精神状態が心神喪失や心神耗弱に該当するかどうかは、あくまでも**法律判断**である（最決昭和 58・9・13 判時 1100–156）。したがって、必ずしも医師等による鑑定を要せず、また、鑑定と異なる判断をしてもよい（最決昭和 59・7・3 刑集 38–8 –2783）。

ただし、医師等による鑑定意見が提出されている場合、裁判所は、鑑定人の公正さや能力に疑いが生じたり、鑑定の前提条件に問題があったりするなど、これを採用し得ない合理的な事情が認められるのでない限り、かかる鑑定意見を**十分に尊重**しなければならない（最判平成 20・4・25 刑集 62–5 –1559）。

なお、心神喪失・心神耗弱の原因となる精神の障害は、酩酊や催眠状態等の一時的な精神状態の異常も含む。

4　刑事未成年者　B+

刑事未成年者とは、**14 歳未満**の者をいう。通常の未成年者（民法 4 条参照）とは異なるので注意を要する。

刑事未成年者は責任無能力者とされ、その行為は**不可罰**とされる（刑法 41 条）。

14 歳未満の年少者であっても、実際に責任能力を有することは十分ありうる。しかし、**年少者の可塑性**にかんがみ、政策的観点から、一律に責任無能力とすることで刑罰を科すことを控えたわけである。

> したがって、「14 歳未満の者が責任無能力者とされるのは、精神発達が未成熟であり、一般に違法性を弁識する能力、および違法性の弁識に従って行動を制御する能力を欠くからである。○か×か」という問題の答えは、×です。41 条は、14 歳未満の者が「一般に」能力を欠くからではなく（能力の有無は 1 人ひとり異なります）、あくまで政策的観点から一律に責任無能力とする趣旨の規定だからです。

3. 原因において自由な行為　→論証 24

1　問題の所在

　たとえば、Aが通行人Bを刺し殺したとする。Aの行為は殺人罪（199 条）の構成要件に該当し、違法性も阻却されないが、しかし、Bを刺した時点でAは飲酒による重度の酩酊状態にあったため、心神喪失（または心神耗弱）の状態にあったとしよう。

　この場合、Aには責任能力が認められず犯罪は成立しない（または限定責任能力ゆえに刑が減軽される）のが原則である（39 条 1 項、2 項）。しかし、心神喪失等の原因となった飲酒行為が、責任能力ある状態でのAの自由な意思決定によってなされたような場合にまでかかる結論をとるのでは、国民の法感情に反し、また、法益保護の点からも問題があろう。

　そこで、かようなAに完全な責任を問うための法理が必要となってくる。

2　原因において自由な行為の意義

　かかる法理として主張されているのが、原因において自由な行為である。

　原因において自由な行為とは、ある違法行為が責任無能力または限定責任能力の状態でなされた場合であっても、その責任無能力等の状態が行為者の責任能力ある状態における行為によって自ら招いたものであるときは、当該違法行為に対し、完全な責任を問うことができるとする法理をいう。要するに、いくら心神喪失や心神耗弱になっていたとしても、その原因が自らの意思による場合（たとえば、自らの意思で酒を飲んだような場合）には、完全な責任を問うことができるとする考え方である。

　ここで、飲酒など、責任無能力等の状態を招く原因となった行為を原因行為といい、責任無能力等の状態でなされた違法行為を結果行為という。

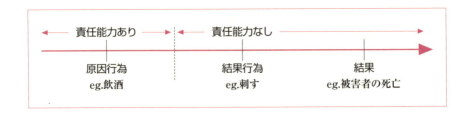

3 理論的根拠　A+

もっとも、かかる原因において自由な行為の理論的根拠については、行為・責任能力同時存在の原則（→134ページ**ウ**）の理解とも関連して、学説が対立している。

ア　間接正犯類似説
（ア）内容

まず、かつての通説である間接正犯類似説は、原因において自由な行為を、責任無能力状態となった自分自身を「道具」として利用した場合として捉える。

そのうえで、間接正犯においては利用行為こそが実行行為であるとして、原因行為が実行行為であると解していく。

そして、原因行為＝実行行為の時点では責任能力に欠けるところはないことから、同時存在の原則が完全に満たされることになるとする。

（イ）批判

しかし、原因行為を実行行為と捉えると、原因行為の段階で未遂犯が成立してしまうことになりかねない。たとえば、犯行の決意のもと飲酒しただけで未遂犯が成立することになりかねないが、それはあまりに早すぎるであろう。

また、限定責任能力の状態において犯行を行った場合には、道具とはいえないから、原因において自由な行為を認めることはできないと考えるのが素直である。しかし、かかる結論は、責任無能力の状態にまで達した場合と比べて、明らかに均衡を失するといえよう。

イ　同時存在の原則修正説

そこで、今日有力となっているのが、同時存在の原則修正説である（便宜上、以下では単に修正説とよぶことにする）。

修正説は、まず、結果行為が実行行為であるとする。とすると、実行行為の時点では責任能力がないことになるが、この見解は、**責任非難は違法な行為をなす最終的な「意思決定」に対して向けられるものである**とし、そのことから、**結果行為が責任能力ある状態での意思決定の実現過程**に他ならないといえる場合には、実行行為たる結果行為時に責任能力がなくとも、なお完全な責任を問うことができると解していく。

すなわち、同時存在の原則を、実行行為と責任能力の同時存在を要求する原則として理解するのではなく、その理解を修正して、実行行為またはそれと一定の関係にある原因行為と責任能力の同時存在を要求する原則として理解するわけである。

	実行行為	同時存在の原則
間接正犯類似説	原因行為	実行行為と責任能力の同時存在
修正説	結果行為	実行行為またはそれと一定の関係にある原因行為と責任能力の同時存在

Q 「原因において自由な行為」の理論構成　A

A説 間接正犯類似説・原因行為説（団藤・大塚仁）

結論：①完全な責任を問うことができるのは、自己の責任無能力状態を「道具」として利用したからである。
　　　②原因行為が実行行為である。
　　　③同時存在の原則は、実行行為と責任能力の同時存在の原則である。

批判：①犯行決意のうえ飲酒だけして殺傷行為に及ばなかった場合にも未遂犯が成立してしまう。
　　　②道具理論を前提とする限り、限定責任能力の状態において犯行を行った場合には、道具状態にあるとはいえないから、原因において自由な行為を認めることができない。

B説 同時存在の原則修正説・結果行為説（西原・大谷）

結論：①完全な責任を問うことができるのは、結果行為は責任能力状態での意思決定の実現過程に他ならないからである。
　　　②結果行為が実行行為である。
　　　③同時存在の原則は、実行行為またはそれと一定の関係にある原因行為と責任能力の同時存在の原則である。

理由：責任非難は違法な行為をなす最終的な「意思決定」に対して向けられるものである。

批判：責任能力と実行行為との同時存在を不要とするのは責任主義に反する。

C説 二元説・因果責任連関説(内藤・山口)
結論：①完全な責任を問うことができるのは、原因行為・結果行為・結果との間に相当因果関係があり（因果連関）、原因行為時の故意・過失が結果行為に実現された（責任連関）からである。
②原因行為が「実行行為」であるが、未遂犯を基礎づける「実行の着手」時期は結果行為時である（実行行為の二元的把握）。
③同時存在の原則は、実行行為と責任能力の同時存在の原則であるが、その「実行行為」は、未遂犯の成立を肯定しうる「実行行為」である必要はない。

4 限定責任能力の場合 B

　以上の対立は、行為者が限定責任能力の状態で犯行に及んだ場合、原因において自由な行為の法理を適用することができるかにも影響する。
　この点、間接正犯類似説からは、道具性を認めることは困難である以上、適用を否定するのが素直である。
　他方、修正説からは、結果行為が責任能力ある状態での意思決定の実現過程といえさえすれば、限定責任能力の場合であっても問題なく原因において自由な行為の法理を適用できる。

> **Q** 限定責任能力に陥った場合に原因において自由な行為の法理を適用できるか A
> **A説** 否定説
> 理由：間接正犯類似説に立った場合、道具と認めることは困難である。
> **B説** 肯定説
> 理由：①（修正説から）結果行為が、責任能力ある状態での意思決定の実現過程にほかならないといえる限り完全な責任を問える。
> ②（間接正犯類似説から）「故意ある道具」（→ 39 ページのコラム参照）とパラレルに考えればよい。

5 故意犯の場合 A

ア 適用の要件

　修正説に立った場合、原因において自由な行為の法理を適用し、完全な責任を問うためには、結果行為が責任能力ある状態での意思決定の実現過程に他ならないといえなければならない。
　具体的には、まず、①原因行為と結果行為および結果との間に因果関係が必

要である。

　また、故意犯においては、②原因行為から結果行為にかけて故意が連続していることが必要である。

> 　②の「故意の連続」とは、**原因行為時の故意と結果行為時の故意とが一致している**という意味です。
> 　たとえば、Ａが飲酒による心神喪失状態でＢを刺し殺した場合において、原因において自由な行為の法理を適用するためには、原因行為（飲酒）の時点において、既に殺人の故意があったのでなければなりません。もし**原因行為時には故意がなかった**のであれば、いくら結果行為の時点で故意があったとしても、故意の連続が認められません。したがって、原因において自由な行為の法理を適用することはできず、責任が阻却されることになります。
> 　このように、いくら国民の法感情に反する結果となる場合であっても、原因において自由な行為の法理を常に適用できるわけではないことに注意しておきましょう。

イ　部分的な故意の連続

　故意の連続が要件である以上、原因行為時の故意と結果行為時の故意とが異なる場合には、原因において自由な行為の法理を適用することはできない。たとえば、原因行為時には窃盗の故意だったが、心神喪失状態での結果行為時には殺人の故意だった場合には、故意の連続は認められない。

　もっとも、部分的に故意の連続が認められる場合には、その限度で原因において自由な行為の法理を適用してよい。

　たとえば、原因行為時に暴行の故意があり、心神喪失状態での結果行為時には殺人の故意を有していた場合には、暴行についての故意の連続が認められる。よって、暴行の限度で原因において自由な行為の法理を適用してよい。裁判例でも、同様の事案で、暴行罪の結果的加重犯である傷害致死罪の成立を認めたものがある（名古屋高判昭和31・4・19高刑集9－5－411）。

> 　では、Ａを殺す故意で飲酒を始め、酩酊状態になった後、Ｂを殺す故意を有するに至り、Ｂを殺した場合はどうでしょうか。この場合には、「人を殺す」故意という点で連続性が認められますから、法定的符合説に立つかぎり、故意の連続を認めていいでしょう。

　以上をまとめると次ページの表のようになる。

【故意の連続のまとめ】

原因行為時の故意	結果行為時の故意	故意の連続の有無
なし	殺人	×
窃盗	殺人	×
殺人	殺人	○
A殺人	B殺人	○
暴行	殺人	暴行の限度で○

ウ　二重の故意の要否

　原因において自由な行為の法理を適用するには、結果についての故意のほかに、自己が心神喪失・心神耗弱に陥ることについての故意（二重の故意）まで要するかについて争いがある。

　この点、間接正犯類似説からは、二重の故意が必要とされるのが通常である。

　これに対し、本書が採用する修正説からは、結果行為が自由な意思決定に基づいてさえいれば完全な責任非難が可能であると解されることから、二重の故意は不要というべきであろう。

> **Q** 原因行為時に結果に対する故意のほかに、自己が心神喪失・心神耗弱に陥ることについての故意（二重の故意）まで要するか　**A**
>
> **A説** 必要説
> 理由：原因において自由な行為の成立範囲を限定する必要がある。
>
> **B説** 不要説
> 理由：犯罪的結果が自由な意思決定に基づいていれば完全な責任を問うことができる。

6　過失犯の場合　B⁻

　過失犯については、責任無能力等に陥らないようにすることを結果回避義務として構成すれば、特に問題なく犯罪が成立する。よって、原因において自由な行為の法理を適用すべき必要性はほとんどない。

> たとえば、ドライブインで酒を飲み、心神喪失状態になって事故を起こし人を死亡させたような場合であっても、酒を飲むこと自体が結果回避義務違反であると構成して、過失犯の成立を肯定していくわけです。

7 行為の途中から故意が変化した場合 A

　たとえば、Aが飲酒しながら傷害の故意でBを殴打していたところ、Bの反抗的な表情に腹を立てて殺人の故意を有するに至り、Bの頭部をバットで強く殴打したためBが死亡したとする。Aは、殴打を開始した時点では責任能力を有していたが、途中から心神喪失に陥っていたとしよう。

　この場合に、原因において自由な行為の法理を適用することができるだろうか。

　その答えは、Aが殺人の故意を有するに至った時点で、なお責任能力を維持していたのか、それとも心神喪失に陥っていたのかにより異なってくる。

　まず、殺人の故意を有するに至った時点で責任能力を有していたのであれば、殺人の故意の連続が認められるため、殺人罪につき原因において自由な行為の法理を適用することができる。

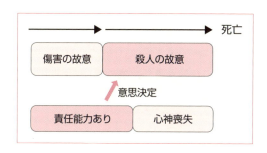

　他方、殺人の故意を有するに至った時点で既に心神喪失に陥っていた場合は、殺人の故意の連続は認められず、殺人罪につき原因において自由な行為の法理を適用することはできない。この場合は、傷害罪の限度で故意の連続が認められ、傷害罪ないしその結果的加重犯である傷害致死罪との関係で原因において自由な行為の法理を適用することができるにとどまる。

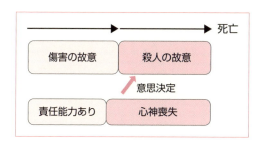

4. 責任故意①──違法性の意識

故意犯が成立するためには、構成要件的故意のみならず、責任段階での故意である**責任故意**が認められることが必要である（多数説）。

この責任故意に関しては、①違法性の意識の要否ないし法律の錯誤の処理、および②違法性阻却事由の錯誤の処理が問題となっている。

以下では、まず①について検討していこう。

1 違法性の意識の要否──法律の錯誤の処理　A

違法性の意識とは、自己の行為が違法であることを知っていることをいう。

そして、行為者が錯誤によって**違法性の意識を欠いた**場合を、**法律の錯誤**という（禁止の錯誤あるいは違法性の錯誤ともよばれる）。

では、行為者が錯誤によって違法性の意識を欠いた場合、責任故意が阻却されるのだろうか。違法性の意識が責任故意の要件かが問題となるが、この点については見解が対立している。

ア 厳格故意説

まず、**責任主義を徹底**し、違法性の意識を**責任故意の要件**と解する見解がある。この見解は、厳格故意説ないし違法性の意識必要説とよばれる。

しかし、この見解からは、自己の行為が現存の法秩序よりももっと正しい価値基準に合致していると確信して犯罪を犯すいわゆる**確信犯**を故意犯としては処罰できないことになってしまう。

また、刑法が、規範意識の鈍磨した**常習犯**（186条1項等）を重く処罰していることを説明し得ない。

イ 違法性の意識不要説

他方、「**法の不知は許さず**」とし、違法性の意識の有無は**犯罪の成否に無関係**であるとする見解がある。

しかし、これでは違法性の意識を欠いたことが全く無理もないと認められる

ような場合にまで行為者を処罰することになり、責任主義に抵触する可能性がある。

ウ　制限故意説　→論証25

では、いかに考えるべきか。

従来の通説は、違法性の意識は責任故意の要件ではないが、違法性の意識の可能性は責任故意の要件であり、違法性の意識の可能性すらなかった場合には責任故意が阻却されて故意犯は成立しないと解している。この見解は、制限故意説とよばれる。

この制限故意説の理由付けは、以下のとおりである。

まず、故意の本質は、規範に直面し反対動機の形成が可能であったにもかかわらず、あえて犯罪行為に及んだことに対する強い道義的非難にある。

そして、犯罪事実を認識・認容しながら、違法性の意識をもちつつ悪に向かった場合と、違法性の意識をもたずに悪に踏み切った場合とでは、規範に無関心な人格態度という点で同様の非難が可能である。

そこで、違法性の意識は責任故意の要件ではないと解すべきである。

もっとも、違法性の意識の可能性すらない場合には、かかる非難をすることはできない。

よって、違法性の意識の可能性は、責任故意の要件であると解していくわけである。

エ　責任説　→論証26

しかし、かかる制限故意説は、違法性の意識の可能性という過失的要素を故意の中に導入する見解であり、故意概念を混乱させるという難点がある。

そこで、近時では、制限故意説と同様に、違法性の意識は責任故意の要件ではないと解しつつ、違法性の意識の可能性は独立の責任要素であるとする見解が有力である。

すなわち、責任とは行為者に対する非難可能性であるところ、違法性の意識の可能性すらない場合はおよそ行為者を非難できないと解していくわけである。この見解は、責任説とよばれる。

制限故意説と責任説の違いは、違法性の意識の可能性すらなかった場合に現れます。
　すなわち、制限故意説からだと、違法性の意識の可能性すらなかった場合は責任故意が阻却されるだけですから、過失犯は成立する可能性があります。これに対し、責任説からだと、違法性の意識の可能性すらなかった場合は責任自体が阻却されることになりますから、過失犯すら成立しないことになるわけです。
　試験ではどちらの見解でもOKですが、何が阻却されるのかの違いはしっかりと理解しておきましょう。

Q 違法性の意識の要否——法律の錯誤の処理　A

A説 厳格故意説・違法性の意識必要説
結論：違法性の意識は責任故意の要件である。
理由：道義的責任論の徹底。
批判：①確信犯の可罰性を説明できない。
　　　②常習犯人に対する加重責任（186条1項）の根拠が説明できない。
　　　③いちいち法の不知を弁解として認めていては取締りの目的を達成できない。

B説 違法性の意識不要説（かつての判例）
結論：違法性の意識は不要である。
理由：①国民一般は法が何であるかを知っているはずである。
　　　②A説への批判。

C説 違法性の意識の可能性必要説

　C1説 制限故意説（従来の通説）
　結論：違法性の意識は責任故意の要件ではないが、違法性の意識の可能性は責任故意の要件である。
　理由：現に違法性の意識を有していなくても、行為者人格によれば、これを意識する可能性があったときは、そこに直接的な反規範的人格態度を見出しうる。
　批判：違法性の意識の可能性という過失的要素を故意自体のなかに導入することは、故意概念を混乱させる。

　C2説 責任説（近時の有力説）
　結論：違法性の意識ないし違法性の意識の可能性は責任故意の要件ではないが、違法性の意識の可能性は独立の責任要素である。

2　法律の錯誤の原因　B

　法律の錯誤（→144ページ**1**）は、①法律の不知、または②あてはめの錯誤により生じうる。
　①法律の不知とは、刑罰法規が自己の行為を禁止していること自体を知らないか、または忘れてしまった場合をいう。
　②あてはめの錯誤とは、刑罰法規の解釈を誤った場合をいう。

なお、法律の不知やあてはめの錯誤があったからといって、常に法律の錯誤が生じる（すなわち違法性の意識を欠く）とは限りません。たとえば具体的な刑罰法規を知らなくても、なお自分が「悪いことをしている」という意識をもつことは十分ありえます。
したがって、①法律の不知やあてはめの錯誤があり、かつ、②それゆえに違法性の意識を欠いたときに、はじめて法律の錯誤を論ずる必要が出てくるわけです。

3　違法性の意識の可能性の有無の判断　A

以上の原因により法律の錯誤が生じたとしても、違法性の意識についての制限故意説からは、原則として責任故意は阻却されず、刑が任意的に減軽されうるにとどまる（38条3項）。ただし、違法性の意識の可能性すらない場合には、責任故意が阻却され、故意犯の成立が否定されることになる。

また、責任説からも、責任故意や責任は阻却されず、刑が任意的に減軽されうるにとどまるが、違法性の意識の可能性すらない場合には、責任が阻却され、およそ犯罪の成立が否定されることになる。

そこで重要となってくるのが、違法性の意識の可能性があったのか、それとも違法性の意識の可能性すらなかったのかの判断の仕方である。

ア　法律の不知による場合

法律は、通常合理的な方法でその公知が図られている。

したがって、法律の不知による法律の錯誤の場合には、原則として違法性の意識の可能性を肯定してよい。可能性を否定するには、よほど特殊な事情の存在が必要であろう。

イ　あてはめの錯誤による場合
（ア）公的機関の意見を信頼した場合

たとえば、確立していると考えられる判例や、所管官庁の公式の見解等を信じた場合には、原則として違法性の意識の可能性を否定してよい。

これに対し、公務員の個人的な意見を信じたにすぎない場合には、違法性の意識の可能性は肯定されるのが通常である。判例も、飲食店を経営する被告人が、100円札を模したサービス券を作成し、通貨及証券模造取締法違反に問われた事案において、そのサービス券を見た警察署防犯係長らが暗にこれを認容

するかのような言動をしていたとしても、なお被告人には違法性の意識の可能性があったとしている（最決昭和 62・7・16 百選Ⅰ48）。

（イ）私人の意見を信頼した場合

法律の専門家ではない一私人の意見を信頼した場合には、当然、違法性の意識の可能性は肯定される。

問題は、法学者や弁護士の意見を信頼した場合であるが、この場合でも、違法性の意識の可能性を肯定するのが通説である。

4 法律の錯誤と事実の錯誤の区別　B

ア　問題の所在

以上のように、①単なる法律の錯誤の場合、すなわち構成要件的故意は有しており、ただ違法性の意識に欠けているだけの場合は、原則として故意（責任故意）や責任は阻却されない。これに対し、②事実の錯誤、すなわち客観的構成要件に該当する事実の認識に欠ける場合には、原則として故意（構成要件的故意）が阻却される。

そこで、①法律の錯誤と②事実の錯誤の区別の基準が問題となってくる。

イ　区別の一般的基準

この問題についても、やはり故意の本質から考えていけばよい。

すなわち、故意の本質は規範に直面し反対動機の形成が可能であったにもかかわらず、あえて犯罪行為に及んだことに対する強い道義的非難にあった。

そして、一般人ならば違法性を意識しうる程度の事実認識を有する場合には、原則として規範に直面し反対動機の形成が可能であったといいうる。

とすれば、一般人ならば違法性を意識しうる程度の事実認識を有する場合が法律の錯誤であり、一般人ならば違法性を意識しうる程度の事実認識すら錯誤によって欠いている場合が事実の錯誤であると解するのが妥当であろう。

ウ　「むささび・もま事件」と「たぬき・むじな事件」

以上の基準の理解を深めるために有益な判例として、「むささび・もま事件」と「たぬき・むじな事件」がある。

① むささび・もま事件

これは、捕獲が禁じられている「むささび」と「もま」とは同一の動物であるにもかかわらず、それが同一であることを知らなかった被告人が、「もま」は捕獲しても罪にならないと信じてこれを捕獲した事件である。

この事件で大審院は、故意の阻却を認めなかった（大判大正13・4・25刑集3-364）。

② たぬき・むじな事件

これは、捕獲が禁じられている「たぬき」と「むじな」とは同一の動物であるにもかかわらず、それが同一であることを知らなかった被告人が、「むじな」は捕獲しても罪にならないと信じてこれを捕獲した事件である。

この事件では、大審院は故意の阻却を認めた（大判大正14・6・9百選Ⅰ45）。

③ 2つの判例の整合性

以上の2つの判例の関係を、いかに解するべきであろうか。

この点、この2つの判例は矛盾しているとする見解もある。

しかし、大審院の認定によれば、「たぬき・むじな事件」の当時、一般に「たぬき」のほかに「むじな」という動物がいると信じられており、両者が同一の動物であることは専門家以外にはほとんど知られていなかったのである。

そうした事情にかんがみれば、「たぬき・むじな事件」の被告人は、一般人ならば違法性を意識しうる程度の事実認識すら錯誤によって欠いていたといえる。したがって、事実の錯誤ということになる。

これに対し、「むささび・もま事件」においては、かような特殊性は存在しない。被告人の居住する地方で「むささび」のことを「もま」と俗称していたにすぎず、また、「むささび」の形状は広く知られていたのである。

したがって、「むささび・もま事件」の被告人は、一般人ならば違法性を意識しうる程度の事実認識は有したといえ、法律の錯誤にすぎないといえよう。

このように理解すれば、これらの判例は矛盾するものではないことになる。

> ここはややこしいところですから、もう少し説明しておきましょう。
> まず、事実の錯誤か法律の錯誤かは、一般人ならば違法性を意識しうる程度の事実認識を有していたか否かで区別していきます。
> この点、たぬき・むじな事件における大審院の認定によると、被告人が見た動物を事件当時の一般人が見たとしても、それはあくまでも「むじな」であり、捕獲が禁じられた「たぬ

き」ではないと判断するはずだという事情が存在していました。つまり、一般人でもその動物を見ただけでは違法性を意識し得なかったわけです。

とすれば、被告人は、「一般人ならば違法性を意識しうる程度の事実認識」すら有していなかったといえ、事実の錯誤として構成要件的故意を阻却することになります。

これに対し、むささび・もま事件の被告人が見た動物を一般人が見たら、それは捕獲が禁じられた「むささび」であると判断するはずでした。つまり、一般人ならば、その事実認識から違法性を意識しえたわけです。

とすれば、被告人は、「一般人ならば違法性を意識しうる程度の事実認識」は有していたといえ、構成要件的故意に欠けるところはなく、単に法律の錯誤であるということになります。そして、違法性の意識の可能性はあったはずですから、結局、責任故意も認められるわけです。

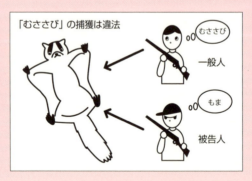

5. 責任故意② ── 違法性阻却事由の錯誤の処理

　責任故意の要件かが問題となるものとして、以上で学んだ違法性の意識に加えて、違法性に関する事実の認識がある。
　以下では、この違法性に関する事実の認識の要否につき検討していこう。

1 違法性阻却事由の錯誤の意義　A

　違法性阻却事由の錯誤とは、違法性阻却事由が存在しないのに、行為者がそれがあるものと誤信して行為した場合をいう。誤想防衛や誤想避難がその典型である。
　ここで誤想防衛とは、正当防衛の成立に必要な客観的要件を現実には具備していないのに、これがあるものと誤信して、防衛の意思で反撃行為を行った場合をいう。
　また、誤想避難とは、緊急避難の成立に必要な客観的要件を現実には具備していないのに、これがあるものと誤信して、避難の意思で避難行為を行った場合をいう。

　　たとえば、夜道を歩いている友人甲の姿をみとめたAが、甲に挨拶をしようと背後から甲の肩に手をかけたところ、暴漢に襲われたと勘違いした甲がAを殴った場合が誤想防衛にあたります。
　　この場合、甲の行為は暴行罪の構成要件に該当し、かつ「急迫不正の侵害」は存在しませんから、違法性も阻却されません。しかし、甲は暴漢に襲われると勘違いしており、「急迫不正の侵害」という正当防衛の要件たる事実を誤認識しています。このことから、責任故意が阻却され、故意犯は成立しないのではないかが問題となるわけです。
　　なお、誤想防衛等に代表される「違法性阻却事由の錯誤」は、あくまでも違法性阻却事由の要件たる事実の誤認識があった場合を前提としています。事実に誤認識はなく、単に解釈を誤っただけであるならば、それは「違法性阻却事由の錯誤」ではなく、単なる「法律の錯誤」であるにすぎません。たとえば、「夜道を歩いているときに友人が挨拶をしようと肩に手をかけてきた場合は"急迫不正の侵害"にあたる」という間違った解釈を信じこんでいた甲が、友人Aが肩に手をかけてきたという事実を正確に認識しつつ急迫不正の侵害にあたると誤解して反撃した場合には、違法性阻却事由の要件たる事実の誤認識はない以上、「違法性阻却事由の錯誤」にあたりません。それは、単なる「法律の錯誤」として処理されます。このケースで甲の行為が「違法性阻却事由の錯誤」といえるためには、あくまでも「暴漢に襲われた」と誤認識していなければならないわけです。

2 違法性阻却事由の錯誤の効果　A　➡論証27

　違法性阻却事由の錯誤が責任故意を阻却するかについては、違法性阻却事由の錯誤の体系的な位置づけをいかに解するかと関連して、学説が分かれている。

ア　法律の錯誤説

　まず、違法性阻却事由の錯誤は、行為の違法性に関する問題であることから、法律の錯誤の問題であるとする見解がある。
　この見解からは、厳格故意説に立脚しない限り、原則として責任故意が認められることになろう。

イ　事実の錯誤説

　しかし、故意の本質は、規範に直面し反対動機の形成が可能であったにもかかわらず、あえて犯罪行為に及んだことに対する強い道義的非難にあった。
　ところが、違法性阻却事由の錯誤の場合は、たとえば「急迫不正の侵害」といった違法性を否定する事実を誤認識している以上、規範に直面する余地を欠いていたというべきである。
　したがって、構成要件的事実の錯誤と同様に、やはり事実の錯誤として責任故意を阻却すると解するべきであろう。この見解は、事実の錯誤説とよばれる。

> たとえば、前述の甲は、「急迫不正の侵害」を誤認識し、正当防衛であると誤信して暴行行為を行っています。そして、正当防衛行為は適法行為なわけですから、甲は規範に直面していたとはいえないでしょう。このことから、責任故意を阻却するわけです。

3　特殊な錯誤——誤想過剰防衛・誤想過剰避難　A　➡論証28

ア　誤想過剰防衛・誤想過剰避難の意義

　違法性阻却事由の錯誤のうち、特殊なものとして、誤想過剰防衛や誤想過剰避難がある。
　ここで誤想過剰防衛とは、急迫不正の侵害がないのに、このような侵害があるものと誤信して防衛行為を行ったが、それが行為者の誤想した侵害に対する

防衛としては過剰であった場合をいう。
　また、誤想過剰避難とは、現在の危難がないのに、そうした危難があるものと誤信して避難行為を行ったが、それが行為者の誤想した危難に対する避難行為としては過剰であった場合をいう。

> たとえば、暴漢に木刀で襲われると誤信した甲が、足元に転がっていたオノで反撃したとします。この場合、誤想した侵害に対する防衛としては過剰ですから、誤想過剰防衛ということになります。

イ　誤想過剰防衛・誤想過剰避難の処理
　これらの場合においては、行為者が過剰性の基礎となる事実について認識していた場合と、認識していなかった場合とに分けて処理するのが通説である。

（ア）過剰性の基礎となる事実について認識していた場合
　まず、過剰性の基礎となる事実について認識していた場合についてである。
　この場合、行為者は、誤想防衛と同様に「急迫不正の侵害」を誤認識している。したがって、この点では規範に直面しているとはいえない。
　しかし、誤想防衛とは異なり、過剰な反撃行為と知りながらあえて行為に及んでいるのである。とすれば、その点で、なお規範に直面し反対動機の形成が可能であったといえよう。
　したがって、この場合には責任故意が認められるというべきである。この場合には、さらに36条2項や37条1項ただし書の準用の可否が問題となる（**ウ**参照）。

> 木刀で襲われると誤信した甲がオノで反撃した例でいえば、「オノによる反撃」という事実が「過剰性の基礎となる事実」です。甲がかかる事実を認識していた場合には、甲は、自らの行為が過剰な行為であるということを認識していたといえます。そして、過剰な行為は違法ですから（→123ページウ参照）、その点でなお規範に直面し反対動機の形成が可能であったといえると考えていきます。
> 平たくいえば、「やりすぎだとわかっていたんだから、踏みとどまれたはずだ」という非難ができると考えていくわけです。

（イ）過剰性の基礎となる事実について認識していなかった場合
　では、過剰性の基礎となる事実について認識していなかった場合はどうか。
　この場合には、誤想防衛と同様、規範に直面しているとはいえない。

したがって、責任故意が阻却されるというべきである。

> たとえば、オノによって反撃した前述の甲が、「オノによる反撃」という事実について認識していなかった場合が（イ）の場合にあたります。そんな場合がありうるのかと疑問に思うかもしれませんが、たとえば、木刀で襲われたと誤認識した甲が、自分の足元に転がっていたオノの柄の部分だけを見て単なる木の棒だと誤信し、これを拾い上げ反撃した場合、甲は過剰性の基礎となる事実を認識していなかったといえるわけです。
> そしてこの場合には、過剰性の点でも規範に直面していませんから、責任故意を阻却していくわけです。

ウ　36条2項等の準用の可否

このように、過剰性の基礎となる事実について認識していなかった場合には責任故意は認められないのに対し、かかる事実を認識していた場合には責任故意が認められ、故意犯が成立しうる。

そして、故意犯が成立した場合には、36条2項や37条1項ただし書を準用し、任意的な減免を認めることができないかがさらに問題となる。

そもそも、これらの規定が任意的な減免を認める根拠は、恐怖・興奮などにより多少の行きすぎを犯したとしても行為者を強く非難できない点にあると解される（責任減少説 ➡ 123ページウおよび128ページイ）。そして、誤想過剰防衛や誤想過剰避難の場合であっても、かかる点につき変わりはないというべきであろう。

そこで、準用を肯定するのが多数説である。

判例も、誤想過剰防衛につき36条2項の準用を肯定している（最決昭和62・3・26百選Ⅰ29）。

> この判例は「勘違い騎士道事件」とよばれる有名な判例です。以下、決定理由を引用しておきますので、一読しておいてください。なお、人名は仮名にしています。
> 「空手三段の腕前を有する被告人は、夜間帰宅途中の路上で、酩酊したA女とこれをなだめていたBとがもみ合ううちに同女が倉庫の鉄製シャッターにぶつかって尻もちをついたのを目撃して、BがA女に暴行を加えているものと誤解し、同女を助けるべく両者の間に割って入った上、同女を助け起こそうとし、次いでBの方を振り向き両手を差し出して同人の方に近づいたところ、同人がこれを見て防御するため手を握って胸の前辺りにあげたのをボクシングのファイティングポーズのような姿勢をとり自分に殴りかかってくるものと誤信し、自己及び同女の身体を防衛しようと考え、とっさにBの顔面付近に当てるべく空手技である回し蹴りをして、左足を同人の右顔面付近に当て、同人を路上に転倒させて頭蓋骨骨折等の傷害を負わせ、8日後に右傷害による脳硬膜外出血及び脳挫滅により死亡させたというのである。右事実関係のもとにおいて、本件回し蹴り行為は、被告人が誤信したBに

よる急迫不正の侵害に対する防衛手段として相当性を逸脱していることが明らかであるとし、被告人の所為について傷害致死罪が成立し、いわゆる誤想過剰防衛に当たるとして刑法36条2項により刑を減軽した原判断は、正当である」。

【違法性阻却事由の錯誤のまとめ】

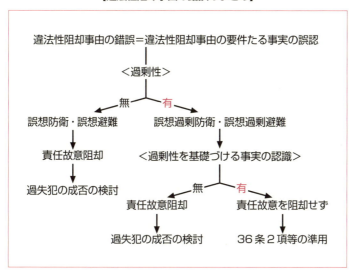

6. 期待可能性

1 期待可能性の意義　B

　期待可能性とは、行為の際の具体的事情のもとで、行為者に対し、違法行為ではなく適法行為に出ることを期待できることをいう。
　期待可能性がない場合には、行為者を非難することはできない。そこで、明文はないものの、期待可能性を第3の責任要素と解するのが通説である。換言すれば、期待可能性の不存在は超法規的な責任阻却事由と解するわけである。

> 本文で述べたとおり、期待可能性について直接定めた規定は存在しません。もっとも、刑法典のなかには、定型的に期待可能性がないことや、期待可能性に乏しいことを理由として、当初から可罰性を否定していると解される規定や、刑の減免を認めていると解される規定は存在しています。
> たとえば、104条が「他人の」刑事事件についての証拠隠滅のみを処罰するとし、「自己の」刑事事件の証拠が除外されているのは、期待可能性の欠如を考慮したものです。また、36条2項、37条1項ただし書が過剰防衛や過剰避難につき刑の減免の可能性を認めるのは、期待可能性に乏しいことを理由としていると解することができます。

2 期待可能性の判断基準 B

期待可能性の有無ないし程度の判断基準については争いがある。

この点、期待可能性は責任要素であり、責任とは行為者に対する非難可能性である以上、その有無ないし程度の判断は、行為者自身を基準になされるべきであろう（行為者標準説）。

3 期待可能性の錯誤 B⁻

期待可能性の錯誤とは、期待可能性の不存在を基礎づける事情がないのにあると誤信することをいう。

かかる誤信につき真にやむを得なかったと認められる場合には、期待可能性の欠如に基づき責任が阻却されると解するのが多数説である。期待可能性の錯誤も、期待可能性の判断の一部分として処理するわけである。

第10章

未遂

　ここから修正された構成要件の検討に入ることになる。まずは時間的な修正である未遂について検討していこう。

　この章で学ぶ内容はどれも重要であるが、特に重要なのは未遂犯の処罰根拠、実行の着手時期、中止未遂、不能犯である。

1. 未遂犯総論

1　未遂犯の意義　A

　未遂犯とは、「犯罪の実行に着手してこれを遂げなかった」場合をいう（43条本文）。

　通常、刑法各本条において個別的に規定されている基本的構成要件は、単独犯かつ**既遂犯**である。

　ここで既遂犯とは、実行行為によって構成要件が完全に実現された場合をいう。具体的には、結果犯の場合には構成要件的結果が発生することを要し、挙動犯の場合には実行行為が完全に行われることを要する。

　しかし、たとえ既遂に達しない場合であっても、可罰性が認められる場合は少なくない。

　たとえば、AがBに向かってピストルの弾丸を発射したが、Bには当たらなかったとしよう。たしかに、Bの死亡結果が発生していない以上、Aに殺人の既遂犯は成立しない。しかし、Aが、Bの死亡結果が発生する高度の危険性が認められる行為をしたことに変わりはないはずである。それにもかかわらず、

結果が発生しなかったからといって一切処罰できないとするのは妥当でない。

そこで、刑法は、多くの犯罪について基本的構成要件を修正し、「犯罪の実行に着手」した時点で未遂犯の成立を認め、これを処罰の対象としている。

> 本文でも述べたとおり、未遂犯は修正された構成要件です。したがって、たとえば、殺人未遂罪の条文をあげるときには、単に「203条」をあげるだけではなく、「203条、199条」（またはより丁寧に「44条・203条、43条・199条」）と書くとよいでしょう。

2 未遂犯の処罰根拠　A

未遂犯は、基本的構成要件を未だ完全には実現していない。それにもかかわらず、未遂犯を処罰できるのはなぜか。これが、未遂犯の処罰根拠の問題である。

この問題については、犯罪の本質（➡7ページ1.）をいかに解するかにより結論が異なる。

ア　主観主義

まず、犯罪の本質を犯人の社会的な危険性（内面）に求める主観主義からは、未遂犯の処罰根拠は、犯罪を実現しようとする行為者の意思ないし性格の危険性にあると解することになる。

「危険な奴だとわかった以上は処罰できるのだ」と考えるわけである。

イ　客観主義

これに対し、犯罪の本質を外部的な行為および結果に求める客観主義からは、①未遂犯の処罰根拠は法益侵害の具体的危険性の惹起にあると解する見解と、②構成要件的結果発生の現実的危険性の惹起にあると解する見解とが対立している。

では、①と②のいずれの見解が妥当であろうか。

この点、①の見解からは、未遂犯は全て具体的危険犯ということになるが、そのことは、未遂犯が現住建造物放火罪などの抽象的危険犯についても広く規定されていることと矛盾する。

よって、構成要件的結果発生の現実的危険性に処罰根拠を求める②の見解が妥当であろう。

> この点について、少し補足しておきましょう。
> ①の見解のように、未遂犯の処罰根拠を法益侵害の具体的危険性に求めると、法益侵害の具体的危険性が生じてはじめて未遂ということになります。たしかに殺人罪などの侵害犯についてはそれで特に問題がないのですが、問題は、現住建造物放火罪などの抽象的危険犯についてです。
> 抽象的危険犯は、一定の場合に法益侵害の危険を擬制し、既遂とします。言い換えれば、具体的な法益侵害の危険が生じていなくとも、既遂に達する犯罪なわけです。したがって、既遂に達した後に、はじめて法益侵害の具体的な危険性が生じることも十分にありえます。
> にもかかわらず、こうした抽象的危険犯の未遂犯の成立要件として法益侵害の具体的危険性を要求すると、既遂に達した後に、はじめて未遂が成立するというわけのわからない事態が生じてしまうわけです。
> こうしたことから、法益侵害の危険性ではなく、構成要件的結果発生の現実的危険性に未遂犯の処罰根拠を求める②の見解が妥当であろうというわけです。
> なお、②の見解の「構成要件的結果発生の現実的危険性」という言い回しは、結果犯の未遂犯を念頭においているものと思われます。しかし、結果発生を必要としない挙動犯においても未遂犯は処罰されます（132条等）。こうした挙動犯の未遂犯のことをも念頭におくのであるならば、「構成要件実現の現実的危険性」という言い回しのほうがより正確なのではないかと思います（私見）。

Q 未遂犯の処罰根拠はどこにあるか　A

A説 主観説
結論：犯罪を実現しようとする行為者の意思ないし性格の危険性にある。
理由：主観主義刑法理論に立脚。

B説 客観説

B1説
結論：法益侵害の具体的危険性にある。
批判：未遂犯は全て具体的危険犯であるという結論になる点で妥当でない。

B2説（通説）
結論：構成要件的結果発生の現実的危険性にある。

3　予備罪・陰謀罪　B

未遂犯が成立するためには、「犯罪の実行に着手」（43条本文）したことが必

要である。しかし、刑法は、一定の重大犯罪については、「犯罪の実行に着手」する前段階の行為についても処罰の対象としている。予備罪と陰謀罪がそれである。

これらのうち、試験との関係では、予備罪が重要である。

ア　予備罪

予備とは、犯罪の実行を目的としてなされる犯罪の準備行為である。たとえば殺人の目的でピストルを購入する行為がこれにあたる。

予備は犯罪の実行に着手するよりも前の段階であるから、未遂犯と比べ、法益侵害の危険性は未だ乏しい。そこで、刑法は、以下の重大犯罪についてのみ構成要件化し、処罰対象としている。

> **支払用**カード電磁的記録不正作出準備罪（163条の4第3項）、**殺**人予備罪（201条）、**通**貨偽造等準備罪（153条）、**外**患誘致・外患援助予備罪（88条）、**内**乱予備罪（78条）、**私**戦予備罪（93条）、**放**火予備罪（113条）、**強**盗予備罪（237条）、身の**代**金目的略取等予備罪（228条の3）

これらの犯罪については、「支払用の・殺・通・外・内・私・放・強・代」（支払用の札がなし、保護しろ）という語呂合わせで覚えておくとよい。

なお、これらのうち、特に「準備罪」と名付けられた通貨偽造等準備罪（153条）と支払用カード電磁的記録不正作出準備罪（163条の4）は、処罰対象となる予備行為が限定されている。

すなわち、通貨偽造等準備罪は、予備行為のうち器械または原料の準備行為のみを処罰対象としている。また、支払用カード電磁的記録不正作出準備罪は、器械または原料の準備行為と、電磁的記録の情報（たとえばクレジットカードの磁気ストライプ部分に記録されているひとまとまりの情報）の取得、提供、保管のみを処罰対象としている。これらの処罰対象となる行為も、短答式試験用に

一応覚えておこう。

> 予備罪については、ふたたび共犯の箇所（➡ 239 ページ11.、266 ページ8.）で詳しく学ぶことになります。

イ　陰謀罪

陰謀とは、2人以上の者が特定の犯罪を実行することについて謀議することである。

未遂はもとより予備と比べても、陰謀の段階では法益侵害の危険性はきわめて希薄である。そこで、刑法は陰謀行為を、国家の存立を保護法益とする内乱陰謀罪（78条）、外患誘致・外患援助陰謀罪（88条）、私戦陰謀罪（93条）に限り構成要件化し、処罰対象としている。

なお、試験で陰謀罪が聞かれることはまずない。

ウ　未遂犯と予備罪・陰謀罪の規定の仕方

予備罪・陰謀罪は、法益侵害の危険性は希薄であることから、原則として処罰に値しない。そこで、刑法は各本条において特定の重大な犯罪について個別的に構成要件を規定するにとどまり、総則における一般的規定はおいていない。

これに対し、未遂犯においては実行の着手があることから、法益侵害の現実的危険性が認められ、原則として処罰に値する。そこで、刑法は各本条において個別的な未遂犯処罰規定をおくとともに（たとえば、203条）、総則においても一般的規定をおいている（43条、44条）。

2. 未遂犯の成立要件

未遂犯が成立するためには、①犯罪の実行に着手したこと、および②これを遂げなかったこと、という2つの要件の充足が必要である（43条本文）。

以下、それぞれにつき検討していこう。

1　実行の着手　A

ア　実行の着手時期の判断基準　→論証29

いかなる場合に実行の着手があったといえるのかについては、**未遂犯の処罰根拠**をいかに解するかと関連して学説が分かれている。

（ア）主観説

まず、主観主義刑法理論に立脚し、犯罪を実現しようとする行為者の意思ないし性格の危険性に未遂犯の処罰根拠を求める見解からは、**犯意が外部的に明らかになった時点**で実行の着手を認めることになる。この見解は主観説とよばれる。

（イ）客観説

これに対し、客観主義刑法理論に立脚する見解からは、①構成要件に属する行為を行った時点で実行の着手を認める形式的客観説や、②構成要件的結果発生の現実的危険性が生じた時点で実行の着手を認める実質的客観説などが主張されている。

この点、**未遂犯の処罰根拠**を構成要件的結果発生の現実的危険性の惹起に求める以上、②**構成要件的結果発生の現実的危険性**が生じた時点で実行の着手を認める**実質的客観説**が妥当であろう。

Q 「実行に着手」の意義──実行の着手時期の判断基準　A

A説　主観説
結論：犯意が外部的に明らかになった時点で実行の着手を認める。
理由：主観主義刑法理論に立脚。
批判：①処罰の時期が早くなりすぎる。
　　　②恣意的判断を招きやすい。

B説　客観説

　B1説　形式的客観説
　結論：構成要件に該当する行為を行った時点で実行の着手を認める。
　理由：罪刑法定主義にかんがみ、構成要件という定型を重視すべきである。
　批判：このような形式的判断基準で予備と未遂とを区別することは実際上不可能である。

　B2説　実質的客観説（多数説）
　結論：構成要件的結果発生の現実的危険性が生じた時点で実行の着手を認める。
　理由：未遂犯の処罰根拠を結果発生の現実的危険の惹起に求める以上、実行の着手

もその現実的危険を惹起せしめることをいうと解すべきである。

(ウ) 判例・裁判例
実行の着手時期についての判例・裁判例としては、以下のものが重要である。
① 窃盗罪（235条）における実行の着手
- 被害者宅に侵入後、財物を物色した時点で窃盗罪の着手を認めたもの（最判昭和23・4・17刑集2-4-399）
- 窃盗の目的で土蔵に侵入しようとして、土蔵の外扉の錠を破壊してこれを開いた時点で窃盗罪の着手を認めたもの（名古屋高判昭和25・11・14高刑集3-4-748）
- 深夜、電気器具商の店舗内に侵入し、なるべく現金を盗りたいと思い、レジスターのある煙草売場の方へ行きかけた時点で窃盗罪の着手を認めたもの（最決昭和40・3・9百選Ⅰ61）
- 警察官になりすましたAが、過去にも詐欺被害にあっている79歳の被害者Vに電話をかけ、これからV宅に行く金融庁職員にキャッシュカードを渡すようVに指示した後、金融庁職員になりすましたBがV宅付近路上まで赴いた時点で、Bの窃盗罪の着手を認めたもの（最決令和4・2・14刑集76-2-101）

　　これらの事案を、実行の着手時期についての実質的客観説（→162ページ（イ））から検討してみましょう。
　　まず、1つ目の判例ですが、「財物を物色」している以上、財物が窃取される現実的危険性が認められることについて特に問題はありません。
　　2つ目の判例については、「土蔵」の中にある財物を窃取しようとした事案であるのがポイントです。住居と異なり、「土蔵」の中には誰もいないのが通常ですから、未だ物色はしていなくとも、外扉の錠を破壊した時点で、既に土蔵内の財物が窃取される現実的危険性が発生したといえると考えていいでしょう。
　　3つ目の判例も、「深夜」の店舗内での事案ですから、レジスターに行きかけた時点で、レジスター内の財物が窃取される現実的危険性を肯定できます。
　　4つ目の判例は、随分早い時期に実行の着手を認めていますが、Vが過去にも詐欺被害にあったことのある高齢者であることや、AがVに電話をかけて欺罔し、V宅を訪問する金融庁職員にキャッシュカードを渡すようVに指示していることに照らせば、金融庁職員を装ったBがV宅付近の路上まで赴いた時点で、Vのキャッシュカードが窃取される現実的危険性が発生したといっていいでしょう。

② 詐欺罪（246条）における実行の着手
既に100万円の詐欺被害にあっていた被害者をだまして預金を引き出させて

現金化させたうえでその現金を詐取する計画のもと、被害者に対し警察官を装って預金を現金化するよう説得した時点で、詐欺罪の着手を認めた（**最判平成30・3・22百選Ⅰ63**）。

> この判例における被告人は、詐欺罪の実行行為である「欺」く行為、具体的には現金の交付を求める行為自体は未だ行っていません。しかし、被害者が過去にも詐欺の被害にあっていることや、被告人がついた嘘は現金を交付させるための計画の一環として行われた重要な嘘であることからすれば、預金を現金化するよう説得した時点で、現金が詐取される現実的危険性が発生したといっていいでしょう。

③　強姦罪（現在の不同意性交等罪〔177条〕に相当）における実行の着手

抵抗する被害者女性をダンプカーの運転席に引きずり込んだ後、発進して同所から約5000メートルの場所に行き、同所において被害者女性の反抗を抑圧して姦淫した事案において、「ダンプカーの運転席に引きずり込もうとした段階においてすでに強姦に至る客観的な危険性が明らかに認められるから、その時点において強姦行為の着手があった」とした（**最決昭和45・7・28百選Ⅰ62**）。

④　放火罪（108条以下）における実行の着手

自己の居住する家屋を燃やして焼身自殺を図ろうと決意した被告人が、ガソリン約6・4リットルを撒布した後、死ぬ前に最後のタバコを吸おうと廊下でライターに火を点けたところ、この火が撒布したガソリンの蒸気に引火して爆発、本件家屋を全焼させた事案において、「ガソリンの強い引火性を考慮すると、……被告人はガソリンを撒布することによって放火について企図したところの大半を終えたものといってよく、この段階において法益の侵害即ち本件家屋の焼燬を惹起する切迫した危険が生じるに至ったものと認められるから、右行為により放火罪の実行の着手があったものと解するのが相当である」とした（横浜地判昭和58・7・20判時1108-138）。

イ　着手時期と主観的要素

実質的客観説を採用した場合、「現実的危険性」の判断資料として、行為者の主観を考慮すべきかについて、さらに学説が分かれている。

この点、判例は肯定説に立っているようである。すなわち、他人のポケットの外側に触れる行為につき、窃盗目的の場合には窃盗罪の実行の着手であるとしつつ、金品の存否を確認する目的でかかる行為を行っただけの場合（いわゆ

る「あたり行為」）は窃盗罪の実行の着手にはあたらないとしている（最決昭和29・5・6刑集8-5-634）。

論点自体の重要性はあまり高くないが、この判例は短答式試験でよく問われるので覚えておくとよい。

ウ　間接正犯における実行の着手時期　➡論証 30

間接正犯における実行の着手時期については、①利用者が被利用者を犯罪に誘致する行為を開始した時とする**利用者標準説**、②被利用者が実行行為を開始した時とする**被利用者標準説**、③個々の具体的な事案に照らして、構成要件的結果発生の現実的危険性を惹起した時とする**個別化説**とが対立している。

このうち、判例は②の被利用者標準説に立脚している（**大判大正 7・11・16 百選Ⅰ65**）。

しかし、およそ実行の着手は、構成要件的結果発生の現実的危険性を含む行為を開始した時点で認めるべきであった（実質的客観説）。そして、一言に**間接正犯**といっても、その**態様は様々**であり、利用行為（誘致行為）の開始をもってかかる現実的危険性が惹起される場合もあれば、被利用者の行為の開始をもってかかる現実的危険性が惹起される場合もあるはずである。

したがって、③の個別化説が妥当であろう。

> ただし、③の個別化説に立つとあてはめが難しくなる場合もあります。そのような場合には、②の被利用者標準説で書いてもよいでしょう。
> なお、しばしばこの論点と間接正犯の実行行為性の論点（➡37ページ2.）との関係について質問を受けます。実行行為性のところで構成要件的結果発生の現実的危険性を肯定している以上、着手時期の論点は書く必要はないのではないかという趣旨の質問です。文献上あまりはっきりしないところなのですが、私見では、実行行為性の論点は「間接正犯行為が一般的に実行行為たりうるのか」という問題であるのに対し、着手時期の論点は「問題文の事案において間接正犯の実行の着手が認められるか」という問題なのではないかと思います。つまり、これらの論点は、一般論と具体論の関係にあるというわけです。結果が発生している事案では前者の論点だけを論ずれば足りますが、結果が発生していない事案では、やはり両方の論点を書くほうが安全だと思います。

Q　間接正犯における実行の着手時期　A

A説　利用者標準説
結論：利用者が被利用者を犯罪に誘致する行為を開始した時である。
理由：被利用者の道具的性格から、利用者による利用（誘致）行為自体に構成要件的

結果発生の現実的危険性が認められる。
　B説 被利用者標準説（判例）
結論：被利用者が実行行為を開始した時である。
理由：被利用者による被利用行為は被利用者の意思に基づくものであるから、利用行為の時点では構成要件的結果発生の現実的危険性が認められない。
　C説 個別化説（平野・大谷）
結論：構成要件的結果発生に至る現実的危険を惹起した時である。
理由：間接正犯の態様によって、利用（誘致）行為の開始をもって実行の着手とすべき場合もあれば、被利用者の行為の開始をもって実行の着手とすべき場合もあり、一律に利用者または被利用者いずれか一方の行為を基準とするのは不当である。

エ　不作為犯における実行の着手時期

　不作為犯においては、①不作為によりはじめて構成要件的結果発生の現実的危険性が生じる場合以外にも、②不作為よりも前に構成要件的結果発生の現実的危険性が生じている場合がありうるという特殊性がある。
　したがって、不作為犯における実行の着手時期についても、以上の2つに場合を分けて検討することが必要である。
（ア）不作為によりはじめて構成要件的結果発生の現実的危険性が生じる場合
　たとえば、母親が子どもを餓死させるべくミルクを与えず放置した場合である。
　この場合、実行の着手時期について実質的客観説に立脚すれば、不作為によって構成要件的結果発生の現実的危険性を惹起させた時点で実行の着手が認められることになる。
　すなわち、母親の不作為があっただけでは足りず、それにより子どもが死亡する現実的危険性が発生した時点で、はじめて実行の着手が認められるわけである。
（イ）不作為よりも前に構成要件的結果発生の現実的危険性が生じている場合
　たとえば、川で溺れている子どもをその親が発見した場合である。
　この場合には、不作為がなされた時点ですみやかに実行の着手が認められることとなろう。

なお、不真正不作為犯においては、行為者の不作為が作為と構成要件的同価値性を有する場合にのみ実行行為性が肯定されます。
したがって、いかに不作為により構成要件的結果発生の現実的危険性が惹起されたとしても、また、既に構成要件的結果発生の現実的危険性が生じていたとしても、行為者の不作為に作為との構成要件的同価値性が認められなければ、なお実行の着手は認められません。
答案上では、まず不作為犯の実行行為性（構成要件的同価値性）を書き、それが認められる場合にはじめて実行の着手の有無を書くことになります。

2 「これを遂げなかった」 A

　未遂犯が成立するには、「これを遂げなかった」こと、すなわち構成要件の内容を完全には実現しなかったことが必要である。

　具体的には、結果犯の場合は構成要件的結果の不発生が、挙動犯の場合は実行行為が最後まで行われなかったことが、それぞれ必要である。

　なお、たとえ構成要件的結果が発生した場合であっても、実行行為と構成要件的結果との間の因果関係が否定されるのであれば、実行行為者との関係では構成要件的結果は不発生として扱われる。この点もしっかりと押さえておこう。

たとえば、Ａが殺意をもってＢに切りかかったところ、Ｂは無傷でその場から逃げることができたとします。ところが、Ｂは、帰宅途中に無関係の自動車にひかれて死亡したとしましょう。
この場合、Ｂの死亡結果という殺人罪の構成要件的結果は発生していますが、その死亡結果とＡの実行行為との間の因果関係は否定されることから、Ａとの関係では、Ｂの死亡結果は不発生として扱われ、Ａは殺人未遂罪の罪責を負うにとどまるわけです。

```
「これを遂げなかった」
  ・結果犯：構成要件的結果の不発生
           ┌ ①不発生そのもの
           └ ②発生したが因果関係なし
  ・挙動犯：実行行為が完了しなかった
```

3. 未遂犯の効果 A

　未遂犯は、各本条において明文で規定されている場合にのみ処罰しうる（44条）。

　未遂犯を処罰しうる場合、①通常の場合は既遂犯の刑が減軽されうるにとどまるが（任意的減軽、43条本文）、②「自己の意思により犯罪を中止した」場合には必ず減軽または免除される（必要的減免、43条ただし書）。

　前者の通常の未遂を①障害未遂、後者の未遂を②中止未遂（または中止犯）という。

未遂 ┌ ①障害未遂……任意的減軽（43条本文）
　　 └ ②中止未遂……必要的減免（43条ただし書）

4. 中止未遂

1　必要的減免の根拠──中止未遂の法的性格　A+

　「自己の意思により犯罪を中止した」場合（中止未遂・中止犯）には、刑が必ず減軽または免除されるという寛大な取扱いが規定されている（43条ただし書）。
　この必要的減免の根拠（中止未遂の法的性格）については、主として以下の3つの学説が主張されている。

①中止未遂を寛大に扱うことによって犯罪の完成を未然に防止しようとする政策的な考慮にあるとする刑事政策説
②中止により結果発生の具体的危険性が減少することにあるとする違法性減

少説
③自己の意思により犯罪を中止したことによって非難可能性が減少することにあるとする責任減少説

これらのうち、①の刑事政策説は、中止未遂の規定を「後戻りのための黄金の橋」と解する見解である。しかし、43条ただし書は、中止未遂を不可罰とするのではなく、必要的減免を認めているにすぎないことから、「後戻りのための黄金の橋」という説明は妥当とはいいがたい。

また、②の違法性減少説に立った場合、共犯者間における違法の連帯性を肯定する制限従属性説（➡195ページ（イ））を前提とすると、共犯者の１人に中止未遂が成立する場合には、何ら中止行為に出ていない他の共犯者にも中止未遂が成立することになりかねないという難点がある。

これらのことから、③の責任減少説が妥当であろう。

> なお、以上の諸説は必ずしも相互に矛盾するものではなく、これらの根拠を複合的に理解する見解も有力です。たとえば、政策＋違法性減少とする説（平野）、政策＋責任減少とする説（前田）、政策＋違法性減少＋責任減少とする説（大塚仁）などが主張されています。

Q 中止未遂の必要的減免の根拠──中止未遂の法的性格　A⁺

A説　刑事政策説(中野)
結論：犯罪の完成を未然に防止しようとする政策的な考慮にある。
批判：①わが刑法は、ドイツ刑法と異なり中止犯の効果として単に刑の必要的減免を認めるにすぎないから、行為者の犯罪を阻止するための動機を与える効果をそれほど期待していない。
　　　②中止未遂の規定を知るものにしか効果がない。

B説　違法性減少説(大谷)
結論：中止により結果発生の具体的危険性が減少することにある。
批判：①共犯における違法の連帯性ないし制限従属性説を前提にすると、他の共犯者にも中止犯の効果が生じることになりかねない。
　　　②行為者が結果発生防止のために真摯な努力をしたが、他の原因で結果の発生が阻止された場合に中止未遂の成立を否定せざるを得なくなる。

C説　責任減少説(団藤)
結論：自己の意思により中止したことによって非難可能性が減少することにある。

D説　併合説
結論：①政策的な考慮と違法性の減少にある（平野）。
　　　②政策的な考慮と責任の減少にある（前田）。

③政策的な考慮と違法性および責任の減少にある（大塚仁）。

2　中止未遂の成立要件　A+

ここからは、便宜上、結果犯の未遂犯を念頭において説明する。

未遂犯のうち、中止未遂が成立するためには、①犯罪の実行に着手したが、②行為者が自己の意思により（中止の任意性）、③犯罪を中止したこと（中止行為）、および④構成要件的結果が発生しなかったことが必要である（43条）。

また、これらに加えて、⑤中止行為と結果の不発生との間の因果関係を要求する見解もある。

以下、中止未遂に固有の要件である②③⑤を検討していこう。

【中止犯の成立要件】

① 犯罪の実行に着手
② 「自己の意思により」＝中止の任意性
③ 「犯罪を中止した」＝中止行為
④ 構成要件的結果の不発生
⑤ 中止行為と構成要件的結果の不発生との間の因果関係（争いあり）

ア　「自己の意思により」──中止の任意性　➡論証31

(ア)「自己の意思により」の判断基準

いかなる場合に「自己の意思により」といえるのかについては、学説上争いがある。

① 主観説

まず、犯罪の完成を妨げる外部的事情が行為者のやめるという動機に影響を与えたか否かを基準とする見解がある。すなわち、行為者の中止行為が外部的事情に影響を受けないでなされた場合にのみ「自己の意思により」といえるのであり、中止行為が外部的事情に影響を受けたがゆえになされた場合には「自己の意思により」とはいえないと解するわけである。この見解は主観説とよばれる。

しかし、人の意思決定は何らかの外界の刺激（外部的事情）に基づいてなされるのが通常である以上、主観説は狭きに失するといえよう。

② 限定主観説

次に、中止未遂の法的性格に関する責任減少説を徹底し、悔悟・同情・憐憫など、広義の後悔に基づいて中止した場合にのみ任意性が肯定されるとする見解がある。広義の後悔がある場合にはじめて責任の減少が認められると考えるわけである。この見解は限定的主観説とよばれる。

しかし、広義の後悔まで要求するのは、「自己の意思により」という文言からは無理があるといわざるを得ない。

③ 客観説

また、行為者の認識した外部的事情が、一般人にとって通常障害となるべき性質のものか否かを基準とする見解がある。一般人を基準とする点で、この見解は客観説とよばれる。

しかし、一般人を基準とすることは、やはり「自己の意思により」という文言と相容れないといえよう。

④ 折衷説

そこで今日有力なのは、外部的事情を行為者がどう受け取ったかを基準とし、外部的事情が、行為者に対しある程度必然的に（あるいは強制的に）中止を決意させたか否かで判断する見解である。

この見解は、行為者を基準とする点で主観説に、また、外部的事情がある程度の影響を行為者に与えた場合にも任意性を肯定しうるとする点で客観説に類似することから、折衷説とよばれる。この見解が妥当であろう。

> 本文では、他説紹介→批判→自説という流れで検討しましたが、実際の答案上では中止未遂の必要的減免の根拠（➡ 168 ページ **1**）から論じていくことも多いです。
> すなわち、私たちは中止未遂の必要的減免の根拠を責任の減少にあると解しました。そして、責任とは行為者に対する非難可能性のことです。したがって、任意性の判断においても、一般人を基準とするのではなく、行為者を基準とするべきといえます。
> 他方、外部的事情に影響を受けようとも、また、広義の後悔に基づくものではなくとも、自発的に中止したのであれば、責任（非難可能性）は減少するといえるはずです。
> こうしたことから、折衷説が妥当であると書いていくわけです。

⑤ フランクの公式

なお、任意性の判断基準としてしばしば用いられるものに、いわゆるフランクの公式がある。これは、「しようと思えばできたが、しなかった」場合は中止未遂、「したかったが、できなかった」場合は障害未遂とする基準である。

この公式の妥当性に疑問を呈する見解もあるが、折衷説と同様の趣旨を表すものと解するのであれば、この公式はなお有用といえよう。

Q 「自己の意思により」の判断基準――任意性の判断基準 A⁺

A説 主観説
結論：犯罪の完成を妨げる外部的事情が行為者のやめるという動機に影響を与えたか否かを基準とする。
理由：「自己の意思により」という文言を素直に読めば、外部的な（物理的・心理的）事情によらないという意味である。
批判：人の意思決定は何らかの外界の刺激（外部的事情）に基づいてなされるのが通常である。

B説 限定主観説
結論：悔悟・同情・憐憫など、広義の後悔に基づいて中止した場合にのみ任意性が肯定される。
理由：責任減少説の徹底。
批判：「自己の意思により」という文言上無理がある。

C説 客観説
結論：行為者の認識した外部的事情が、一般人にとって通常障害となるべき性質のものか否かを基準とする。
批判：「自己の意思により」という文言上無理がある。

D説 折衷説
結論：外部的事情を行為者がどう受け取ったかを基準とし、外部的事情が、行為者に対しある程度必然的に（あるいは強制的に）中止を決意させたか否かで判断する。

(イ) 折衷説からのあてはめ

以下、折衷説に立った場合のあてはめを検討しておこう。

① 悔悟・同情・憐憫など、倫理的動機で中止した場合

この場合は、当然任意性は肯定される。

たとえば、被害者が泣き叫ぶのを見て、心から反省し犯行をやめたような場合につき、任意性を肯定することに特に問題はないであろう。なお、被害者から哀願されて中止したケースもこの場合に含めてよい。

② 恐怖・驚愕から中止した場合

この場合、外部的事情によりある程度強制的に中止を決意したと認められることが多く、したがって任意性が否定される場合が多い。

たとえば、短刀で人を刺し殺そうとしたところ、被害者の流血を見て恐怖・

驚愕して殺害をやめたような場合（大判昭和 12・3・6 刑集 16-272 の事案）、通常は任意性が否定されよう。

③　嫌悪の情を催して中止した場合

嫌悪の情は生理的な不快感により生じることが多い。そうした生理的な不快感に基づいて中止を決意したと認められる場合には、外部的事情によりある程度強制的に中止を決意したといえ、任意性は否定される。

たとえば、強姦犯人が被害者の月経帯を見て嫌悪の情を催し犯行をやめたような場合（仙台高判昭和 26・9・26 高刑特 22-73 の事案）、任意性は否定される。

イ 「中止した」──中止行為　➡論証 32

次に、「中止した」、すなわち中止行為があったといえるためには、具体的にいかなる行為が必要なのだろうか。

(ア) 従来の通説

a　中止行為の内容

従来の通説は、必要とされる中止行為の内容を、①着手未遂の場合と②実行未遂の場合とで分けて考えていく。

①着手未遂とは、実行の着手はあったが実行行為そのものを終了しなかった場合である。たとえば、甲が殺意をもって A にピストルを向け、引き金に指をかけたものの、結局ピストルを撃たなかった場合がこれにあたる。

この着手未遂の場合は、通常、その後の実行を放棄するという不作為があれば中止行為があったといってよいと解されている。

②実行未遂とは、実行行為は終了したが構成要件的結果が発生しなかった場合である。たとえば、甲が殺意をもって A にピストルを向け、全弾発射し終わったが、A が死亡しなかった場合がこれにあたる。

この実行未遂の場合は、結果発生防止のための真摯な努力（作為）があってはじめて中止行為があったということができると解されている。

b　着手未遂と実行未遂との区別

以上のように、中止行為として要求される内容は、着手未遂の場合か実行未遂の場合かで大きく異なる。そこで、着手未遂と実行未遂の区別をいかに解するかが重要な問題となってくる。両者は実行行為が終了しているか否かで区別されるので、この問題は、実行行為の終了時期をいかに解するかという問題で

4. 中止未遂　173

あるともいえる。

　この点、客観的に実行行為を継続する必要性と可能性があり、かつ、行為者がそれを認識している場合が着手未遂であり、それ以外は実行未遂であると解するのが従来の通説である（折衷説）。

　したがって、たとえば殺意をもって2発の弾丸が装てんしてあるピストルでAを撃った場合において、①1発目を発射しAに命中して死亡結果発生の危険を生じさせた場合は、もはや実行行為を継続する必要性がないから実行未遂である。

　また、②1発目では死亡結果発生の危険が生ぜず、行為者がもう弾丸がなくなったと誤信して発砲しなかった場合は、客観的には実行行為を継続する必要性と可能性があるものの、その認識がなかったことから実行未遂となる。

　さらに、③2発とも発砲したが、死亡結果発生の危険が生じなかった場合は、実行行為を継続する可能性がないことから、やはり実行未遂となる。

　他方、④1発目ではかかる危険が生ぜず、しかももう1発あることを知っていたにもかかわらず止めた場合は、上記要件を充足することから着手未遂となる。

（イ）近時の有力説

　以上で述べた従来の通説に対し、近時では、必要とされる中止行為の内容を、放置すると結果が発生する危険が既に生じているか否か（いいかえれば、結果発生に向けて因果の経過が進行を開始しているか否か）で場合を分けて考えていく見解が有力である。以下、場合を分けて検討しよう。

　まず、①放置すると結果が発生する危険が未だ生じていない場合である。たとえば、AがBに対して不同意性交等をする意図のもと、Bを数回殴打した場合がこれにあたる。

　この場合は、結果発生の危険は、もっぱら行為者の犯行継続の意思に基づいているといえる。したがって、犯意を放棄し、その後の実行を放棄するという不作為があれば、中止行為があったといってよい。

　次に、②放置すると結果が発生する危険が既に生じている場合である。たとえば、AがBの胸をナイフで刺し、傷口から大量の血があふれ出ている場合がこれにあたる。

　この場合は、結果発生防止のための真摯な努力（作為）があって、はじめて

中止行為があったということができよう。

答案では、この有力説がおすすめである。

（ウ）真摯な努力の有無

上記のいずれの見解であっても、真摯な努力（作為）が必要とされる場合がある。

では、犯人が他人（医師や警官等）の助けを借りた場合に、真摯な努力は認められるのだろうか。

判例・通説は、他人の助けを借りた場合でも真摯な努力は肯定されうるが、自らできるだけの精一杯の努力をしたと認められることが必要と解している。

たとえば、①他の者に医者を呼び迎えることを依頼しただけであるとか（東京高判昭和25・11・9高刑特15-23）、②放火後、「放火したからよろしく頼む」と依頼して逃げ去った場合（大判昭和12・6・25刑集16-998）には、真摯な努力があったとはいえない。

他方で、③自ら救急車の派遣を依頼し、重傷を負った被害者を消防署員とともに救急車に運び込んだ場合や（福岡高判昭和61・3・6百選Ⅰ69）、④警察官に自己の犯行を打ち明けたうえで医者の手配を頼んだような場合（宮崎地都城支判昭和59・1・25判タ525-302）には、真摯な努力を認定しえよう。

> 中止行為の認定は試験のうえでもきわめて重要です。上記裁判例などを参考にして、妥当な結論のイメージをつけておきましょう。
> 　ちなみに、いかに真摯な努力があったといえる場合だとしても、構成要件的結果が生じてしまった場合には、実行行為との間の因果関係が否定される場合を除き、当然ながら中止未遂は成立し得ません。よく、結果が発生しているのにそれを忘れて中止未遂としてしまっている答案を見かけますが、致命的なミスといわざるを得ません。注意しましょう。

ウ　結果の不発生との間の因果関係　➡論証33

（ア）問題の所在

たとえば、AがBに殺意をもって毒物を飲ませた後、後悔したAができうる限りの手当てをBに施したとする。幸いなことにBの死亡結果は生じなかったのであるが、しかし、それはAの手当てがあったからではなく、そもそも毒物が致死量に達していなかったからであったとしよう。Aの手当ては、結果の不発生との間に何ら因果関係を有しなかったわけである。

では、このような場合に、中止未遂が成立するであろうか。これが、**中止行為と結果の不発生との間の因果関係**の要否の問題である。

（イ）検討

この問題は、中止未遂の必要的減免の根拠をいかに解するかにより結論が異なる。

すなわち、中止未遂の必要的減免の根拠につき、中止により結果発生の具体的危険性が減少することにあるとする**違法性減少説**に立脚すれば、かかる因果関係が**必要**ということになる。

しかし、前述のごとく、中止未遂の必要的減免の根拠については**責任減少説**が妥当である。そして、たとえ中止行為と結果の不発生との間に因果関係が認められない場合であっても、行為者に**自己の意思による中止行為が認められる限り、責任の減少**が認められるというべきである。

したがって、かかる因果関係は不要というべきであろう。

> **Q 中止行為と結果の不発生との間の因果関係の要否　A**
>
> **A説** 必要説
> 理由：①中止犯の法的性格につき違法性減少説に立脚。
> 　　　②「自己の意思により犯罪を中止した」という文言からは、任意の行為によって結果の発生を防止したこと、すなわち中止行為と結果の不発生との間に因果関係があることを必要とするものと解するのが妥当である。
>
> **B説** 不要説
> 理由：中止犯の法的性格につき責任減少説に立脚。

3　予備罪の中止　B+　➡論証 34

ア　予備罪の中止の意義

予備罪の中止（または予備の中止）とは、予備行為の後に、実行の着手を任意に中止することをいう。

たとえば、強盗罪を実行する目的で凶器であるナイフを購入したが、その後翻意して強盗罪の実行に着手するのをやめた場合である。

かかる予備罪の中止の事案において、**予備罪が成立**することにつき問題はない。また、「犯罪の実行に着手」（43条本文）していない以上、中止未遂の規定（43条ただし書）を**直接適用することはできない**ことについても争いはない。

問題は、予備罪の中止につき、①中止未遂の規定を準用することができる

か、②できるとして減免の基準となる刑は何かについてである。

> 「予備罪の中止」という言葉の語感からか、誤解している方が多いのですが、予備罪の中止とは、予備罪は犯したが基本的構成要件の実行に着手しなかった場合のことです。予備行為を途中でやめた場合（たとえば、ナイフを買おうとしたが買わなかった場合）のことではありません。後者のような場合は、単に不可罰となります。

イ　中止未遂の規定の準用の可否

　この点、判例は、「予備罪には中止未遂の観念を容れる余地のないものである」として、準用を否定している（最大判昭和29・1・20百選Ⅰ72）。学説でも、予備の中止は予備そのものであるとして、準用を否定する見解がある。

　しかし、たとえば強盗の実行に着手した後に中止すれば中止未遂として刑の免除までありうるのに、実行の着手前に中止の決意をした場合には刑が免除される余地がないのは不合理であろう。

　また、中止未遂の必要的減免の根拠は責任減少にあると解するべきところ、任意に実行の着手をやめた以上、責任の減少が認められるというべきである。

　そこで、準用を肯定する見解が妥当であろう（多数説）。

> 　準用を肯定する見解は、予備罪の中止にも免除の余地を認めるべきであるという価値判断を大きな理由としています。この点について、殺人予備罪や放火予備罪は、そもそも各本条において免除の余地を規定していますから（201条ただし書、113条ただし書）、43条ただし書を準用する必要性はあまりありません。否定説と肯定説が大きく分かれるのは、各本条において免除の余地を規定していない予備罪においてです。強盗予備罪（237条）がその典型といえます。
> 　したがって、殺人予備罪や放火予備罪の中止の場合は、この論点は軽く書くにとどめるか、場合によっては省略してしまってもいいと思います。他方、強盗予備罪の中止の場合は、しっかりと展開する必要があるでしょう。

Q 予備罪の中止への中止未遂の規定の準用の可否　B+
　　──免除の可能性を規定していない予備罪（237条など）において特に問題となる。
A説　否定説（判例）
　理由：43条ただし書は、「犯罪の実行」に着手することを要件としているので、予備罪の中止未遂を予定していないことは明らかである。
B説　肯定説（多数説）
　理由：強盗の実行に着手した後に中止すれば中止未遂として刑の免除までありうるのに、実行の着手前に中止の決意をした場合には刑が免除される余地がないのは

不合理である。

ウ 減免の際の基準となる刑

では、準用を肯定した場合、既遂犯の刑を減免すべきか、それとも予備罪の刑を減免すべきか。

そもそも、法律上の減軽は1度しかなし得ないと解されている（68条参照）。そして、予備罪の刑は既遂犯の法定刑に法定減軽を加えたものである。とすれば、予備罪の刑をさらに減軽することはできないというべきである。

よって、原則として既遂犯の刑を基準とすべきであろう（通説）。

もっとも、既遂犯の法定刑を減軽しても予備罪の刑より重い場合（強盗予備罪の場合など）は、予備罪の刑を科すべきことになる。

> 結局、既遂犯の法定刑を減軽した刑と、予備罪の刑そのものを比較して、軽い方の刑を科すというわけです。
> たとえば、強盗予備罪の中止の場合、強盗既遂罪の法定刑を減軽した「2年6ヶ月以上10年以下の有期拘禁刑」（236条・12条1項、68条3号）と、強盗予備罪の刑である「2年以下の拘禁刑」（237条）を比較すれば、後者の方が軽いため（10条2項）、強盗予備罪の刑を科すべきことになります。

Q 減免の基準となる刑　B⁺

A説　既遂罪基準説（多数説）
結論：①既遂犯の刑を基準とする。
　　　②既遂犯の法定刑を減軽しても予備の刑よりも重い場合には、予備の刑による。
理由：68条が減軽を1回限りとしている趣旨からして、予備罪の刑をさらに減軽するのは適当でない。

B説　予備罪基準説
結論：予備罪の刑を基準とするべきである。
理由：予備を未遂の前段階とすることと、予備罪に固有の法定刑を認めることは、必ずしも矛盾しない。

C説　免除説
結論：減軽は認められず、免除のみが認められるべきである。
理由：A説の理由と同じ。

5. 不能犯

1　不能犯の意義　A

未遂犯が成立するためには、実行の着手がなければならない（43条本文）。

したがって、たとえ何らかの行為がなされたとしても、実行の着手が認められないのであれば、未遂犯は成立しない。不可罰となるか、せいぜい予備罪・陰謀罪が成立しうるだけである。たとえば、殺意をもっていわゆる「丑の刻参り」をしたとしても、殺人罪の実行の着手は認められないから、不可罰となる。

このように、行為の性質上犯罪実現の現実的危険性がきわめて希薄であるため、実行の着手すら認められず、したがって未遂犯にもならない場合を不能犯という。

2　不能犯と未遂犯の区別　A

不能犯と未遂犯は、実行の着手の有無によって区別される。

もっとも、①いかなる事情を危険性判断の基礎事情としうるのか、また、②いかなる見地から危険性の有無を判断すべきであるかについては、学説が分かれている。

以下、この問題について、試験対策として押さえておくべきいくつかの学説を検討しよう。

ア　主観的危険説

まず、主観主義刑法理論を前提として、およそ犯罪を実現しようとする意思を表現する行為があれば、その行為が危険性を有するか否かを問わず未遂犯であるとする見解がある。換言すれば、①行為者の認識した事情を基礎として、②行為者を基準に危険性を判断するわけである。この見解は主観的危険説とよばれる。

> たとえば、甲が、砂糖で人を殺せると思ってAに砂糖を飲ませたとします。

この場合、①本人は「砂糖を飲ませた」と認識していることから、「砂糖を飲ませた」ことが基礎事情となります。そして、②本人たる甲は「砂糖で人を殺せる」と思っていた以上、甲を基準に行為の危険性の有無を判断すれば、甲の行為は人を殺す危険性がある行為であったといえ、殺人未遂罪が成立することになります。
　ちなみに、主観的危険説と同様に主観主義刑法理論に立脚しつつ、②については一般人の見地から危険性を判断する抽象的危険説という見解もあります。この抽象的危険説からは、甲は不能犯となります。

　しかし、主観的危険説が前提とする主観主義刑法理論自体が妥当ではない以上、主観的危険説に賛成することはできない。

イ　客観的危険説
　次に、①全ての客観的事情を基礎として、②事後的・科学的に危険性の有無を判断する見解がある。この見解は客観的危険説とよばれる。

　先ほどの例にあてはめれば、①「砂糖を飲ませた」という客観的事情が基礎事情になります。そして、②事後的・科学的にみれば、砂糖を飲ませても人を殺すことはできない以上、甲の行為はAを殺す危険性がなかったことになり、不能犯になります。

　しかし、この客観的危険説に対しては、「事後的にみれば『結果が生じなかった理由』を見つけ出すことはできる以上、結果が発生しなかった場合は全て不能犯となりかねない」との批判が強い。

　たとえば甲が殺意をもってAをナイフで刺したのですが、Aが死ななかったとします。この場合、Aが死ななかったのには、「ナイフの角度が悪かった」とか「刺す力が足りなかった」など、必ず何らかの理由があるはずです。
　そして、「ナイフの角度」や「刺す力」などの全ての客観的事情を基礎として、しかも事後的に危険性の有無を判断すると、甲の行為には危険性はなかったから不能犯だということになりかねません。しかし、この結論は明らかに不当というべきでしょう。

ウ　修正された客観的危険説
　そこで、客観的危険説を前提としつつ、危険性の判断に際しては、結果を発生させるために必要であったが存在しなかった事実の存在可能性、すなわち仮定的事実の存在可能性の程度を一般人の立場から問うことによって、危険の有無を判断すべきとする見解が有力に主張されている。
　この見解は、修正された客観的危険説とよばれる。

> たとえば、甲がAをナイフで刺したものの、「ナイフの角度が悪かった」ためにAが死ななかったという場合は、「ナイフの角度が適切だった」というAの死亡結果を発生させるために必要だった事実が存在した可能性（仮定的事実の存在可能性）がどの程度あったのかを、一般人の立場から事後的に考えていきます。そして、かかる仮定的事実の存在可能性がある程度認められる場合は、結果発生の危険性は肯定され、未遂犯が成立することになるわけです。

エ　具体的危険説　➡論証35

　以上に対し、多数説は、①一般人が認識し得た事情および行為者が特に認識していた事情を基礎として、②行為の時点に立って、一般人の見地から危険性の有無を判断する。この見解は、具体的危険説とよばれる。

> 　ここで、「行為者が特に認識していた事情」とは、行為者が認識していた**客観的事情**を意味します。この点で主観的危険説とは異なりますから注意が必要です。
> 　たとえば、甲が人形を人間だと勘違いして発砲した場合、甲が認識していた「人間だ」という事情は客観的事情ではありませんから、「行為者が特に認識していた事情」にはあたりません。したがって、一般人が「人間だ」と認識（誤認識）し得たといえない限り、「人間に発砲した」ことを基礎事情とすることはできないわけです。

　そもそも、未遂犯の危険性は、未遂犯の違法性を基礎づけるものであるところ、違法性の実質は結果無価値のみならず行為無価値にもあると解するべきである（➡95ページイ）。

　そして、行為無価値についての判断は、行為の時点に立って一般人の見地から判断すべきであり、また、行為者の主観的事情も考慮されるべきである（➡96ページウ参照）。

　このように考えていけば、具体的危険説が妥当であろう（なお、構成要件論からのアプローチについては下記 **Q** の **D説**理由②を参照）。

【不能犯の学説・まとめ】

	基礎事情	基準時	基準
主観的危険説	行為者	行為時	行為者
客観的危険説	客観的全事情	事後的	科学的[※1]
具体的危険説	一般人＋行為者[※2]	行為時	一般人

※1　仮定的事実の存在可能性がある程度認められれば危険性を肯定する見解が有力
※2　行為者が認識していた事情は客観的事情と合致するものに限る

❓ 不能犯と未遂犯の区別の基準　A

A説　主観的危険説
結論：およそ犯罪を実現しようとする意思を表現する行為があれば、その行為が危険性を有するか否かを問わず未遂犯である。
　　　すなわち、行為者の認識した事情を基礎として、行為者を基準に危険性を判断する。
理由：主観主義刑法理論。
批判：丑の刻参りのような迷信犯についても未遂犯が成立してしまう。
反論：①迷信犯については、真の犯罪的意思が認められず、単に希望の表明にすぎないから不能犯となる。
　　　②迷信犯については、行為者の性格が臆病であるため性格の危険性が認められず、不能犯となる。

B説　客観的危険説
結論：全ての客観的事情を基礎として、事後的・科学的に危険性の有無を判断する。
理由：未遂犯の危険性は、未遂犯の違法性を基礎づけるものであるところ、違法性の実質は結果無価値にある。そして、結果無価値についての判断は、科学的な事後判断によってなされる。
批判：未遂犯は全て不能犯ということになりかねない。

C説　修正された客観的危険説（山口など有力説）
結論：全ての客観的事情を基礎として、事後的に、結果を発生させるために必要であったが存在しなかった事実（仮定的事実）の存在可能性の程度を一般人の立場から事後的に問い、危険性の有無を判断する。

D説　具体的危険説（多数説）
結論：行為者が特に認識していた事情および一般人が認識し得た事情を基礎として、行為の時点に立って、一般人の見地から危険性の有無を判断する。
理由：①未遂犯の危険性は、未遂犯の違法性を基礎づけるものであるところ、違法性の実質は結果無価値のみならず行為無価値にもある。
　　　②実行の着手の有無は、構成要件該当性の問題であるところ、構成要件は、当罰的行為を社会通念に基づいて類型化した違法有責行為類型であり、また、一般人に対する行為規範である。

3　各学説からのあてはめ　A

以下、「甲が、既に死んでいるAを生きていると誤信して殺意をもって発砲した」という事案を例として、各学説からのあてはめを検討しよう。

> ちなみに、この事案のように、行為の客体が存在しないために結果の発生が不可能である場合を「客体の不能」の事案といいます。
> これに対し、たとえば丑の刻参りのように、その方法の性質上結果を発生させることが不可能な場合を「方法の不能」の事案といいます。

> もちろん、いずれの事案であれ処理の仕方は同じです。

ア　主観的危険説

　主観的危険説からは、甲の発砲行為はおよそ殺人罪を実現しようとする意思を表現する行為といえるから、殺人未遂罪が成立する。

　換言すれば、①甲はAが生きていると誤信していることから、「Aは生きていた」ことが基礎事情となり、②「生きているAに発砲する」行為は、甲からみて殺人の危険性のある行為であるから、殺人未遂罪が成立することになる。

イ　客観的危険説

　客観的危険説からは、客観的にはAは死んでいる以上、「死体に発砲した」ことが基礎事情となる。よって、殺人との関係では不能犯となり、殺人未遂罪は成立しない。

ウ　修正された客観的危険説

　修正された客観的危険説からは、結果発生に必要だった「Aが生きていた」という仮定的事実の存在可能性がどの程度認められるかを、一般人の見地から判断していくことになる。

　そして、その可能性がある程度認められる場合は、結果発生の危険性が認められ、殺人未遂罪が成立することになる。

> ただし、修正された客観的危険説を前提としつつも、このような客体の不能の事案についてはおよそ未遂犯の成立を否定する見解も有力に主張されており（山口など）、議論はやや錯綜しています。

エ　具体的危険説

　では、具体的危険説からはどうか。

　まず、前提として、甲の「Aが生きている」という認識は「行為者が特に認識していた事情」にあたらないため、「行為者が特に認識していた事情」として基礎事情とすることはできない。

そこで、問題となるのは、一般人がいかなる事情を認識し得たかである。

まず、一般人が「Aが生きている」と認識し得たのならば、「Aは生きていた」ことが基礎事情となる。そして、行為の時点に立って一般人の見地から「生きているAに発砲する」という行為の危険性を判断するならば、通常は危険性が肯定され、殺人未遂罪が成立することになろう。たとえば、寝室のベッドで寝ているAに向けて発砲したところ、Aが実はその直前に心筋梗塞で死亡していたような場合がこれにあたる。

他方、一般人が「Aは死んでいる」と認識し得たのならば、「死体に発砲した」ことが基礎事情となり、殺人との関係では不能犯となる。たとえば、死体安置所に置かれているAの死体に発砲した場合などがこれにあたる。

> なお、オモチャのピストルで人を撃った事案で、行為者はオモチャだと認識していたのに対し、一般人からは本物だと認識し得た場合、「一般人が認識し得た事情」（本物）と「行為者が特に認識していた事情」（オモチャ）とが矛盾してしまいます。こうした場合には、原則的な基礎事情というべき一般人が認識し得た事情を基礎事情として採用するのが一般的です。ただし、この事案では、行為者に殺人未遂罪の故意がないことから、結局殺人未遂罪は成立しません。

4 不能犯に関する判例　B

不能犯に関する判例の理論的立場は明確でないが、一般に具体的危険説を採用しているのではないかと解されている。

たとえば、判例は、①窃盗の目的で物置内を物色したものの、目的物が存在しなかったため窃取に至らなかった事案で、窃盗未遂罪の成立を肯定し（大判昭和21・11・27刑集25-35）、②殺意をもって猛毒の青酸カリを飲ませたものの、致死量に達していなかったため死亡しなかった事案で、殺人未遂罪の成立を肯定している（最判昭和27・8・5裁判集刑事67-31）。かかる結論は、客観的危険説からは導き得ないのに対し、具体的危険説からは容易に導くことができよう。

第11章 共犯

ここからは共犯の検討に入る。試験との関係では、ほとんどの場合共犯の事例が問われることになる。しっかりと学習しておいてほしい。

まず、本章では共犯の総論部分を検討していくが、このうち任意的共犯総論で学ぶ共犯の処罰根拠、共犯の従属性、共犯の本質がきわめて重要である。

1. 共犯総論

1 共犯の意義　A

共犯とは、最広義では、2人以上で犯罪を行う場合をいう。

かかる最広義の共犯は、必要的共犯と任意的共犯からなる。

必要的共犯とは、構成要件の性質上はじめから2人以上の行為者を予定して定められている犯罪をいう。たとえば、内乱罪（77条）がこれにあたる。

任意的共犯とは、法律上単独の行為者を予想して作られている構成要件を、2人以上の行為者が加功して実現する犯罪をいう。たとえば、甲と乙が共同して殺人罪を実行した場合（60条・199条）がこれにあたる。

かかる任意的共犯は、**共同正犯**（60条）、**教唆犯**（61条）、**幇助犯**（62条・63条）の3種類からなる。これらを指して、広義の共犯という。共同正犯は「一緒にやる」、教唆犯は「犯罪を唆す」、幇助犯は「手助けする」というイメージをもっておいてほしい。

これらの任意的共犯のうち、教唆犯・幇助犯を指して**狭義の共犯**という。

以下、まずは必要的共犯について検討する。

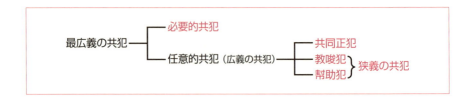

2 必要的共犯の分類 B

必要的共犯は、①集団犯（集合犯、多衆犯）と②対向犯に分けることができる。

集団犯（集合犯、多衆犯）とは、同一目的に向けられた多数人の集団的行為を独立の構成要件とする犯罪をいう。前述した内乱罪（77条）のほか、騒乱罪（106条）がこれにあたる。

他方、対向犯とは、2人以上の行為者の互いに対向した行為の存在することが要件とされる犯罪をいう。たとえば、収賄罪・贈賄罪（197条・198条）や、わいせつ文書頒布罪（175条1項前段）がこれにあたる。

3 対向犯と任意的共犯 B

対向犯には、①対向者双方の法定刑が規定されている場合のほか、②対向者の一方だけを処罰している場合がある。たとえばわいせつ文書頒布罪は、当然に送り手と受け手の存在を予定する対向犯であるが、刑法は送り手の処罰のみを規定しているのである（175条1項前段）。

そこで、処罰が規定されていない者との関係で刑法総則における任意的共犯の規定（60条から63条まで）を適用し、これを処罰することができないかが問題となっている。

たとえば、処罰が規定されていないわいせつ文書の受け手を、わいせつ文書頒布罪（175

条1項前段）の教唆犯（61条1項）として処罰することができないかが問題となっているわけです。

しかし、わいせつ文書頒布罪における受け手の行為は、当該犯罪が成立するに際し当然予想される行為である。にもかかわらず、刑法各則において法があえて処罰規定を設けていないことを考えれば、刑法総則における任意的共犯の規定を適用して処罰することは法の意図しないところというべきであろう。

したがって、原則として任意的共犯の規定の適用はないと解すべきである（立法者意思説）。判例も、原則として適用を否定している（最判昭和43・12・24百選Ⅰ99）。

もっとも、類型的に予想されているとは認められないような、積極的かつ執拗なはたらきかけを行った場合には、例外的に任意的共犯の規定の適用があると解すべきであろう。

2. 任意的共犯総論

任意的共犯は、共同正犯（60条）、教唆犯（61条）、幇助犯（62条）からなる。

これらの任意的共犯については、その根本的な問題として、①共犯の処罰根拠、②共犯の従属性、③共犯の本質、が議論されている。これらは試験との関係でもきわめて重要な論点である。

以下、それぞれにつき検討していこう。

1 共犯の処罰根拠　A+

共犯の処罰根拠は、主として狭義の共犯（教唆犯・幇助犯）を念頭においた議論である。

教唆犯にせよ、幇助犯にせよ、狭義の共犯者は自ら正犯の実行行為をなしたわけではない。教唆犯は他人に犯罪の実行を唆しただけであるし、幇助犯は他人の実行行為を容易にしただけである。

にもかかわらず、なぜこれらの者を処罰できるのであろうか。これが、共犯の処罰根拠とよばれる問題である。なお、共同正犯の処罰根拠については、202ページ**3**を参照してほしい。

ア 責任共犯論

まず、正犯に犯意を生じさせてこれを堕落させ（教唆）、あるいは正犯の犯意すなわち堕落した心情に同調した（幇助）点で、共犯者に責任が認められるからであるとする見解がある。この見解は、責任共犯論とよばれる。

イ 因果的共犯論（惹起説）

これに対し、通説は、正犯とともに法益を侵害したからであるとする。この見解は因果的共犯論または惹起説とよばれる。

この見解は、さらに①純粋惹起説、②修正惹起説、③混合惹起説に分かれる。

これらのうち、試験との関係では③の混合惹起説の結論を知っておけば足りるが、混合惹起説を理解するためには他説も理解することが望ましい。

そこで以下、他説も含めて検討しておこう。

（ア）純粋惹起説

純粋惹起説は、共犯は自ら法益を侵害していると解し、共犯の違法性は共犯行為自体の違法性に基づくとする。

共犯行為はそれ自体で真っ黒たりうるというイメージである。

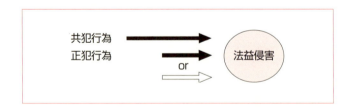

（イ）修正惹起説

修正惹起説は、正犯が法益を侵害していることに共犯の処罰根拠があると解し、共犯の違法性は正犯行為の違法性に基づくとする。つまり、共犯行為自体の違法性は否定し、それが違法となるには正犯行為の違法性が必要であると考えるわけである。

共犯行為はそれ自体では真っ白だが、正犯行為が黒い場合は、その正犯行為の黒さに影響されて共犯行為も真っ黒になるというイメージである。

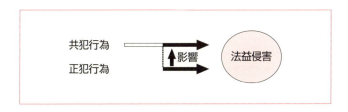

（ウ）混合惹起説

混合惹起説は、共犯は正犯の実行行為を通じて間接的に法益を侵害していると解し、共犯の違法性は共犯行為自体の違法性と正犯行為の違法性の双方に基づくとする。

共犯行為はそれ自体では灰色たりうるにとどまるが、正犯行為が黒い場合は、その正犯行為の黒さに影響されて共犯行為も真っ黒になるというイメージである。

本書は、この混合惹起説を採用する。

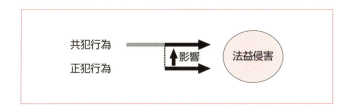

> 同じことを少し視点を変えて説明すれば、因果的共犯論ないし混合惹起説は、法益侵害の結果に対して共犯行為も**因果性**（影響力）をもつがゆえに、共犯も処罰されるのだと考える見解といえます。そして、その因果性には、**物理的因果性**と**心理的因果性**があると考えられています。
> 　たとえば、AがXを刺し殺したところ、Aの実行行為がBから提供を受けたナイフを用いて行われたとします。この場合は、Aのみならずbにも、X死亡の結果に対して物理的因果性が認められます。
> 　また、AがBからナイフの提供は受けたものの、Aが実際にはそのナイフを用いなかったとします。この場合は、Bの行為とX死亡の結果との間に物理的因果性は認められません。しかし、AにはBからの心理的な助力があったといえる以上、やはりBには、X死亡の結果に対して心理的因果性が認められます。
> 　こうした物理的因果性や心理的因果性が認められる点に、共犯の処罰根拠があるのだと

考えていくわけです。

🔍 共犯の処罰根拠　A⁺

A説 責任共犯説
結論：正犯に犯意を生じさせてこれを堕落させ（教唆）、あるいは正犯の犯意すなわち堕落した心情に同調した（幇助）ことに処罰根拠がある。

B説 因果的共犯論（惹起説）
結論：正犯とともに違法な犯罪結果を発生させた点に処罰根拠がある。

B1説 純粋惹起説
結論：①共犯が自ら法益を侵害していることに処罰根拠がある。
②共犯の違法性は共犯行為自体の違法性に基づく。

B2説 修正惹起説
結論：①正犯が法益を侵害していることに処罰根拠がある。
②共犯の違法性は正犯行為の違法性に基づく。

B3説 混合惹起説（通説）
結論：①正犯の実行行為を介して間接的に法益を侵害していることに処罰根拠がある。
②共犯の違法性は共犯行為自体の違法性と正犯行為の違法性の双方に基づく。

ウ 「正犯なき共犯」と「共犯なき正犯」

以上3種の惹起説のうち、いずれの見解に立つかにより、①「正犯なき共犯」の問題、および②「共犯なき正犯」の問題の結論が異なってくる。

①「正犯なき共犯」の問題とは、たとえばAがBに自傷行為（B自身によるBの傷害行為）を教唆し、Bが自傷行為を実行した事案のように、正犯行為には違法性がない場合に、なお共犯行為の違法性を肯定しうるのかという問題である。

```
         ①自傷教唆
   A ───────────→ B ⤺ ②自傷

：Bの正犯行為には違法性なし（白）
　では、Aの教唆行為は違法か（黒か）？
```

また、②「共犯なき正犯」の問題とは、たとえばXがX自身への重大傷害をYに教唆し、YがXへの重大傷害を実行した事案のように、共犯行為単体

では違法性がないけれども、正犯行為が違法な場合に、なお共犯行為の違法性を肯定しうるのかという問題である。

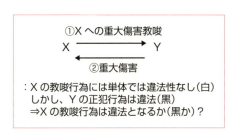

これらの問題自体を答案に書くことはあまりないが、共犯の処罰根拠についての各学説の理解には有用である。そこで以下、簡単に検討しておこう。

(ア) 純粋惹起説

純粋惹起説からは、①のように正犯行為が違法性を有しない場合であっても、共犯行為の違法性が肯定される。

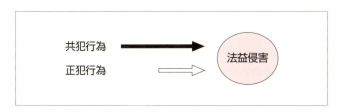

他方、②のように共犯行為に独自の違法性がない場合には、たとえ正犯行為が違法であっても、共犯行為の違法性は否定される。

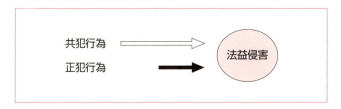

(イ) 修正惹起説

修正惹起説からは、①のように正犯行為が違法性を有しない場合には、共犯行為の違法性は否定される。

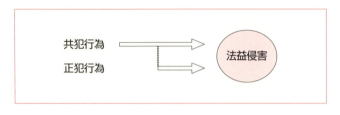

　他方、②のように共犯行為に独自の違法性がない場合でも、正犯行為が違法である以上、共犯行為の違法性が肯定される。そもそも修正惹起説は常に共犯行為独自の違法性を否定するのであるから（➡188ページ（イ））、この結論は当然であるといえよう。

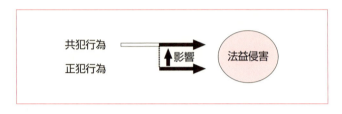

（ウ）混合惹起説
　混合惹起説からは、①のように正犯行為が違法性を有しない場合には、共犯行為の違法性は否定される。

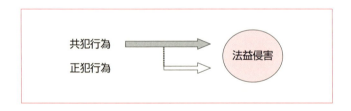

　他方、②のように共犯行為に独自の違法性がない場合も、共犯行為の違法性は否定される。

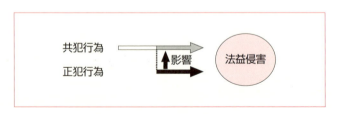

2 共犯の従属性　A⁺

　共犯の従属性は、共同正犯においても問題となりうるが、主として狭義の共犯（教唆犯・幇助犯）を念頭において議論されている。
　ここで共犯の従属性とは、共犯がその性質上当然に正犯を前提としていることをいう。
　かかる共犯の従属性をめぐっては、①共犯が成立するためには、正犯が実行に着手することを要するか否か（実行従属性の問題とよばれる）、また、②それを肯定するとして、正犯がいかなる要素まで備える必要があるか（要素従属性の問題とよばれる）が問題となっている。
　以下、それぞれにつき検討していこう。

ア　実行従属性　➡論証36

　狭義の共犯は、概して①教唆行為または幇助行為→②正犯の実行行為→③正犯結果の発生という因果経過をたどる。
　では、①教唆行為・幇助行為は行ったが、②正犯が実行に出なかった場合、共犯の成立を認めることができるのか。これが、実行従属性の問題である。換言すれば、およそ共犯の従属性を肯定するか否かの問題であるといってよい。
　この実行従属性については、①これを否定する共犯独立性説と、②これを肯定する共犯従属性説とが対立している。

（ア）共犯独立性説

　共犯独立性説は、主観主義刑法理論を前提として、実行従属性を否定する。
　すなわち、主観主義刑法理論にとって、犯罪は犯人の社会的危険性の徴表であった。そして、教唆・幇助を行えばかかる危険性の徴表があったといえることから、正犯の成否とは関係なく教唆行為・幇助行為の時点で共犯が成立すると解するわけである。

> 　少し細かい話ですが、共犯独立性説は共犯行為自体の可罰性を肯定することから、狭義の共犯自体の未遂・既遂という概念を肯定することになります。
> 　たとえば他人に殺人を教唆した場合、①教唆行為の段階で「殺人教唆未遂」が成立し、その後、③正犯結果が発生した段階で「殺人教唆既遂」が成立するわけです。

(イ) 共犯従属性説

これに対し、通説である共犯従属性説は、実行従属性を肯定する。

そもそも、共犯の処罰根拠は、正犯の実行行為を介して間接的に法益を侵害する点にあった（混合惹起説）。とすれば、共犯が成立するには正犯の実行行為が必要なはずである。

また、「人を教唆して犯罪を実行させた」（61条1項）、「正犯を幇助した」（62条1項）という文言は、正犯の実行行為の存在を予定しているといえる。

したがって、実行従属性を肯定する共犯従属性説が妥当であろう。

> 共犯従属性説に立った場合、狭義の共犯自体の未遂・既遂は観念せず、ただ正犯の既遂・未遂に対応して、未遂犯の教唆犯・既遂犯の教唆犯が成立するだけです。
> たとえば、②の正犯が実行に着手した段階ではじめて未遂犯の教唆犯が成立し、③の正犯結果が発生すれば既遂犯の教唆犯が成立することになります。

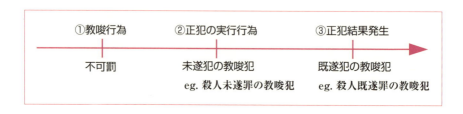

Q 実行従属性の肯否——共犯の成立には正犯の実行行為が必要か　A

A説　共犯独立性説
結論：正犯の実行行為は不要である。
理由：主観主義刑法理論は、犯罪を犯人の社会的危険性の徴表として捉えるところ、教唆・幇助を行えばその徴表としては十分である。

B説　共犯従属性説（通説）
結論：正犯の実行行為が必要である。
理由：①「人を教唆して犯罪を実行させた」（61条1項）、「正犯を幇助した」（62条1項）という条文の文言のなかに既に共犯従属性説の考え方をうかがうことが

できる。
②教唆・幇助は、それ自体としては法益侵害の危険性が希薄であり、正犯が実行の着手にまで進んだ段階ではじめて可罰性を認めることができる。

イ　要素従属性　➡論証37

実行従属性を肯定するとしても、次に、正犯が犯罪成立要件ないし処罰条件のうちどの要素まで満たしている必要があるかが問題となる。これが要素従属性の問題である。

（ア）学説

この問題については、以下の4つの学説が対立している。

①正犯が構成要件に該当すれば足りるとする最小従属性説
②正犯が構成要件に該当し、違法であることを要するとする制限従属性説
③正犯が構成要件に該当し、違法であることに加えて責任を具備することを要するとする極端従属性説
④正犯が構成要件に該当し、違法・有責であるだけでなく、一定の処罰条件まで具備する必要があるとする誇張従属性説（最極端従属性説）

（イ）制限従属性説の根拠

これらのうち、通説は②の制限従属性説である。

そもそも、共犯の処罰根拠は正犯の実行行為を通じて間接的に法益を侵害する点にあった（混合惹起説）。とすれば、狭義の共犯が成立するには、正犯が構成要件に該当するだけでは足りず、違法性をも具備している必要がある（➡189ページ下の図参照）。

では、責任についてはどうかというと、責任とは行為者に対する非難可能性であるから、行為者ごとに判断されるべきである。

以上から、正犯が構成要件該当性と違法性を具備すれば足りるとする制限従属性説が妥当である。61条1項が「実行させた」とするにとどまるのも、かかる趣旨であるといえよう。

> **Q** 要素従属性——正犯がいかなる要素を備える必要があるか　A
>
> **A説** 最小従属性説
> 結論：構成要件に該当していれば足りる。
> 批判：医師に子どもの手術を依頼した場合、医師の手術行為は傷害罪の構成要件に該

2. 任意的共犯総論　195

当するため、手術の依頼行為につき傷害罪の教唆犯が成立することになってしまう。

B説 制限従属性説(通説)
結論：構成要件に該当し、かつ違法であることを要する。
理由：①共犯は正犯を介して間接的に違法な結果を惹起するものである以上、共犯処罰のためには、少なくとも正犯行為が構成要件に該当し違法であることが必要である（修正惹起説ないし混合惹起説）。
②責任は個別的に判断されるべきであり、正犯者の責任に従属して教唆犯・幇助犯の責任を論ずるのは妥当でない。
③61条1項の「実行させた」という文言。

C説 極端従属性説
結論：構成要件に該当し、かつ違法・有責であることを要する。
理由：61条1項の「犯罪を」という文言。
批判：B説の理由②と同じ。

D説 誇張従属性説(最極端従属性説)
批判：現行刑法は、244条3項等において人的な処罰の条件は共犯者には及ばないと明示している。

（ウ）違法の連帯性と責任の個別性

かかる制限従属性説に立った場合、正犯の行為が構成要件に該当しても、正当防衛などにより正犯の違法性が阻却されるならば、正犯はもとより共犯も成立しないことになる。たとえば、親が子どもの手術を医師に依頼し、医師が手術を行った場合、医師の行為の違法性が阻却される限り、親に教唆犯は成立しないわけである。

このように、正犯の違法性が阻却される場合には共犯の違法性も否定されることを、**違法の連帯性**という。

他方、刑事未成年者であるAに窃盗を教唆し、Aが実際に窃盗を行った場合のように、正犯の行為が構成要件に該当し違法でさえあれば、正犯に責任がなく犯罪が成立しなくとも共犯者には共犯が成立することになる。責任の判断には違法性のような連帯性が認められないわけである。

こうした制限従属性説の考え方を標語的にまとめれば、「**違法は連帯的に、責任は個別的に**」ということになろう。

ウ 共同正犯における要素従属性

以上の要素従属性の議論は、狭義の共犯を念頭においたものであった。

では、共同正犯においても制限従属性説の考え方は妥当するであろうか。以下、①違法性と②責任について、それぞれ検討しよう。

（ア）違法の連帯性の有無　➡論証38

まず、共同正犯の1人について違法性が阻却される場合、他の者の違法性も阻却されるかという問題を検討する。

たとえば、甲による急迫不正の侵害に対しAとBが一緒に反撃した事案で、それぞれ、Aは防衛の意思、Bはもっぱら攻撃の意思を有していたとする。この場合、Aには正当防衛が成立し違法性が阻却されるわけであるが、では、さらにBとの関係でも正当防衛の成立を認めるべきであろうか。

この点については様々な見解が主張されているが、違法性阻却の要件のうち、客観的要件は連帯を認めるものの、主観的要件は個別に判断するべきであるとして連帯を認めない見解が有力である。試験ではこの見解でよい。

したがって、Aの防衛の意思はBに連帯せず、もっぱら攻撃の意思を有していたBには正当防衛は成立しないことになろう。

（イ）責任の連帯性の有無　➡論証39

では、責任については連帯的に判断するべきか、それとも個別的に判断するべきか。

そもそも責任は行為者に対する非難可能性である以上、行為者ごとに個別的に判断するのが妥当であった。そしてこのことは、狭義の共犯においてであれ、共同正犯においてであれ、異ならないというべきであろう。

したがって、共同正犯においても責任は個別的に判断するべきである。

この問題に関する重要判例として、フィリピンパブ事件最高裁決定がある。以下、項を改めて検討しよう。

（ウ）フィリピンパブ事件

この事件では、共同正犯の一方（A）は過剰防衛の要件を満たしていたのに対し、他方（B）はもっぱら攻撃の意思を有していたため過剰防衛の要件を満たしていなかった。

そこで、Aに成立する過剰防衛の効果がBにも及ぶかが争点となったが、最高裁は、「共同正犯が成立する場合における過剰防衛の成否は、共同正犯者の各人につきそれぞれその要件を満たすかどうかを検討して決するべきであって、共同正犯者の一人について過剰防衛が成立したとしても、その結果当然に

他の共同正犯者についても過剰防衛が成立することになるものではない」として、これを否定した（最決平成4・6・5百選I 90）。

　この判例の結論は妥当なものといえよう。なぜなら、そもそも過剰防衛における任意的減免の根拠は責任の減少にあった（➡123ページウ）。そして、責任は行為者ごとに個別的に判断されるべきものであるからである。

　以上に対し、過剰防衛における任意的減免の根拠を違法性の減少に求める見解からは、共同正犯に制限従属性説ないし違法の連帯性が妥当すると解するか否かにより結論が異なってくる。すなわち、制限従属性説が妥当しないと解するのであれば、判例の結論は支持しうるものとなる。他方で、制限従属性説が妥当すると解するのであれば、判例の結論は支持し得ないものとなろう。

Q 共同正犯の一方に過剰防衛が成立する場合、他の者にも過剰防衛の効果が及ぶか　B+

A説 否定説
結論：及ばない。
理由：①過剰防衛の任意的減免の根拠を責任減少に求める。
　　　②過剰防衛の任意的減免の根拠を違法性の減少に求め、かつ、共同正犯における違法の連帯性（制限従属性説）を否定する。

B説 肯定説
結論：及ぶ。
理由：過剰防衛の任意的減免の根拠を違法性の減少に求め、かつ、共同正犯における違法の連帯性（制限従属性説）を肯定する。

3　共犯の本質（罪名従属性）　A　➡論証40

　共犯の本質は、通常は共同正犯を念頭においた議論である。

　条文上、共同正犯は「共同して犯罪を実行した」場合であるとされる（60条）。

　この点、たとえば、AとBがともに殺人の故意で共同して甲を刺した場合は、当然「共同して犯罪を実行した」場合といえる。すなわち、2人以上の者が共同して同一の構成要件を実現した場合は、特に問題は生じない。

　では、たとえば、Aが殺人の故意、Bが傷害の故意で共同して甲を刺した場合のように、2人以上の者が共同して異なる構成要件を実現した場合にも、「共同して犯罪を実行した」といえるのであろうか。ここで問題となるのが、共同正犯が成立するためには何を「共同」する必要があるのかである。これが、共

犯の本質とよばれる問題である。
　この問題については、大別して①行為共同説と②犯罪共同説とが対立している。

ア　行為共同説

　行為共同説は、構成要件を離れた事実的（自然的）行為を共同すれば足りるとする見解である。
　この見解に立った場合には、各行為者に構成要件を異にする犯罪についての共同正犯が成立しうることになる（罪名従属性の否定）。
　たとえば、前述の例と同じく、Aは殺人の故意、Bは傷害の故意で、共同して甲を刺し、甲に傷害を負わせたとする。この場合、A・Bそれぞれが目指した構成要件は異なるものの、「刺した」という事実的行為の共同が認められる以上、Aには殺人未遂罪の共同正犯が、Bには傷害罪の共同正犯が、それぞれ成立することになる。

イ　犯罪共同説（部分的犯罪共同説）

　これに対し、犯罪共同説は、特定の構成要件を共同して実現することが必要であるとする見解である。
　罪刑法定主義からは、構成要件論を重視すべきである。したがって、構成要件の共同を要求する犯罪共同説が妥当であろう。
　この犯罪共同説に立った場合、各行為者には構成要件を同じくする犯罪についての共同正犯しか成立しないことになる（罪名従属性の肯定）。
　ただし、この見解に立ったとしても、各行為者の目指した構成要件が完全に一致することまでは要しないと解していくのが一般的である。すなわち、各行為者が異なった構成要件を共同して実現した場合であっても、それらの構成要件が実質的に重なり合うものであるときは、その重なり合いの限度で共同正犯の成立を認めていくのである（部分的犯罪共同説）。
　前述の例でいえば、Aの目指した殺人罪とBの目指した傷害罪とは傷害罪の限度で重なり合っていることから、その限度で共同正犯が成立することになる。具体的には、Aには殺人未遂罪が、Bには傷害罪が成立し、AとBは傷害罪の限度で共同正犯となる。

Q 共犯の本質──共同正犯が成立するには何を共同することが必要か　A

A説 **行為共同説**
結論：構成要件を離れた事実的（自然的）行為を共同すれば足りる。

B説 **犯罪共同説**
結論：特定の構成要件を共同して実現することが必要である。
理由：構成要件論を重視すべきである。

　B1説 **完全犯罪共同説**
　結論：同一の故意犯を共同して実現する必要がある。

　B2説 **部分的犯罪共同説**
　結論：同質的で重なり合う構成要件を共同して実現すれば足りる。

第12章 共同正犯

ここからは共犯の各論として、まず共同正犯を学習することになる。

共同正犯をめぐる論点はきわめて多いが、そのほとんどが超頻出重要論点である。後に学ぶ教唆犯や幇助犯をめぐる論点を理解するうえでも前提となるので、しっかりと学習しておいてほしい。

1. 共同正犯総論

1 共同正犯の意義と分類　A

共同正犯とは、「2人以上共同して犯罪を実行」することをいう（60条）。
共同正犯は、①実行共同正犯と②共謀共同正犯の2種類に分類される。

```
共同正犯 ┬ ①実行共同正犯
         └ ②共謀共同正犯
```

実行共同正犯とは、共同者全員が実行行為を分担し合って犯罪を実現する場合をいう。たとえば、AとBが殺人の故意で共同して一緒に甲を刺したような場合である。

これに対し、共謀共同正犯とは、2人以上の者が特定の犯罪を行うための謀議をし、そのうちの一部の者がこれを実行する場合をいう。たとえば、AとB

が甲の殺害を共謀し、頭の切れるAが細かい計画立案を担当、腕っ節の強いBが実行行為の全部を担当した場合である。

これらのうち、共謀共同正犯はその成否自体が論点となっている。そこで、以下では主として実行共同正犯を念頭におくことにし、その後に項を改めて共謀共同正犯を検討することにする（➡ 205 ページ 2.）。

> なお、任意的共犯のうち、実務の処罰ではこの共同正犯が圧倒的に多く、教唆犯や幇助犯はきわめて少数にとどまっています。
> 試験との関係でも、共同正犯はとりわけ重要です。

2 共同正犯の効果　A+

共同正犯が成立すると、行為者は「すべて正犯」とされる（60条）。これは、他の行為者の行為についても帰責されるということを意味する。

たとえば、殺人の故意のもと、甲と乙がAに向かってピストルを撃ったとする。この時、甲の弾丸はAに命中しなかったのであるが、乙の弾丸は見事Aに命中し、これが致命傷となってAが死亡したとしよう。

この場合、甲と乙の行為をそれぞれ単独で検討すれば、致命傷を与えた乙には殺人罪が成立するものの、弾丸を外した甲には殺人未遂罪が成立するにとまることになる。

しかし、甲乙間に共同正犯が成立する場合には、60条により、乙の行為ないしそれによって惹起されたAの死亡という結果を甲にも帰責できることになる。すなわち、乙はもとより弾丸を外した甲にも殺人罪が成立することになるのである。

こうした共同正犯の効果を標語化して、「一部実行の全部責任」の原則という。

3 共同正犯の効果の根拠（共同正犯の処罰根拠）　A+

こうした共同正犯の効果は、個人的責任の原則（➡ 132 ページ（イ））の大きな例外である。

では、そうした効果を正当化する根拠はどこにあるのだろうか。いいかえれば、共同正犯の処罰根拠をいかに解するべきなのだろうか。

それは、各行為者が、相互利用補充関係のもと、結果に対して物理的・心理的因果性を及ぼすという点にあると解してよい。

すなわち、2人以上の者が共同して犯罪を実行しようとする意思のもとに、互いが互いの行為を利用し合い、また、足りないところを補充し合うことにより、物理的または心理的に一丸となって法益侵害の結果を発生せしめたという点に、「一部実行の全部責任」の根拠ないし共同正犯の処罰根拠があると考えていくのである。

4 共同正犯の成立要件　A　➡論証41

このように、共同正犯の処罰根拠を、相互利用補充関係のもと結果に対して物理的・心理的因果性を及ぼしている点に求めるならば、結果に対する物理的・心理的因果性が共同正犯の成立要件であるということになる。

そして、より具体的には、①共同実行の意思と②共同実行の事実が必要であると解するのが通説である（なお、➡210ページ下のコラムも参照）。以下、それぞれの要件を検討していこう。

【実行共同正犯の成立要件】

物理的・心理的因果性 { ①共同実行の意思
②共同実行の事実 }

ア　共同実行の意思
（ア）意義

共同実行の意思とは、行為者各自が実行行為を分担し合い、相互に他人の行為を利用し補充し合って犯罪を実現する意思をいう。

（イ）同時犯

行為者間に共同実行の意思が認められない場合には、たとえ外形的には共同実行の事実が認められたとしても、共同正犯は成立しない。たとえば、AとBが時をほぼ同じくして甲に発砲したものの、実はA・B間には何ら意思の連絡がなく、単なる偶然だったような場合には、共同正犯は成立しないわけである。

このように、2人以上の者が共同実行の意思なくして同一の客体に対し時期

をほぼ同じくして同一の犯罪を実現する場合を同時犯という。

この同時犯には「一部実行の全部責任」の原則の適用はなく、個人的責任の原則どおり、各行為者は自らの行為と因果関係のある結果のみを帰責されることになる。

> ただし、例外として**同時傷害**については共犯の例によるとされています（207条）。この同時傷害の特例については、刑法各論で学習することになります。

イ　共同実行の事実
（ア）意義
共同実行の事実とは、共同して特定の構成要件を実現したという事実をいう。
（イ）共同実行の事実の有無
実行共同正犯が成立するためには、共同者がそれぞれ実行行為を共同する必要がある。では、いかなる場合に共同実行の事実が認められるのか。

まず、甲と乙が一緒にAを刺した場合のように、①それぞれが実行行為の全部を行った場合は、当然、共同実行の事実があるといえる。

次に、甲と乙が強盗（236条）を共謀し、まず甲がAを暴行、次いで乙がAから財物を奪取した場合のように、②それぞれが実行行為の一部を分担した場合にも、共同実行の事実があるといってよい。

以上に対し、甲が暴行および財物奪取の全部を担当し、乙は見張り行為や計画立案のみを担当した場合のように、③共謀者のなかの一部の者が実行行為に関与しなかった場合については、共同実行の事実は否定され、実行共同正犯は成立しない。このような場合は、次に述べる共謀共同正犯や狭義の共犯として処理することになろう。

2. 共謀共同正犯

1　共謀共同正犯の成否　A　→論証42前半

ア　問題の所在

共謀共同正犯とは、2人以上の者が特定の犯罪を行うための謀議をし、そのうちの一部の者がこれを実行する場合をいう。

たとえば、甲と乙がA殺害を共謀し、頭の切れる甲が細かい計画立案を担当、腕っ節の強い乙が実行行為の全部を担当し、Aを殺害したとする。この場合、共謀共同正犯も60条の「共同正犯」にあたるとすると、実行を担当した乙はもとより、自らは一切実行行為をしていない甲も含めて、殺人罪の共同正犯が成立することになる。

では、こうした共謀共同正犯も「共同正犯」にあたるのであろうか。

イ　肯定説の実質的理由

この問題につき、判例は一貫してこれを肯定してきた（大連判昭和11・5・28刑集15-715、最大判昭和33・5・28百選Ⅰ75）。また、今日においては学説上もこれを肯定する見解が支配的であるといってよい。

その実質的な理由は、共謀共同正犯を否定した場合に生じる刑事政策的な不都合性を回避することにある。以下、まずはこの点を概観しておこう。

（ア）支配型における不都合性

たとえば、殺人を肯定する教義をもつ宗教団体の信者Aが殺人を犯したとする。そして、Aによるかかる殺人は、宗教団体の絶対的な支配者である教祖Bの指示により行われたとしよう（支配型）。

ここで共謀共同正犯を否定する見解に立つのであれば、教祖Bを間接正犯と構成しないかぎり、Bを狭義の共犯として処理せざるを得ない。そして、教祖Bを間接正犯とするのは、Aに当該犯罪についての規範的障害がある以上困難であろう。結局、教祖Bを狭義の共犯とせざるを得ないことになる。

しかし、この処理は明らかに不当である。狭義の共犯は、一言でいえば「他

人の犯罪」に関与した場合をいうのであるが（➡ 267ページ9.）、主導的な役割を演じた背後の黒幕たる教祖Bにとって、上記殺人事件は他人の犯罪とはいえないはずである。実態に即して考えれば、実行を担当したAとともに、Bも「正犯」として処断するのが妥当であろう。

（イ）対等型における不都合性

　また、たとえば友人であるCとDが強盗を共謀し、強奪した金はあくまでも均等に分けるという約束のもと、くじ引きで実行行為を担当する者と見張り役を担当する者を決めたとする（対等型）。その結果、Dは見張り役を担当したとしよう。

　ここで共謀共同正犯を否定する見解に立つのであれば、実行を担当していないDは幇助犯として処理することになる。

　しかし、この処理もやはり不当である。均等な分け前をもらえること等にかんがみれば、上記強盗事件はDにとって他人の犯罪とはいえないはずである。実態に即して、Dも「正犯」として処断するのが妥当であろう。

ウ　肯定説の理論的根拠

　以上のような不都合性を回避するため、今日の多数説は共謀共同正犯を肯定している。

　もっとも、共謀共同正犯を肯定する理論的根拠、すなわち、実行行為を担当していない者も含めて「共同正犯」にあたるといえるのはなぜなのかという点については、なお学説上の争いがある。

　この点、共同正犯の処罰根拠は、相互利用補充関係のもと、結果に対して物理的・心理的因果性を及ぼしている点にあった。そして、かかる相互利用補充関係ないし因果性は、何も各行為者が実行行為を分担した場合にのみ認められるわけではない。見張り行為や計画立案、犯行方法の指示などといった実行行為以外の行為によっても認められうるであろう。

　したがって、相互利用補充関係のもと、結果に対して物理的・心理的因果性を及ぼしたという点（すなわち、共同正犯の処罰根拠が共謀共同正犯にも妥当するという点）に、共謀共同正犯が「共同正犯」にあたると解する理論的根拠を求めるのが妥当である。

> **Q 共謀共同正犯が 60 条の「共同正犯」にあたるか　A**

A説　否定説
理由：①共同正犯も正犯であり、正犯とは実行行為を行う者である以上、実行行為の分担が必要である。
　　　②「共同して犯罪を実行した」とは、実行行為を共同する場合と読むのが素直である。
批判：背後の黒幕等を正犯として処罰することができなくなる。

B説　肯定説（判例・多数説）

B1説　共同意思主体説
結論：共謀により「同心一体的」な共同意思主体としての団体が成立し、その団体が実行行為を行った以上、共謀者も「正犯」といえる。
批判：個人を超えた共同意思主体を認め、その責任が個人に帰せられるとすることは団体責任を認めるに等しく、個人責任の原則に反する。

B2説　間接正犯類似説
結論：他人を道具として利用し合っていることから、共謀者も「正犯」といえる。
批判：①規範的障害を有する者を道具として支配することは不可能である。
　　　②「他人を道具として利用し合う」という関係は一般的には認めがたい。

B3説　通説
結論：相互利用補充関係のもと、物理的・心理的因果性を及ぼしたといえることから、共謀者も「正犯」といえる。

2　共謀共同正犯の要件　A　→論証 42 後半

　以上のように共謀共同正犯の理論的根拠を、相互利用補充関係のもと、結果に対して物理的・心理的因果性を及ぼしたという点に求める以上、実行共同正犯と同様に、相互利用補充関係ないし物理的・心理的因果性が共謀共同正犯の成立要件であるということになる。

　そして、具体的には、客観的要件として①<u>共謀の事実</u>と②<u>共謀者のなかの一部の者による共謀に基づく実行行為</u>が、また、主観的要件として③<u>共謀者の正犯意思</u>が必要であると解するのが通説である（なお、③は①の1要素と解し、要件としては①と②のみをあげる見解も有力である）。

【共謀共同正犯の成立要件】

物理的・心理的因果性　｛　①共謀の事実
　　　　　　　　　　　　②一部の者による共謀に基づく実行行為
　　　　　　　　　　　　③共謀者の正犯意思

以下、個別に検討していこう。

ア　共謀の事実
（ア）共謀の意義
　共謀共同正犯が成立するには、まず、客観的要件として共謀の事実がなければならない。
　ここで共謀とは、判例によれば「2人以上の者が、特定の犯罪を行うため、共同意思のもとに一体となって互いに他人の行為を利用し、各自の意思を実行に移すことを内容とする謀議」のことである（最大判昭和33・5・28百選I 75）。
（イ）共謀の認定
　実際の裁判においては、後述する正犯意思の有無とともに、この共謀の事実の有無がしばしば争点となる。
　以下、共謀の事実の認定の際に注意すべき点を検討しておこう。
　① 　共謀の時期
　共謀は必ずしも事前になされる必要はない。犯罪の現場において、瞬間的に共謀がなされることも十分にありうる。
　実務では、事前になされた共謀を事前共謀、実行行為の現場における共謀を現場共謀とよんでいる。
　② 　共謀の方法
　共謀は明示的な方法でなされる必要はなく、黙示的になされることもありうる。たとえば、甲と乙が強盗を明示的に共謀していた場合はもとより、一緒に強盗をすることを暗黙のうちに了解し合っていた場合にも、共謀があったと認められる。
　また、共謀は関係者の全員が一堂に会してなされる必要はない。たとえば、甲と乙が共謀し、次いで乙と丙が共謀した場合にも、全員の間で共謀が成立したと解してよい。この場合の共謀を、順次共謀という。この順次共謀の場合には、甲乙間、乙丙間はもとより、直接の面識がない甲丙間でも共謀が肯定されることになる。
　③ 　共謀内容の具体性
　共謀は、少なくとも犯罪計画の重要部分について行われなければならない。仮に犯罪計画の重要部分についての意思連絡がないまま当該犯罪に協力した場

合には、共謀は成立していないというべきである。

しかし、これとは逆に、犯罪の重要部分についてさえ意思連絡があれば、犯罪行為の日時、場所、手段などの微細な部分についてまで明確に特定していなくとも共謀を肯定しうる。

判例においても、市会議員に対し贈賄することを共謀した以上、賄賂が市会議員のうちの誰に交付されたか知らなくても共同正犯が成立するとしたもの（大判昭和9・3・26刑集13-419）や、法定の指定価格を超過して販売することを共謀した以上、販売日時や価格などといった具体的な点について謀議がなくとも共同正犯が成立するとしたもの（大判昭和15・12・16新聞4683-1）などがある。

イ　一部の者による共謀に基づく実行行為

いくら共謀共同正犯といっても、それが成立するためには、共謀者のうちの一部の者によって、実際に共謀に基づく実行行為が行われなければならない。

この要件との関係で問題となるのは、共謀の内容と実際になされた実行行為との間にズレが生じた場合である。

（ア）基本的な部分は共通する場合

共謀の内容と実際になされた実行行為との間にズレがあっても、両者が基本的な部分において共通しているのであれば、共謀共同正犯の成立を肯定してよい。

たとえば、AとBが脅迫に用いる文言まで含めて強盗を共謀していたところ、実行担当者であるBが犯行に際して共謀したものとは異なる脅迫文言を使用したとしても、A・Bに強盗罪の共謀共同正犯が成立する（最判昭和24・3・22刑集3-3-333参照）。

（イ）基本的な部分にズレがある場合

以上に対し、共謀の基本的部分と異なる実行行為が行われたときは、原則として共謀共同正犯は成立しない。

たとえば、AとBが甲の監禁を共謀したところ、実行担当者であるBが殺意をもって甲を殺害した場合には、共謀に基づく実行行為があったとはいえず、A・Bに殺人罪の共謀共同正犯は成立しない。したがって、実行者であるBは殺人の単独正犯となる一方、Aには殺人罪は成立しない（東京高判昭和60・9・30判タ620-214参照）。

> このように、基本的部分でズレた場合には、原則として共謀共同正犯は成立しません。ただし、共謀した当該犯罪と実行行為とが構成要件的評価として重なり合っている場合には、錯誤論により、その重なり合いの限度で共謀共同正犯が成立しえます（➡ 269 ページ以下）。
> 　結局、①**基本的部分において共通**している場合には**錯誤を論じるまでもなく**当該犯罪の共謀共同正犯が成立するのに対し、②**基本的部分においてズレ**が生じている場合には**錯誤が問題**となるというわけです。

ウ　正犯意思

（ア）正犯意思の意義

　以上の2つの客観的要件を満たしているとしても、共謀共同正犯も正犯である以上、主観的要件として共謀者に正犯意思がなければならない。仮にこれが認められないのであれば、協力者には教唆犯・幇助犯が成立しうるにとどまる。

　このように、正犯意思の存在は、実行行為を担当していない者が共謀共同正犯となるのか、それとも狭義の共犯となるにすぎないのかの分水嶺といえる。

（イ）正犯意思の認定──共謀共同正犯と狭義の共犯の区別

　では、いかなる場合に正犯意思を認定しうるのか。

　この点、事案ごとに個別具体的に判断していくしかないが、その際に実務では以下の諸事情などを重視しているようである。試験との関係でも正犯意思の認定が問題となることが多いので、イメージくらいはもっておいてほしい。

①犯罪事実実現に関して利害関係を有していたか。
②取得した利益の分配を受けたか、またその割合はどの程度であったか。
③その者の意見が合意の形成にどの程度の影響力を有していたか。
④その者が自ら実行担当者となりうる可能性はあったか。
⑤担当した行為が、実行行為に必要かつ密接な行為（たとえば、見張り行為）であったか。

> 　以上、本書では通説的な見解に従って、実行共同正犯の成立要件と共謀共同正犯の成立要件を区別し、それぞれを検討してきました。
> 　しかし、そもそも実行共同正犯の成立要件の1つである共同実行の意思が認められるためには、何らかの共謀の事実がなければならないはずです。また、共同正犯である以上正犯意思が必要なのも両者で変わるところがありません。
> 　そこで、実行共同正犯の成立要件と共謀共同正犯の成立要件とを統一的に捉え、およそ共同正犯の成立要件として、①共謀（共同犯行の意識および意思疎通）と②共謀に基づく

> 共謀者の全部または一部の者による実行行為をあげる見解も有力です。

3. 片面的共同正犯

1 意義 B

片面的共同正犯は、実行共同正犯において問題となる。

ここで片面的共同正犯とは、共同実行の事実が認められる場合において、共同実行の意思が一方にだけ存在し、共同者各自には存在しない場合をいう。

たとえば、暗闇でAが甲に対して不同意性交をしようとしていたところ、偶然これに気づいたBが、Aに気づかれることなく、Aに協力するためこっそり被害者甲の足を押さえていたという場合がこれにあたる。

2 肯否 B

では、かかる片面的共同正犯も60条の「共同正犯」にあたるのか。

そもそも、共同正犯の処罰根拠は、相互利用補充関係のもと、結果に対して物理的・心理的因果性を及ぼす点にあった。そして、実行共同正犯においてかかる処罰根拠が妥当するためには、①共同実行の意思と②共同実行の事実が必要であった（→203ページ **4**）。

ところが、片面的共同正犯においては、②の共同実行の事実は認められるものの、①の共同実行の意思が認められない。

したがって、片面的共同正犯は「共同正犯」にあたらないと解するべきである。上の例でいえば、Bには不同意性交等罪の共同正犯は成立しないことになる。

> このように片面的共同正犯は否定されるのですが、後述するように、片面的教唆犯や片面的幇助犯は一定の要件のもと肯定されることに注意が必要です（→257ページ **1.**）。
> 上の例でも、Bに不同意性交等罪の共同正犯は成立しないものの、不同意性交等罪の片面的幇助犯は成立しうることになります。

3.片面的共同正犯 211

> **Q** 片面的共同正犯が共同正犯にあたるか　**B**
> **A説** 肯定説
> 理由：共同正犯の本質につき行為共同説を前提とすれば、相手方の行為を利用して結果を惹起した以上責任が問われるべきである。
> **B説** 否定説（判例・通説）
> 理由：共同実行の意思が各共同者に認められない限り、共同正犯が成立することはない。

4. 承継的共同正犯

1 問題の所在　A⁺

たとえば、Aが単独で強盗（236条1項）の意図のもとに甲に対して暴行を加え、甲の反抗を抑圧したところ、偶然にもその場を友人Bが通りかかったため、AがBに協力を求め、AとBが共同して（あるいはBが単独で）甲から財物を盗取したとする。

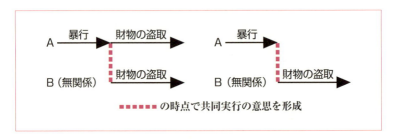

この場合、Aに強盗罪が成立するのは当然である。Aは自ら暴行を行い、かつ自ら（あるいは共謀者BがAとの共謀に基づいて）財物を盗取している以上、強盗罪の構成要件を当然に満たすからである。

問題は、財物の盗取にのみ関与しており、暴行には一切関与していないBに、強盗罪の共同正犯が成立するか否かである。

すなわち、AがBとは無関係に単独で行った暴行（およびその結果）の部分を

も含めて、**全体としてA・Bに共同正犯が成立**すると解するべきか、それとも全体としては共同正犯は成立せず、**Bが関与した以後の部分についてのみ共同正犯が成立**するにとどまると解するべきかが問題となるわけである。

> 仮に全体として共同正犯が成立すると解すれば、「一部実行の全部責任」の原則により、Bは自らが関与する前のAによる暴行（およびその結果）をも帰責される（承継する）ことになります。その結果、Bにも強盗罪（236条）の共同正犯が成立することになります。
> これに対し、全体としては共同正犯が成立しないと解すれば、Bは自らが関与した後の盗取行為（およびその結果）についてのみ帰責されることになります。したがって、Bには窃盗罪（235条）の共同正犯が成立するにとどまることになるわけです。

以上のように、ある者（先行行為者・先行者）が特定の犯罪の実行に着手し、まだ実行行為の全部を終了しないうちに、他の者（後行行為者・後行者）がその事情を知りながらこれに関与し、先行者と意思を通じて、残りの実行行為を後行者が先行者とともに、または後行者が単独で行った場合には、後行者に全体として共同正犯が成立するか否かが問題となる。この問題は、**承継的共同正犯**の成否とよばれる超重要頻出論点である。

> 通常の共同正犯の場合は、実行の着手よりも前に共謀が行われ、共同実行の意思が形成されています。これに対し、承継的共同正犯の成否が問題となる場面というのは、実行の着手の時点では未だ共謀は行われておらず、**実行の着手後かつ実行行為の終了前**に、ようやく共謀が行われて共同実行の意思が形成されたという場合です。この点は確実に押さえておいてください。
> ちなみに、前述した片面的共同正犯（➡ 211 ページ 3.）は、実行行為の最初から最後まで共謀ないし共同実行の意思の形成が認められない場合を前提としています。
> また、上記の本文で用いた「全体として共同正犯が成立する」という表現と同じ意味で、「承継的共同正犯が成立する」という表現が用いられることがあります。このことも知っておきましょう。

2 肯否　A+　➡論証43

では、承継的共同正犯の成否が問題となる事案において、全体として共同正犯が成立するか。

ア　原則

そもそも、**共同正犯の処罰根拠**は、相互利用補充関係のもと、結果に対して物理的・心理的因果性を及ぼす点にあった。

ところが、後行者の共謀およびそれに基づく行為と、後行者が関与する以前の先行者の行為（以下、「先行行為」という）ないしその結果との間には、因果関係が認められない。

したがって、共同正犯が成立するのは、共同実行の意思が認められる後行者の関与後の行為についてだけであり、全体としては共同正犯は成立しないのが原則と解するべきである。

イ 例外

しかし、常にかかる原則を貫くのは妥当ではあるまい。

確かに、後行者が先行者の先行行為およびこれによって生じた結果を認識・認容していただけでは、後行者に犯罪全体について刑事責任を負わせることを正当化することはできない。

しかし、それにとどまらず、後行者が、先行者の先行行為等を自己の犯罪遂行の手段として積極的に利用する意思のもと、現にこれを利用した場合はどうか。この場合には、実質的にみて、後行者が先行行為等に関与したのと同視してよいといえよう。

そこで、かかる場合には、全体として共同正犯が成立すると解するのが妥当である。この見解は、限定的肯定説とよばれる。

> 限定的肯定説は、理論的な根拠は正直弱いのですが、あてはめを充実させやすいという大きな魅力があります。また、有力説である全面否定説（➡下記A説）で答案を書きたい場合は、限定的肯定説の原則部分だけを書けばOKです。臨機応変に対応できるようにするためにも、試験対策としては限定的肯定説がおすすめです。

Q 承継的共同正犯の成否が問題となる事案で、全体として共同正犯は成立するか A+

A説 全面否定説（有力説）
結論：全体としては共同正犯は成立しない。
理由：関与前の行為について後行行為者の行為が因果性をもつということはあり得ない以上、共犯の処罰根拠につき因果的共犯説（惹起説）に立つ限り、承継的共同正犯を認めることはできない。
批判：因果性は1つの視点でしかない。たとえば刑法207条は、因果性を欠く結果についても共同正犯を認めている。

B説 全面肯定説

結論：常に全体として共同正犯が成立する。
理由：1個の犯罪は一罪として不可分であるから、共同実行の意思のもとに一罪の一部に関与した以上は、共同正犯として認めるべきである。
批判：単に犯罪が不可分であるというだけでは、個人責任の原則との抵触を完全に避けることができるか疑問である。

C説 限定的肯定説（大谷など多数説）
結論：後行者が先行者の先行行為などを自己の犯罪遂行の手段として積極的に利用する意思のもと現にこれを利用した場合については、全体として共同正犯が成立する。
理由：かかる場合には、先行者の行為等を実質上後行者の行為と同視してよい。

3 関与後の実行行為の共同の要否　B

限定的肯定説に立った場合、承継的共同正犯の事案で全体として共同正犯が成立するためには、「後行者が、先行者の行為およびこれによって生じた結果を自己の犯罪遂行の手段として積極的に利用する意思のもと、現にこれを利用したこと」が必要である。

では、この要件に加えて、さらに「後行者の関与後、先行者と後行者とが共同して実行行為を行ったこと」まで要すると解するべきか。

この点、先行者による先行行為は共同していない以上、関与後の実行行為を共同してはじめて共同実行の事実が認められるとして、関与後の実行行為の共同を要するとする見解もある。

しかし、後行者が先行者の行為等を積極的に利用する意思のもとこれを利用した以上、共同して犯罪を実現したといえるというべきであるから、関与後の実行行為の共同は不要というべきであろう。

したがって、上記**1**であげた例のうち、AとBが共同して財物を盗取した場合はもとより、Bのみが財物を盗取した場合であっても、強盗罪の承継的共同正犯が成立することになる（大阪高判昭和62・7・10高刑集40-3-720参照）。

4 限定的肯定説からの具体的検討　A+

ここで、限定的肯定説を前提として、各種の犯罪ごとに共同正犯の成否を検討しておこう。ポイントは、いうまでもなく「後行者が、先行者の行為およびこれによって生じた結果を自己の犯罪遂行の手段として積極的に利用する意思のもと、現にこれを利用した」といえるか否かである。

ア　構成要件上複数の行為が想定されている犯罪の場合

　構成要件上複数の行為が想定されている犯罪の途中から関与した場合、後行者が先行者の行為等を積極的に利用する意思のもとに現にこれを利用したといえる場合が多い。

　たとえば、詐欺罪（246条1項）は、構成要件上、欺く行為と交付させる行為という2つの行為が想定されている。かかる行為のうち、交付させる行為にのみ関与した者は、先行者の欺く行為等を積極的に利用する意思のもとに利用したといえる場合が通常であろう。

　後述する判例も、理論的立場は不明だが、詐欺罪について承継的共同正犯の成立を肯定している（➡ 220ページイ）。

イ　強盗罪の場合

　同様の理は、暴行・脅迫と財物の盗取との結合犯である強盗罪（236条）においても妥当する。なお、結合犯とは、それぞれ独立して罪となる行為を結合して1個の犯罪を構成する場合をいう。

　強盗罪は、手段としての暴行・脅迫と財物の盗取とが一体となった犯罪であることから、盗取にのみ関与した後行者が先行者の暴行等を積極的に利用する意思のもとに利用したと認定できることが多い。

ウ　強盗殺人罪・強盗傷害罪の場合　➡論証44

　では、同じ結合犯でも、強盗殺人罪（240条後段）や強盗傷害罪（240条前段）の場合はどうか。

> 　なお、240条は、殺人・傷害の**故意**がある場合と、殺人・傷害の故意がない**結果的加重犯**の場合の両方を規定していると解するのが通説です。
> 　このうち、故意がある場合を強盗殺人罪・強盗傷害罪、結果的加重犯の場合を強盗致死罪・強盗致傷罪といいます。

　たとえば、先行者Aが財物奪取の意図で甲を殺害または傷害した後に、後行者Bが財物の盗取にのみ関与したとする。この場合、Bにも強盗殺人罪や強盗傷害罪の共同正犯が成立するのであろうか。

　思うに、こうした場合に後行者が積極的に利用する意思のもとに利用したの

は、殺人結果や傷害結果そのものではなく、あくまでも反抗抑圧状態だけであるというべきであろう。

したがって、強盗殺人罪・強盗傷害罪の共同正犯は否定すべきであり、強盗罪の共同正犯が成立するにとどまると解するべきである。

先の例でも、Bに強盗殺人罪や強盗傷害罪の共同正犯は成立せず、強盗罪の共同正犯が成立するにとどまる。

> **Q** 強盗殺人罪・強盗傷害罪において、財物の盗取にのみ関与した後行者にも同罪の共同正犯が成立するか　A
>
> **A説** 肯定説（東京高判昭和57・7・13 判時1082-141）
> 結論：強盗殺人罪・強盗傷害罪の共同正犯が成立する。
> 理由：強盗殺人罪や強盗傷害罪も結合犯であるに変わりはない。
>
> **B説** 否定説
> 結論：強盗殺人罪・強盗傷害罪については共同正犯は成立せず、強盗罪の共同正犯が成立するにとどまる。
> 理由：①後行者は死亡等の結果を利用したのではなく単に反抗抑圧状態を利用したにすぎない。
> ②これらの犯罪は法定刑がきわめて重いから、承継的共同正犯を認めるべきではない。

エ　結果的加重犯の場合

では、重い結果についての故意を欠く結果的加重犯の承継的共同正犯についてはどうか。

まず、強盗致死傷罪（240条）や不同意性交等致死傷罪（181条2項）については、ウと同様の理由から、同罪の共同正犯は成立しないというべきであろう。すなわち、後行者は反抗抑圧状態を利用したにとどまり、死傷という重い結果を積極的に利用したわけではないと解していくわけである。

次に、暴行罪の結果的加重犯としての傷害罪（204条）の場合はどうか。たとえば、Aの暴行に途中からBが加わった事案で、Aの単独暴行により被害者に傷害結果が発生していた場合、Bに傷害罪の共同正犯が成立するのであろうか。

この点、強盗などの場合と異なり、暴行罪の事案では、先行者の暴行を自らの犯罪遂行の手段として積極的に利用する意思のもと現にこれを利用したとはいえないのが通常であろう。

後述する判例も、理論的な立場は不明であるものの、結論として傷害罪の承

継的共同正犯の成立を否定している（➡ 219 ページ**ア**）。

> 本文では先行者の単独暴行により傷害結果が発生した場合を前提としましたが、これとは異なり、傷害結果が A の単独暴行によるものか、それとも B が加担した後の共同暴行によるものかは不明だった場合はどのように処理するべきでしょうか。
>
>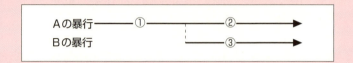
>
> ここで AB の行為を上の図のように 3 つに分けて考えてみましょう。これらのうちのどの行為によって傷害結果が発生したかは不明なのですが、しかし、①②③のいずれかにより傷害結果が発生したことはわかっているとします。この場合、①による場合であれ、②による場合であれ、③による場合であれ、全てのケースにおいて B に傷害罪が成立するといえるのであれば、たとえ傷害結果が①②③のいずれによったのかは不明であっても、B に傷害罪が成立するといえるはずです。
> そこで、それぞれのケースを検討すると、まず、③により傷害結果が発生したならば、当然 B には傷害罪の共同正犯が成立します。また、②によって発生したとしても、後に学ぶ結果的加重犯の共同正犯（➡ 224 ページ 6．）として、B に傷害罪の共同正犯が成立します。
> 問題は、①によって傷害結果が発生した場合です。ここで、承継的共同正犯の成否が問題となるわけです。
> そして、本文で述べたとおり暴行罪の結果的加重犯としての傷害罪の承継的共同正犯は否定される以上、結局、B には傷害罪の共同正犯は成立しないことになります。
> なお、同時傷害の特例を定めた 207 条の適否がさらに問題となりえますが、207 条については刑法各論で学習します。

オ 継続犯の場合

監禁罪（220 条）などの**継続犯**に途中から関与した者には、関与後の部分について当然に当該継続犯の共同正犯が成立する。継続犯は実行行為ないし犯罪が継続する犯罪である以上（➡ 28 ページ（**ウ**））、関与後の部分について当然に当該継続犯についての共同実行の意思および共同実行の事実が認められるからである。

唯一の問題は、関与前の行為によって重い結果が発生した場合についてであるが、これは上記**エ**で述べた結果的加重犯の場合と同様に処理すればよい。

5 承継的共同正犯についての判例　A+

承継的共同正犯に関する最高裁判例は長らく存在しなかったが、平成 24 年と平成 29 年にようやく最高裁判例が出された。以下、それぞれを説明する。

ア　傷害罪の承継的共同正犯の成否（否定）

まず、傷害罪の承継的共同正犯の成否が問題となった判例についてである。

事案の概要は次のとおりである。まず、先行行為者であるＡ・Ｂ（以下、「Ａら」という）が、被害者に暴行を加え、傷害を負わせた。その後、被告人がその場に到着した。被告人は、Ａらと共謀のうえ、Ａらとともに、共謀以前の暴行よりも強度の暴行を加えた。その結果、共謀以前に生じていた被害者の傷害の一部は、相当程度重篤化した。

この事案において、原審は、「被告人は、Ａらの行為及びこれによって生じた結果を認識、認容し、さらに、これを制裁目的による暴行という自己の犯罪遂行の手段として積極的に利用する意思の下に、一罪関係にある傷害に途中から共謀加担し、上記行為等を現にそのような制裁の手段として利用したものである」と認定したうえで、「被告人は、被告人の共謀加担前のＡらの暴行による傷害を含めた全体について、承継的共同正犯として責任を負う」とした。この原審は、まさに限定的肯定説に立脚し、全体として共同正犯の成立を肯定したわけである。

ところが、最高裁は、「被告人は、共謀加担前にＡらが既に生じさせていた傷害結果については、被告人の共謀及びそれに基づく行為がこれと因果関係を有することはないから、傷害罪の共同正犯としての責任を負うことはなく、共謀加担後の傷害を引き起こすに足りる暴行によってＣらの傷害の発生に寄与したことについてのみ、傷害罪の共同正犯としての責任を負うと解するのが相当である」と判示した（最決平成24・11・6百選Ⅰ81）。

すなわち、最高裁は、①被告人の共謀加担後の暴行により相当程度重篤化されたわけではない傷害と、②被告人の共謀加担後の暴行により相当程度重篤化された傷害とを区別したうえで、①については共同正犯の成立を否定、②につ

いては共同正犯の成立を肯定したわけである。

さらに、最高裁は、原審が認定したような事実があったとしても、「それは、被告人が共謀加担後に更に暴行を行った動機ないし契機にすぎず、共謀加担前の傷害結果について刑事責任を問い得る理由とはいえないものであって、傷害罪の共同正犯の成立範囲に関する上記判断を左右するものではない」とした。

> この最高裁判例の理論的な立場は不明ですが、限定的肯定説の例外要件を満たしていてもなお傷害罪の承継的共同正犯は成立しない、ということは明示しています。したがって、傷害罪の事案が出題された場合は、全面否定説で書いておくのが安全でしょう。
> なお、この判例では問題とされなかったのですが、答案では、承継的共同正犯の成立を否定した後に、さらに刑法207条による処理の可否を検討する必要があります（➡刑法各論［第3版］17ページオ）。この点も注意しておきましょう。

イ　詐欺罪の承継的共同正犯の成否（肯定）

次に、詐欺罪の承継的共同正犯の成否についてである。

判例は、欺罔行為に関与せず、財物の受領行為のみに関与した（が、財物の領得には至らなかった）者につき、「本件詐欺を完遂する上で本件欺罔行為と一体のものとして予定されていた本件受領行為に関与している」ことを理由として、詐欺未遂罪の承継的共同正犯の成立を肯定した（最決平成29・12・11百選Ⅰ82）。

この判例の理論的立場も不明であるが、限定的肯定説からは容易に同様の結論を導くことができよう。

なお、この事案の被害者は、欺罔行為後に被害者が嘘に気づいて警察に相談し、いわゆる「だまされたふり作戦」が行われていたため、被告人が実際に財物を受領することはあり得なかったが、最高裁は不能犯論には立ち入らず、「だまされたふり作戦の開始いかんにかかわらず」詐欺未遂罪の共同正犯が成立すると述べるにとどまった。

5. 過失犯の共同正犯

1 過失犯の共同正犯の成否を論じる実益 B+

　たとえば、AとBが建物の建築現場でバーナーを用いた溶接作業をしていたところ、A・Bともに適切な発火防止措置を施すのを怠ったまま溶接を続けた結果、溶接により発生した火花が可燃物に着火して近隣の建物に燃え移り、近隣の建物を焼損したとする。業務上失火罪（117条の2）という過失犯の成否が問題となるわけであるが、しかし、原因となった火花がA・Bいずれの溶接により発生したのかは不明であったとしよう。

　この場合、およそ過失犯の共同正犯の成立を否定する見解によれば、個々の過失と結果との間の因果関係が不明である以上、A・Bに業務上失火罪は成立しないことになる。しかも、過失犯には未遂犯の処罰規定がないから（➡ 72ページのコラムの注④）、A・Bはともに不可罰となろう。

　これに対し、過失犯の共同正犯の成立を肯定する見解によれば、「一部実行の全部責任」の原則によって、A・Bに業務上失火罪の共同正犯が成立しうることになる。

　また、少し事案を変えて、Aが発生させた火花によって近隣の建物の焼損結果が発生したことが明らかな場合であっても、過失犯の共同正犯を肯定する見解によれば、「一部実行の全部責任」の原則によって、AのみならずBにも業務上失火罪の共同正犯が成立しうることになる。

　このように、過失犯の共同正犯の成立を肯定すれば、今まで見てきた故意犯の場合と同様に、「一部実行の全部責任」の原則を適用することができる。この点に、過失犯の共同正犯の成否を論じる実益があるわけである。

2 成否 B+ ➡論証 45

　では、過失犯においても共同正犯は成立するか。
　この問題は、過失犯の本質ないし構造（➡ 87ページ **2**）をいかに解するかと密接に関連する。

ア　否定説

　過失犯には意識的部分と無意識的部分があるところ、否定説は、過失犯の本質は無意識的部分にあると捉える。そして、無意識部分についての共同はあり得ない以上、過失犯の共同正犯はおよそ否定されると解していくのである。

　この見解は、過失を「意識の緊張を欠いて結果を認識・予見しなかった心理状態」と解する旧過失論との親和性が高い。

イ　肯定説

　以上に対し、本書の採用する新過失論は、過失を単なる主観ではなく、行為として捉える見解であった。

　この新過失論に立った場合、過失は行為である以上、それを共同することは十分に可能であるということになり、過失犯の共同正犯も成立しうると考えることになる。

> **Q 過失犯の共同正犯の成否**　B⁺
> **A説** 否定説（団藤）
> 理由：無意識的な部分こそが過失の本質である以上、意識的な部分についての意思の連絡をもとにして、過失犯の共同正犯の成立を論ずるのは妥当でない。
> **B説** 肯定説（有力説）
> 理由：過失犯にも実行行為を認めるべきである以上、過失行為を共同することは十分可能である。

3　過失犯の共同正犯の成立要件　B⁺

ア　共同義務の共同違反

　肯定説に残された問題は、具体的にいかなる場合に共同正犯の成立要件である相互利用補充関係ないし結果に対する物理的・心理的因果性を認めうるのかである。

　この点、①共同の注意義務が存在し、②その共同の注意義務に共同して違反した場合には、相互利用補充関係ないし結果に対する物理的・心理的因果性が認められると解していく（共同義務の共同違反説）。

【過失犯の共同正犯の成立要件】

物理的・心理的因果性 ${①共同の注意義務 \atop ②共同違反}$

　ここで共同の注意義務とは、自分について注意するばかりではなく、他の共同者についても注意義務を遵守させる義務のことである。すなわち、関与者相互の監視義務のことであるといってよい。

　そして、共同の注意義務が相互の監視義務である以上、これが認められるためには、共同者が同一の法的地位に立っていることが必要である。上下主従関係にある者の間には、相互の監視義務があるとはいえないからである。

　したがって、たとえば医師と看護師の間には、共同の注意義務があるとはいえず、過失犯の共同正犯が成立することはない。手術の際のミスにより患者が死亡した場合には、医師と看護師につきそれぞれ単独犯としての業務上過失致死罪の成否が検討されることになろう。

イ　各自の責任過失

　なお、責任は行為者に対する非難可能性であり、行為者ごとに個別に検討すべき事柄であった。

　したがって、責任レベルの過失である責任過失（➡89ページの図参照）については、行為者各自に個別に認められなければならない。答案でも一言認定しておくとよいであろう。

5. 過失犯の共同正犯

6. 結果的加重犯の共同正犯

1 問題の所在　A

　たとえば、AとBが甲に対する強盗を共謀し、かわるがわるに甲に暴行を加え、財物を奪取したとする。この場合、A・Bに強盗罪（236条1項）の共同正犯が成立することにつき問題はない。

　では、A・Bの意図に反して甲が死亡した場合はどうであろうか。しかも、死因となった暴行がAによるものか、それともBによるものか不明であったとしよう。

　この場合のA・Bの罪責は、結果的加重犯（➡25ページ（ア））の共同正犯の成立を肯定するか否かにより結論が異なってくる。

　すなわち、結果的加重犯の共同正犯の成立を否定すれば、因果関係が不明である以上、A・Bには強盗罪の共同正犯が成立するにとどまる。

　これに対し、結果的加重犯の共同正犯の成立を肯定すれば、「一部実行の全部責任」の原則により、A・Bともに致死結果を帰責され、A・Bには強盗致死罪の共同正犯が成立することになる。

> なお、ここではAとBが実行行為の**開始前**に共同実行の意思を形成していた事案を前提としています。Aの暴行の後、**途中から**Bが関与し共同実行の意思を形成したところ、重い結果が発生した事案（この事案では結果的加重犯の承継的共同正犯が問題となる。➡217ページエ）とは区別する必要があります。

2 成否　A+　➡論証46

　では、結果的加重犯の共同正犯は成立するか。この論点も、超重要頻出論点である。

ア　結果的加重犯の本質との関係

　この論点を考えるうえでの一番のポイントは、結果的加重犯の成立要件として、重い結果につき行為者の過失を要求するか否かである。この問題は、結果

的加重犯の本質の問題とよばれている。

まず、重い結果につき過失を必要とする見解に立てば、結果的加重犯の共同正犯の成否の問題は、既に学んだ過失犯の共同正犯の肯否の問題に他ならないということになる。

これに対し、重い結果につき過失を不要とする見解に立てば、過失犯の共同正犯を論ずるまでもなく、結果的加重犯の共同正犯の成立を肯定できることになるのである。

イ 結果的加重犯の本質

では、結果的加重犯の成立要件として、重い結果についての過失を必要とすべきか。

この点、責任主義の見地から、過失を必要とする見解が通説である。

しかし、結果的加重犯の基本行為は、その性質上重い結果を発生させる高度の危険性を内包しているといえる。たとえば、強盗致死罪の基本行為である暴行行為（236条）は、被害者の死亡結果を発生させる高度の危険性を内包した行為といえるはずである。そして、行為者はそうした高度の危険性を内包した基本行為についての故意を有している。

とすれば、そうした行為のもつ危険性の射程範囲内、すなわち刑法上の因果関係が認められる範囲内で生じた重い結果については、特に過失を要求せずとも、責任主義には反しないといえよう。

したがって、結果的加重犯の重い結果について、過失は不要であると解する見解が妥当である。

　本書は原則として、判例または通説の立場を採用しています。しかし、結果的加重犯の共同正犯の成否を答案上で論じるに際して、結果的加重犯の本質について過失を必要とする通説を採用すると、さらに過失犯の共同正犯の成否を書く必要が出てきてしまいます。受験対策上、書く分量が倍近くなってしまう見解はやはりお勧めできません。そこで、この論点については例外的に通説ではなく、因果関係を必要としつつも過失を不要とする少数説をお勧めしておきます。

　なお、判例は、条件関係さえあれば過失は不要であるという見解に立っています（大判昭和3・4・6刑集7–291、最判昭和25・3・31刑集4–3–469等）。しかし、条件関係だけでよいとするのは、責任主義の観点から問題があるといわざるを得ないでしょう。

Q 結果的加重犯の本質──重い結果につき過失が必要か　A

A説　必要説（通説）
結論：過失が必要である。すなわち、結果的加重犯は、故意犯＋過失犯という構造をもつ。
理由：責任主義の見地から故意または過失が認められない限り非難できない。

B説　不要説
結論：過失は不要である。

B1説（判例）
結論：基本行為と重い結果との間に条件関係があれば足りる。
批判：①責任主義に反する。
　　　②処罰範囲が不当に広がる。

B2説
結論：基本行為と重い結果との間に相当因果関係があれば足りる。
理由：基本犯罪については故意があり、かつその行為のもつ危険性の射程範囲内──相当因果関係の範囲内──で生じた結果について、行為者に責任を問うことは、特に過失を要するという限定を加えるまでもなく、社会生活観念上不合理であるとはいえない。

ウ　結論

　結果的加重犯の重い結果について過失を不要とする見解に立てば、結果的加重犯の共同正犯も、過失犯の共同正犯の成否を論ずるまでもなく、刑法上の因果関係が認められる限り成立することとなる。
　上のA・Bには、強盗致死罪の共同正犯が成立することになろう。

7. 共犯関係の解消　→論証47

1　問題の所在　A

　たとえば、AとBが殺人を共謀したところ、Aは途中で翻意して犯行をやめようと思ったとする。しかし、Bは当初の計画どおり殺人を実行したとしよう。
　ここで問題となるのは、Aに、Bとの共犯関係の解消（共犯関係からの離脱、

共同正犯関係の解消、共同正犯関係からの離脱ともいう）が認められるか否かである。

すなわち、共犯関係の解消を認めれば、Bには殺人罪が成立するものの、翻意したAには殺人罪は成立しないことになる。

これに対し、共犯関係の解消を否定すれば、「一部実行の全部責任」の原則により、Bはもとより翻意したAにも殺人罪の共同正犯が成立することになる。

では、いかなる場合に共犯関係の解消を認めることができるのか。この問題も、やはり超重要頻出論点である。

2 解消の要件　A+

そもそも、共同正犯の処罰根拠は、相互利用補充関係のもと、結果に対して物理的・心理的因果性を及ぼす点にある（➡ 202ページ 3）。

したがって、共犯関係の解消が認められるためには、かかる物理的・心理的因果性が遮断される必要があると解することになる。

以下、いかなる場合に共犯関係の解消が認められるかについて、①実行の着手が未だなされていない場合と、②既になされている場合に分けて検討していこう。

ア　実行の着手が未だなされていない場合（着手前の解消）

この場合には、①他の共謀者に対して離脱の意思を表明し、②他の共謀者がこれを了承すれば、原則として共犯関係の解消が認められる（通説）。着手前であれば、比較的容易に共犯関係の解消を認めていくわけである。

なお、表明や了承は必ずしも明示的になされる必要はなく、黙示的になされてもよい（福岡高判昭和28・1・12高刑集6-1-1）。

ただし、物理的な影響を共謀者に及ぼした者や、犯罪の首謀者については、①表明と②了承があっても、なお他の共謀者への物理的・心理的因果性が残っているといえる。したがって、さらに③それ以後の犯行を防止する措置を講じた場合に、はじめて共犯関係の解消が認められると解するべきであろう。

> たとえば、他の共謀者に犯行に用いるための凶器を提供した者については、その凶器を回収するなどの、物理的因果性を遮断するための積極的な努力をしたことが必要となります。

> また、犯罪の首謀者については、表明と了承に加えて、残存する心理的因果性を除去するべく、他の共謀者に対して犯行をやめるよう強く説得すること等が必要です。

また、心理的影響力がさほど強くない平均的な共謀者であっても、具体的な事情によっては、③それ以後の犯行を防止する措置を講じたことが必要とされる場合がありうる。

判例も、住居侵入と強盗を共謀し、住居侵入の後、強盗の着手前に離脱の意思を表明した者につき、それ以後の犯行を防止する措置を講じていないとして、共犯関係の解消を否定している（**最決平成21・6・30 百選Ⅰ97**）。

【着手前の解消の要件】

因果性の遮断
- ①表明
- ②了承
- ③物理的影響あり・首謀者・住居侵入後などの場合は、それ以後の犯行を防止する措置

イ 既に実行の着手がなされている場合（着手後の解消）

では、既に実行の着手がなされている場合はどうか。この場合には、法益侵害の現実的危険性を発生させたといえる以上、原則として共犯関係の解消は認められないというべきである。

ただし、①離脱の意思を表明し、②他の共謀者がこれを了承したことに加えて、③それ以後の犯行を防止する措置を講じた場合には、例外的に共犯関係の解消を認めてよいであろう。

【着手後の解消の要件】

因果性の遮断
- ①表明
- ②了承
- ③それ以後の犯行を防止する措置

3 共犯関係の解消に関する判例　A

着手前については、下級審判例はおおむね離脱の意思の表明と了承があれば

共犯関係の解消を肯定しているようである。ただし、前述の**最決平成21・6・30百選Ⅰ97**（→前ページ）に注意を要する。

これに対し、着手後については、共犯関係の解消が理論上はありうることを認めた最高裁判例はあるものの（**最決平成1・6・26百選Ⅰ96**）、実際にこれを認めた判例は下級審を含めて未だ存在していない。

したがって、もし答案で着手後の解消を認める場合は、普段以上に充実したあてはめを心掛けてほしい。

4 解消を認めた場合の処理 B

着手前であれ、着手後であれ、共犯関係の解消を認めた場合には、その後の他の共謀者による行為・結果について、離脱した者（以下、「離脱者」という）が帰責されることはなくなる。

しかし、離脱者が一切不可罰となるとは限らない。以下、共犯関係の解消を認めた場合の処理を、①着手前の解消と②着手後の解消の場合に分けて検討しておこう。

ア 着手前の解消を認めた場合

着手前の解消を認めた場合には、離脱者には当該犯罪の未遂犯すら成立しない。しかし、当該犯罪に予備罪の処罰規定がある場合には、予備罪ないし予備罪の共同正犯の成否（→239ページ11.）を検討していくことになる。

そして、離脱者に予備罪が成立する場合には、予備の中止（→176ページ 3）を論じていくことになる。

イ 着手後の解消を認めた場合

着手後の解消を認めた場合には、離脱者には当該犯罪の未遂罪の共同正犯が成立するにとどまる。

この場合、さらに共同正犯の中止未遂（→232ページ9.）を論じていくことになろう。

8. 共謀の射程 ➡論証48　　A

　以上で検討した共犯関係の解消の問題と区別するべき問題として、**共謀の射程**（共同実行の意思の射程）の問題がある。これも論述式試験の頻出事項である。
　たとえば、Xによる急迫不正の侵害に対し、**ABが共同して防衛行為として**の暴行に及んだとする。その防衛行為によりXによる**急迫不正の侵害は終了**したのであるが、しかしその後も**Aが恐怖心から単独で暴行**を加えたとしよう。

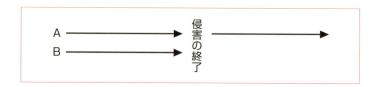

　この場合、侵害の終了後も暴行を加えたAには正当防衛は成立せず、暴行罪が成立する（量的過剰防衛〔➡122ページ（イ）〕となることが多いが、いずれにせよ暴行罪は成立する）。
　では、Bについてはどうか。
　この点、共犯関係の解消の問題（➡226ページ7.以下）として処理をすれば、BがAの暴行を制止する等の努力をしなかった限り、共犯関係の解消が認められず、Bにも暴行罪が成立することになろう。
　しかし、そもそも、共犯関係の解消は、いったんは共犯関係が成立していた場合にのみ問題となる。ところが上の例におけるABは、Xによる**侵害行為に対する防衛行為を共謀しただけ**と評価するのが妥当である。なぜなら、防衛行為という適法行為に関する共謀と、違法行為に関する共謀とは、**規範的に全く異なる**ものだからである。
　とすれば、Xによる侵害行為が終了した後のAの暴行は、**当初の共謀の射程外**の行為というべきであろう。

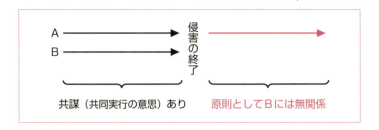

　したがって、侵害終了後のAの暴行については、AB間に新たな共謀があったと認められない限り、Bには無関係な行為だということになる。具体的には、AB間に新たな共謀があったと認められない限り、Bは侵害行為に対する防衛行為についてだけ帰責され、結局正当防衛が成立することになろう。

　判例も、「相手方の侵害に対し、複数人が共同して防衛行為としての暴行に及び、相手方からの侵害が終了した後に、なおも一部の者が暴行を続けた場合において、後の暴行を加えていない者について正当防衛の成否を検討するに当たっては、侵害現在時と侵害終了後とに分けて考察するのが相当であり、侵害現在時における暴行が正当防衛と認められる場合には、侵害終了後の暴行については、侵害現在時における防衛行為としての暴行の共同意思から離脱したかどうかではなく、新たに共謀が成立したかどうかを検討すべき……である」としている（最判平成6・12・6百選Ⅰ98）。

> 　本文では、判例の事案をベースにして共謀の射程を検討しましたが、より一般的にはどのように共謀の射程の内外を判断するべきでしょうか。
> 　この点については、①当初の共謀と実行行為の内容との共通性（被害者の同一性、行為態様の類似性、侵害法益の同質性など）、②当初の共謀による行為と過剰結果を惹起した行為との関連性（機会の同一性、時間的場所的近接性など）、③犯意の単一性、継続性、④動機や目的の共通性などを総合的に考慮して判断する見解が有力です。
> 　これらの判断基準を丸暗記する必要はありませんが、問題文の事実をよく読んで、当初の共謀がどこまで及んでいるのかを自分なりにしっかりと書くようにしましょう。

9. 共同正犯の中止未遂

1 中止未遂の成立要件　B+

共同正犯においても、中止未遂の要件（→ 170 ページ **2**）を満たせば中止未遂が成立する。

ただし、共同正犯の場合には、単独犯の場合と異なり他にも正犯者がいる。したがって、「中止行為」が認められるためには、他の者の実行行為を阻止するか、または結果の発生を防止しなければならない。

2 中止未遂の効果の人的範囲　B+

共同正犯において中止未遂が成立する場合、中止未遂の効果である必要的減免が認められる人的範囲が問題となる。

この点、中止未遂における必要的減免の根拠は、責任の減少にあった（→ 168 ページ **1**）。そして、責任は行為者に対する非難可能性である以上、行為者ごとに個別的に判断するべき事柄である。

したがって、中止未遂の効果はその中止者についてのみ生じ、他の共同者には及ばないと解するべきであろう（最判昭和 24・12・17 刑集 3-12-2028 参照）。

10. 身分犯の共同正犯

1 身分犯総論　A

身分犯の共同正犯の成否を検討する前提として、まず身分犯ないし身分という概念について押さえておくことが必要である。

ア　身分犯の意義と分類

身分犯とは、行為者に一定の**身分のあることが構成要件要素**となっている犯罪をいう。

この身分犯は、①真正身分犯と②不真正身分犯に分類される。

真正身分犯とは、行為者が一定の身分を有することによって**はじめて成立**する犯罪をいう。

たとえば、収賄罪（197条）は公務員にのみ成立する犯罪であるから、真正身分犯にあたる。

これに対し、**不真正身分犯**とは、身分がなくとも犯罪として成立するが、身分があることにより**刑が加重**されまたは**減軽**される犯罪をいう。

たとえば、常習賭博罪（186条）は単純賭博罪（185条）より加重され、また、保護責任者遺棄罪（218条前段）は単純遺棄罪（217条）より加重されており、それぞれ不真正身分犯にあたる。

なお、論者によっては、真正身分犯を構成的身分犯、不真正身分犯を加減的身分犯とよぶことがある。

身分犯 ┬ 真正身分犯（構成的身分犯）　　eg. 収賄罪
　　　 └ 不真正身分犯（加減的身分犯）　eg. 常習賭博罪、保護責任者遺棄罪

イ　身分の意義

真正身分犯であれ、不真正身分犯であれ、判例・通説はおよそ身分犯における「身分」を通常の語義よりも広く解している。

すなわち、「身分」とは、男女の性別、内外国人の別、公務員たる資格のようなものだけではなく、より広く**一定の犯罪行為に関する犯人の人的関係である特殊の地位または状態の全て**をいう（**最判昭和27・9・19刑集6－8－1083**）。この定義は覚えておこう。

なお、目的犯における「**目的**」が身分に含まれるかについては争いがあるが、「目的」も犯罪行為に関する人的関係としての特殊な状態といえるから、**身分に含まれる**と解するのが妥当であろう。判例も、麻薬輸入罪（旧麻薬取締法64条2項）における「営利の目的」を身分と解している（**最判昭和42・3・7百**

選 I 93）。

> **Q 目的犯における「目的」が身分に含まれるか　B**
> **A説　否定説**
> 結論：目的のような一時的な主観的事情は含まない。
> 理由：身分は社会関係における人間の上下を指すものであるから、通常の語義からすれば継続性を要件とすべきである。
> **B説　肯定説（判例）**
> 結論：目的も身分に含まれる。
> 理由：目的も一時的なものとはいえ犯罪行為に関する人的関係としての特殊な状態である。

2　身分犯の共同正犯の成否　A　→論証49

ア　問題の所在

身分のある者同士が共同して身分犯を犯した場合、当該身分犯の共同正犯が成立することについては特に問題がない。

では、身分のある者（身分者）と身分のない者（非身分者）とが共同して身分犯を犯した場合はどうか。

たとえば、①公務員 A と非公務員 B が共同して収賄を実行した場合、「公務員」という身分のない B に収賄罪の共同正犯が成立するのであろうか。

また、たとえば、②保護責任者である X と保護責任者ではない Y とが共同して要保護者を遺棄した場合、「保護責任者」という身分のない Y に保護責任者遺棄罪の共同正犯が成立するのであろうか。

これが身分犯の共同正犯の成否という問題である。

イ　65条の趣旨──1項と2項の関係

身分犯の共同正犯の成否を検討するにあたっては、まず、身分犯と共犯について定めた65条の趣旨を検討する必要がある。

65条は、まず1項で、「犯人の身分によって構成すべき犯罪行為に加功したときは、身分のない者であっても、共犯とする。」と定めている。すなわち、身分のない者も共犯としてならば身分犯として処罰できるとしている点で、身分の連帯的作用を規定しているわけである。

しかし、2項では、「身分によって特に刑の軽重があるときは、身分のない者

には通常の刑を科する。」と定めている。すなわち、たとえ身分のある者と共同した場合であっても、身分のない者は身分のない者として扱うとしている点で、身分の個別的作用を規定しているわけである。

こうしてみると、65条の1項と2項は矛盾しているようにも思われる。そこで、65条の趣旨、すなわち1項と2項の関係をいかに解するべきかが問題となっている。

（ア）団藤・大塚仁説

第1の見解は、1項は真正身分犯・不真正身分犯を通じて共犯の成立について定めたものであるのに対し、2項は特に不真正身分犯の科刑について定めたものであるとする見解である。

この見解から、「真正身分犯を身分者と共同した非身分者」の罪責を検討すると、1項により、非身分者にも真正身分犯の共同正犯が成立することになる。上記①の公務員Aと非公務員Bが共同して収賄を実行した例でいえば、1項によりA・Bに収賄罪の共同正犯が成立し、同罪の刑が科されることになるわけである。

他方、「不真正身分犯を身分者と共同した非身分者」については、1項により不真正身分犯の共同正犯が成立するが、2項により通常の刑が科せられることになる。上記②の保護責任者であるXと保護責任者ではないYとが遺棄を共同した例でいえば、1項によりX・Yに保護責任者遺棄罪の共同正犯が成立するものの、2項によりYには単純遺棄罪の刑が科せられるにとどまることになるわけである。

しかし、このように共犯の成立と科刑を分離させて考えるのは不当な解釈というべきであろう。

（イ）判例・通説

第2の見解は、1項は真正身分犯の共犯の成立と科刑を定めたものであるのに対し、2項は不真正身分犯の共犯の成立と科刑を定めたものとする見解であり、これが判例（大判大正2・3・18刑録19-353、最判昭和31・5・24刑集10-5-734）・通説である。

そもそも、1項の「身分によって構成すべき犯罪」とは真正身分犯を意味し、2項の「身分によって特に刑の軽重があるとき」とは不真正身分犯を意味していると解するのが、文言上自然である。したがって、この見解が妥当であろう。

10. 身分犯の共同正犯

この見解からは、「真正身分犯を身分者と共同した非身分者」については、1項により真正身分犯の共同正犯が成立することになる。すなわち、この点については第1の見解との違いはない。

しかし、「不真正身分犯を身分者と共同した非身分者」については、第1の見解と結論が異なってくる。すなわち、この場合は、2項のみ適用され、非身分者には通常の罪の共同正犯が成立することになるわけである。たとえば、上記②のYには2項により単純遺棄罪の共同正犯が成立し、同罪の刑が科されることになる。

なお、Xには保護責任者遺棄罪の共同正犯が成立し、同罪の刑が科されることになるが、この結論は罪名従属性（➡198ページ**3**）には反しないと解されている。

　　試験との関係では以上の2つの学説を押さえておけば十分ですが、第3の見解として、身分を違法身分と責任身分とに分け、**1項は違法身分**についての規定であるのに対し、**2項は責任身分**についての規定であるとする見解も有力です。この見解は「違法は連帯的に、責任は個別的に」判断する制限従属性説にも合致する優れた解釈といえるでしょう。
　　しかし、**違法身分と責任身分とを区別するのは困難**です。たとえば自己堕胎罪（212条）は妊婦自身による堕胎行為を堕胎罪のなかで特に軽く処罰する不真正身分犯ですが、この「妊婦」という身分が違法身分なのか責任身分なのかははっきりとしません。自己堕胎罪が軽く処罰されるのは自傷行為という側面があるからだと考えると、「妊婦」という身分は違法身分であることになります。しかし、妊婦の心理状態を考慮して軽く処罰しているのだと考えると、「妊婦」という身分は責任身分ということになってしまうわけです。
　　こうして考えると、単純明快さの点で、やはり判例・通説が妥当だというべきでしょう。

🔍 65条の趣旨——1項と2項の関係　A

A説（団藤・大塚仁）
結論：1項は真正身分犯および不真正身分犯を通じて身分犯における成立について定めた規定であり、2項は特に不真正身分犯について科刑の個別的作用について定めた規定である。
批判：犯罪の成立と科刑とを分離するのは不当な解釈である。

B説（判例・通説）
結論：1項は真正身分犯についての成立・科刑を規定して身分の連帯的作用を認め、2項は不真正身分犯についての成立・科刑を規定して身分の個別的作用を認めたものである。
理由：1項の「犯人の身分によって構成すべき犯罪行為」という文言や2項の「身分によって特に刑の軽重があるとき」という文言から、1項が真正身分犯に関する規定であり、2項が不真正身分犯に関する規定であると解するのが自然である。

C説 (平野)
結論：1項は身分が行為の違法性を規制する要素（違法身分）となっている場合に違法性の連帯性を規定し、2項は身分が行為の責任を規制する場合（責任身分）となっている場合に責任の個別性を規定したものである。
理由：「違法性は連帯的に、責任は個別的に」という原理。
批判：違法身分と責任身分の区別は困難であり、また、両者が混合している身分犯もある。

ウ　65条1項の「共犯」と共同正犯

　以上では、65条1項を共同正犯にも適用できることを前提としてきた。しかし、実は65条1項を共同正犯に適用できるか否かについては学説上の争いがある。条文の文言にひきつけていうならば、65条1項の「共犯」に共同正犯が含まれるかについて問題となっているわけである。

　この点、65条1項の「共犯」は狭義の共犯、すなわち教唆犯・幇助犯のみを意味し、共同正犯は含まれないとする見解がある。

　しかし、身分のない者も、身分のある者の行為を利用することによって真正身分犯の保護法益を侵害することは可能である以上、65条1項の「共犯」には、教唆犯・幇助犯だけでなく共同正犯も含むというべきであろう。

　判例も、女性が男性と共謀して被害者を強姦した事案（平成29〔2017〕年改正前の強姦罪〔旧177条〕は、現在の不同意性交等罪〔177条〕とは異なり、男性にのみ成立する真正身分犯だった）において、「身分のない者も、身分のある者の行為を利用することによって、強姦罪の保護法益を侵害することができるから、……65条1項により、強姦罪の共同正犯が成立すると解すべきである」としている（最決昭和40・3・30刑集19-2-125）。

Q 65条1項の「共犯」に共同正犯が含まれるか　A

A説 否定説
結論：65条1項の「共犯」は、教唆犯・幇助犯に限られる。
理由：真正身分犯においては、非身分者による実行行為を認めることは不可能である。

B説 肯定説（判例・多数説）
結論：65条1項の「共犯」には、教唆犯・幇助犯だけでなく、共同正犯も含まれる。
理由：身分のない者も身分のある者の実行行為を利用することによって真正身分犯の保護法益を侵害することは可能である。

以上でみてきたように、身分犯の共同正犯の成否については、多くの場合①65条の趣旨（1項と2項の関係）と、②65条1項の「共犯」に共同正犯が含まれるか、という2つの論点がセットで問題になります。65条を見たらセットで思い出せるようにしておきましょう。

エ　業務上横領罪と共犯

　業務上横領罪（253条）は、「他人の物の占有者」にのみ成立するという点では真正身分犯であるものの、「業務者」であるという点では単純横領罪（252条）よりも刑が加重される不真正身分犯であるという特殊な構成要件といえる。

　そこで、65条の趣旨につき、1項は真正身分犯の成立と科刑、2項は不真正身分犯の成立と科刑についての規定であると解する判例・通説を前提としつつも、業務上横領罪の共犯の処理については、なお見解が分かれている。

　この点、判例は、業務上横領罪については、成立と科刑の分離を認めている。すなわち、業務者でも占有者でもない者が、業務上の占有者である者と共同して横領をなした事案において、判例は、非占有者について65条1項により業務上横領罪の共同正犯が成立するとしたうえで、2項により単純横領罪の刑を科すべきものとしたのである（最判昭和32・11・19百選Ⅰ94）。

　しかし、業務上横領罪について、このような特殊な扱いをする必要はないであろう。すなわち、業務者という身分と占有者という身分を分けて考え、真正身分である占有者の点で65条1項を適用し、業務者の点では2項を適用すればよいだけである。

　このように考えると、非占有者については占有者という真正身分の連帯のみが肯定され、端的に単純横領罪の共同正犯が成立することになろう。

> **Q 業務上の占有者に加功した非占有者の罪責**　B
>
> **A説**（判例）
> 結論：65条1項を適用して業務上横領罪の共犯とし、さらに同条2項により単純横領罪の刑を科す。
>
> **B説**（川端）
> 結論：非占有者には単純横領罪の共同正犯が成立する。
> 理由：「占有」の限度で65条1項を適用し、業務者には2項を適用する。

11. 予備罪の共同正犯

1 予備罪総論　B+

予備罪の共同正犯を検討する前提として、まず予備行為の類型、およびその類型に関連する問題について押さえておこう。

ア　予備行為の類型
予備行為は、①自己予備と②他人予備に分類される。

自己予備とは、行為者が自ら犯罪を実現する目的で準備する場合をいう。たとえば、Aが自ら殺人罪を犯す目的でナイフを購入する場合である。

これに対し、他人予備とは、他人に犯罪を実現させる目的で準備する場合をいう。たとえば、Bに殺人罪を犯させる目的で、Aがナイフを購入しこれをBに渡す場合である。

イ　予備罪（単独犯）の成否
自己予備がなされた場合に予備罪が成立することについては争いがない。

問題となるのは、他人予備の場合にも予備罪が成立するかについてである。

この点、他人予備の場合には一切予備罪は成立しないとするのが多数説である。

たしかに、殺人予備罪（201条）などのように「……条の罪を犯す目的で」と規定されている予備罪については、文理上、自己予備の場合にのみ予備罪が成立すると解するのが妥当である。

他方、「……条の罪を犯す目的で」と規定されていない内乱予備罪（78条）や外患予備罪（88条）などについては、自己予備の場合だけでなく他人予備の場合も含むと解してもよいであろう。

Q 他人に犯罪を実現させる目的で準備する他人予備の場合にも予備罪が成立するか **B+**

A説
結論：成立する。

B説 多数説
結論：成立しない。

C説
結論：「……条の罪を犯す目的で」とされている場合には成立しないが、そのように規定されていない場合には成立する。
理由：「……条の罪を犯す目的で」という文理。

> B説とC説の違いは、「……条の罪を犯す目的で」と規定されていない内乱予備罪や外患予備罪において現れます。しかし、実際の試験で内乱予備罪や外患予備罪が出題されることはまずないといっていいと思います。したがって、B説とC説との違いは、少なくとも試験との関係ではあまり実益がありません。

2 予備罪の共同正犯の成否 **B+** ➡論証50

　以上を前提として、複数人が意思の連絡のもとに予備行為を共同して行った場合、予備罪の共同正犯が成立するかについて、場合を分けつつ検討していこう。

ア　行為者の全員に予備罪が成立する場合
（ア）問題となる場面
　まず、各行為者に単独犯として予備罪が成立する場合の、予備罪の共同正犯の成否を検討しよう。
　たとえば、AとBがそれぞれ自ら殺人罪を犯す目的のもと、一緒にそれぞれナイフを購入したとする。この場合、AとBにはそれぞれ単独でも殺人予備罪が成立するが、では、これらの予備罪は、共同正犯の関係に立つのであろうか。
（イ）予備罪の共同正犯の成否
　この問題は、予備行為が60条の「実行」にあたるのかという問題、すなわち、予備行為が実行行為といえるのかという問題である。
　この点、予備罪は修正された構成要件にすぎないことから、予備行為は実行行為ではないとして、予備罪の共同正犯の成立を否定する見解がある。
　しかし、予備罪も刑法各本条において独立に構成要件化されている以上、こ

れを実現する行為も実行行為であるといえるはずである。

したがって、予備罪の共同正犯も成立すると解するのが妥当であろう。

> 否定説は、およそ「実行行為」を、基本的構成要件に該当する行為に限定して考えていこうとしています。この見解は、法解釈の統一性を重視する見解であるといえます。
> すなわち、たとえば未遂犯について定めた43条の「実行」は、基本的構成要件に該当する行為のみを指しています（もし43条の「実行」が修正された構成要件に該当する行為をも含むと解したら、予備罪にも未遂犯が成立しうることになり、わけがわからなくなってしまいます）。
> そして、法解釈の統一性を重視していくならば、60条の「実行」も43条の「実行」と同じ意味であると解釈していくことになるわけです。
> しかし、43条の「実行」と60条の「実行」を同じ意味に解する必然性はありません。43条の「実行」は予備と未遂を区別するための概念であるのに対し、60条の「実行」は共同正犯を基礎付けるための概念であり、43条と60条は異なる領域についての規定であるといえるからです。
> そこで肯定説は、43条の「実行」は基本的構成要件に該当する行為のみを指すものの、60条の「実行」は修正された構成要件に該当する行為をも含むと解してもよいはずだと考えていくわけです。
> いいかえれば、肯定説は実行行為概念の相対性を認めていくわけです。

Q 予備罪の共同正犯の成否──予備行為の実行行為性　B⁺

A説　否定説
理由：①共同正犯は2人以上が共同して「実行行為」を行うことによって成立するものであるが、実行行為という概念は、基本的構成要件という限定された行為類型に裏打ちされてはじめて実質をもちうる。
②予備という本来きわめて定型性の希薄な行為をも含めるとすれば、実行行為の概念は著しく内容空疎なものとなる。

B説　肯定説
理由：予備罪は、修正形式の一種であるにせよ構成要件化されているので、「実行行為」を観念することができる。

イ　行為者の全員に予備罪が成立するわけではない場合

(ア) 問題となる場面

次に、行為者の全員に、単独犯として予備罪が成立するわけではない場合の、予備罪の共同正犯の成否について検討しよう。

たとえば、自ら殺人罪を犯す目的を有しないXが、自ら殺人罪を犯す目的を有しているYと共謀のうえ、Yのためにピストルを提供したとする。

この場合、「目的」（201条）を有するYには単独犯としても予備罪が成立する。これに対し、「目的」を有しないXには、単独犯としての予備罪は成立し

えない（➡ 239 ページ**イ**）。

では、X に予備罪の共同正犯が成立しないか。

（イ）検討

まず、予備の実行行為性は肯定すべきであるから、予備罪の共同正犯自体は成立しうる（➡ 240 ページ（**イ**））。

問題は X に「目的」がないことであるが、目的犯における「目的」は身分に含まれると解されることから（➡ 233 ページ**イ**）、結局この問題は、身分犯の共同正犯の成否の問題であることになる。

この点、殺人予備罪は「目的」を有する者にのみ成立することから真正身分犯にあたる。そして、65 条 1 項の「共犯」には共同正犯が含まれると解するべきである（➡ 237 ページ**ウ**）。

したがって、X には、65 条 1 項により予備罪の共同正犯が成立することになる。

「目的」を有しない X の罪責として検討すべき論点をごく簡単な答案構成のかたちにすると、次のようになります。

なお、「65 条の趣旨」については、この事案では団藤・大塚仁説であれ判例・通説であれ 65 条 1 項を適用することになりますから、論ずる実益があまりありません。簡単に書くにとどめるとよいと思います。

```
1  単独犯としての予備罪の成否
     文理上自ら犯す「目的」が必要
       →否定
2  予備罪の共同正犯の成否
  (1) およそ予備罪の共同正犯が成立しうるか
       →肯定
  (2) しかし X に「目的」なし
     この点「目的」は「身分」に含まれる
       →65 条の問題として処理
  (3) ア  65 条の趣旨
          ＝ 1 項が真正身分犯の共犯の成立と科刑
            2 項が不真正身分犯の共犯の成立と科刑
       イ  殺人予備罪は真正身分犯にあたる
       ウ  65 条 1 項の「共犯」には共同正犯が含まれる
  (4) よって、X には殺人予備罪の共同正犯が成立する
```

12. 不作為犯の共同正犯

不作為犯の共同正犯については、①共同者の各自が作為義務を有する場合と②一部の者のみが作為義務を有する場合に分けて検討する必要がある。

1 各自が作為義務を有する場合　B

たとえば、殺意のもと、父母が共同して乳児にミルクを与えず餓死させた場合である。

この場合に不作為犯の共同正犯が成立することにつき、異論はほぼない。

2 一部の者のみが作為義務を有する場合　B

問題は、たとえば、母親Aと第三者Bとが共同して乳児にミルクを与えず餓死させた場合のように、作為義務を有する者と作為義務を有しない者とが共同して不作為犯を実現した場合である。

この場合の共同正犯の成否については争いがあるが、不作為犯は作為義務を有する者のみに成立する真正身分犯であると解し、65条1項により作為義務を有しない者にも不作為犯の共同正犯が成立すると解するのが妥当であろう。

> **Q** 作為義務を有する者と作為義務を有しない者とが共同して不作為犯を実現した場合、不作為犯の共同正犯が成立するか　B
>
> **A説** 否定説
> 理由：作為義務のない者に共同の実行を認めると、実行行為の観念を不当に拡張することになる。
>
> **B説** 肯定説
> 理由：不作為犯を真正身分犯と解し、65条1項を適用する。

教唆犯

ここからは狭義の共犯である教唆犯・幇助犯を学ぶことになる。

教唆犯と幇助犯をめぐっては、共通する論点が多い。そこで、本章では教唆犯を、次の第 14 章では幇助犯を、それぞれ総論的に学んだ後、共通する論点を第 15 章でまとめて検討することにしよう。

1. 教唆犯の意義　　B

教唆犯とは、他人を教唆して犯罪を実行させた者をいう（61 条 1 項）。
たとえば、A が B に甲の殺人を唆し、B が甲の殺害を決意、実行した場合の A がこれにあたる。
なお、間接正犯や共同正犯との区別については後に述べる（➡ 267 ページ 9.）。

2. 教唆犯の成立要件

教唆犯が成立するためには、まず客観的要件として、①教唆行為が存在すること、②教唆に基づく正犯の実行行為があることが必要である。また、既遂罪の教唆犯が成立するためには、③正犯結果の発生が必要である。
さらに、主観的要件としては、④教唆犯の故意が必要である。
以下、それぞれの要件について、個別に検討していこう。

【既遂罪の教唆犯の成立要件】

① 教唆行為
② 教唆に基づく正犯の実行行為
③ 正犯結果の発生
④ 教唆犯の故意

1 教唆行為　A

「教唆」とは、他人を唆して犯罪を実行する決意を生じさせることをいう。

その手段・方法のいかんは問わず、たとえば明示的な方法による場合はもとより、黙示的な方法によってもよい。

また、漫然と犯罪一般を唆すだけでは足りないが、一定の犯罪を実行する決意を生じさせれば十分であり（最判昭和26・12・6刑集5-13-2485）、犯罪の日時・場所・方法などについてまで具体的に特定して教唆する必要はない。

2 教唆に基づく正犯の実行行為　A

ア　従属性

たとえ教唆行為があったとしても、それだけでは教唆犯は成立しない。被教唆者が当該犯罪の実行を決意し、それを「実行」に移すことが必要である（共犯従属性説 ➡ 194ページ（イ））。

また、正犯が構成要件に該当し、かつ違法であることが必要である（制限従属性説 ➡ 195ページ（イ））。

イ　因果関係

教唆行為と正犯の実行行為との間には、因果関係が必要である（最判昭和25・7・11百選Ⅰ91）。

たとえば教唆行為の後、正犯が実行の着手前にいったん犯意を放棄し、その後教唆行為とは無関係に新たに犯意を生じさせて実行した場合には、教唆犯は成立しない。

3　正犯結果の発生　A

　教唆行為があり、それに基づく正犯の実行行為があった場合、その時点で教唆者には未遂罪の教唆犯が成立する。その後、正犯の実行行為により正犯結果が発生すれば、教唆者には既遂罪の教唆犯が成立する。
　たとえば、AがBに甲の殺害を教唆した場合、それに基づきBが殺人の実行に着手した時点で、Aには殺人未遂罪の教唆犯が成立し、被害者の死亡結果が生じた時点で、殺人罪の教唆犯が成立することになる。

4　教唆犯の故意　A

ア　教唆犯の故意の内容

　以上のように、教唆犯は、①教唆行為→②それに基づく正犯の実行行為→③正犯結果の発生という因果経過をたどる。
　では、教唆犯の故意として、②正犯が実行行為に出ることまでの認識・認容で足りるのか、それとも③正犯結果の発生までの認識・認容を要するのか。この点については、以下の2つに見解が分かれている。

（ア）実行認識説

　第1の見解は、②までの認識・認容、すなわち被教唆者が違法な実行行為を行うことまでの認識・認容で足りるとする見解である。この見解は、実行認識説とよばれる。
　実行認識説は、主として「教唆」の定義をその理由とする。
　すなわち、「教唆」とは他人を唆して犯罪を実行させることをいうのであるから、教唆犯の故意としては、被教唆者が自己の教唆行為によって犯罪の実行を決意しその実行行為に至ることの認識・認容があればよい、と考えていくわけである。

（イ）結果認識説

　第2の見解は、③までの認識・認容、すなわち被教唆者が犯罪の結果を発生させることの認識・認容まで必要であるとする見解である。この見解は、結果認識説とよばれる。
　結果認識説は、主として共犯の処罰根拠についての混合惹起説（→189ページ（ウ））をその理由とする。

すなわち、共犯の処罰根拠は正犯の実行行為を通じて法益を侵害することにある以上、法益侵害の結果についての認識・認容が必要であると考えていくわけである。

> 試験との関係ではどちらの見解に立ってもいいだろうと思いますが、あえてどちらかを選ぶとすれば、共犯の処罰根拠との関係で筋がとおっている結果認識説がお勧めです。

Q 教唆犯の故意の内容　A

A説 実行認識説
結論：自己の教唆行為によって被教唆者が特定の犯罪を犯すことを決意し、その実行に出ることの認識・認容で足りる。
理由：教唆行為は、基本的構成要件に該当する実行行為ではなく、修正された教唆犯の構成要件に該当する行為、すなわち、他人に対して違法行為を行わせる行為であるから、教唆犯の故意も、基本的構成要件の全内容にまで及ぶ必要はなく、被教唆者が実行行為に出ることを認識・認容すれば足りる。

B説 結果認識説
結論：教唆行為の結果、被教唆者が基本的構成要件を実現することの認識・認容をも要する。
理由：惹起説に立つ限り、共犯も最終的な結果惹起と無関係に可罰性を考えるべきではなく、教唆の故意には結果発生の認識が必要である。

イ　未遂の教唆の可罰性　➡論証 51

以上の教唆犯の故意についての論点は、未遂の教唆の可罰性を認めるか否かというかたちで具体的に問題となる。

ここで未遂の教唆とは、教唆者が当初から未遂に終わらせることを意図しながら教唆行為を行った場合をいう。たとえば、甲が懐中に何も所持していないことを知っているAが、その事情を知らないBに対して、甲へのスリ行為を教唆した場合がこれにあたる。

この場合、Bが窃盗罪の実行行為に及んだとして、Aに窃盗未遂罪の教唆犯が成立するか否かは、教唆犯の故意をいかに解するかによる。

すなわち、実行認識説からは、Aには窃盗未遂罪の教唆犯が成立することになる。

これに対し、結果認識説からは、教唆犯としての故意に欠ける以上、過失による教唆犯の成立を否定する通説（➡ 258 ページ **1**）を前提とする限り、教唆犯

は成立せず、Aは不可罰となる。

> **Q 未遂の教唆の可罰性　A**
>
> **A説** 可罰説
> 結論：未遂罪の教唆犯が成立する。
> 理由：教唆は他人を教唆して犯罪を実行させることをいうから、被教唆者が自己の教唆行為によって犯罪の実行を決意しその実行行為に至ることの認識があれば足りる。
>
> **B説** 不可罰説
> 結論：不可罰である。
> 理由：惹起説に立つ限り、共犯も最終的な結果惹起と無関係に可罰性を考えるべきではなく、教唆の故意には結果発生の認識が必要である。

ウ　未遂の教唆で正犯結果が発生した場合　➡論証 52

では、未遂の教唆により、意外にも正犯結果が発生した場合はどうか。

たとえば、甲が防弾チョッキを着ていると信じていたAが、事情を知らないBに対して、甲への発砲を教唆したところ、たまたま甲は防弾チョッキを着ておらず、甲が死亡した場合、教唆者であるAの罪責をいかに解するべきか。

この点、未遂の教唆について不可罰説に立てば、当然この場合においても教唆犯は成立しないことになる。せいぜい、過失犯の処罰規定があればその成否を検討することになるだけである。

これに対し、未遂の教唆について可罰説に立つ見解からは、殺人未遂の教唆の故意で殺人既遂の教唆の結果を発生させた場合であるとして、共犯の錯誤の問題（➡269 ページ以下）として処理する見解が有力である。結論としては、重なり合いの限度で殺人未遂罪の教唆犯が成立することになろう。

> しかし、未遂の教唆について可罰説に立ちながら、正犯結果が発生した場合は共犯の錯誤の問題だとする見解は本当に妥当でしょうか。
> そもそも、未遂の教唆についての可罰説は、教唆犯の故意として正犯結果発生の認識・認容は不要と解しています。とすれば、偶然結果が発生したとしても、故意は完全に認められるはずです。にもかかわらず、主観と客観にズレがあるから錯誤の問題だ、というのは、私には矛盾にしかみえません。おそらく、未遂の教唆の可罰説は、「未遂罪の教唆犯」の故意と、「既遂罪の教唆犯」の故意とを分けて考えているのだと思いますが、その根拠は不明です。
> こう考えてくると、やはり教唆犯の故意について正犯結果発生の認識・認容を要求する見解が一番筋がとおっているのではないかと思います。

3. 教唆犯の処分　B

　教唆犯には「正犯の刑を科する」(61条1項)。
　ここで「正犯の刑を科する」とは、正犯に適用すべき法定刑の範囲内で処罰するという意味である（最判昭和25・12・19刑集4-12-2586）。
　したがって、正犯者が現実に処罰されることは必要ではない。また、正犯者が現実に処罰される場合でも、正犯者の宣告刑より重い宣告刑を教唆犯に科してもよい（法定刑と宣告刑については ➡ 301ページ以下）。
　なお、拘留・科料のみを法定刑とする軽い罪の教唆については、特別の規定（たとえば軽犯罪法3条）がなければ処罰されない（64条）。

4. 教唆犯の諸類型　B

　最後に、教唆犯の諸類型について概観しておくが、試験との関係での重要性は低いので、ざっと見ておけばよい。

1 間接教唆

　教唆犯を教唆することを間接教唆という。AがBに対して「Cに甲を殺すよう唆しちゃえよ」と言った場合のAがこれにあたる。
　間接教唆者も、教唆犯として処罰される（61条2項）。

2 再間接教唆

　間接教唆者をさらに教唆した場合を再間接教唆または順次教唆という。
　これについても、間接教唆と同様、教唆犯として処罰されるとするのが判例である（大判大正11・3・1刑集1-99）。

3 従犯の教唆

　従犯（幇助犯）を教唆した者は、従犯の刑を科する（62条2項）。
　AがBに対して「Cの殺人を幇助してやれよ」と言った場合のAがこれにあたる。

> 　以上でいったん教唆犯はおしまいです。教唆犯をめぐっては、これまでみてきた論点以外にもいくつかの論点があるのですが、残された論点については第15章で幇助犯と一緒にまとめて検討することにしましょう（➡ 257ページ以下）。

第14章

幇助犯

1. 幇助犯の意義　Ａ

幇助犯（従犯）とは、正犯を幇助した者をいう（62条1項）。

たとえば、Ａが甲の殺害を決意しているＢにピストルを提供し、Ｂがそのピストルを用いて甲を殺害した場合のＡがこれにあたる。

この幇助犯と教唆犯とを区別する基準は、正犯者に決意を生じさせたか否かにある。すなわち、教唆犯は未だ決意を有しない者に犯罪を決意させた場合であるのに対し、幇助犯は既に犯罪の決意を有する者を援助した場合の問題である。この区別の基準はしっかりと記憶しておこう。

なお、共同正犯と幇助犯の区別については後に述べる（➡ 267 ページ 9.）。

2. 幇助犯の成立要件

幇助犯が成立するためには、まず客観的要件として、①幇助行為が存在すること、および②正犯の実行行為があることが必要である。また、既遂罪の幇助犯が成立するためには、③正犯結果の発生が必要である。

さらに、主観的要件として④幇助犯の故意が必要である。

以下、それぞれの要件について、個別に検討していこう。

【既遂罪の幇助犯の成立要件】

① 幇助行為
② 正犯の実行行為
③ 正犯結果の発生
④ 幇助犯の故意

1 幇助行為

ア 意義

幇助とは、実行行為以外の方法によって正犯の実行行為を容易にすることをいう。

1.で述べたように、幇助は既に犯罪の決意をしている者に対しなされる。この点で、犯罪の決意を有しない者に対してなされる教唆と区別される。

イ 分類

幇助行為は、①物質的幇助（有形的幇助）と②精神的幇助（無形的幇助）に分類される。この分類はしっかりと記憶しておこう。

まず、物質的幇助とは、金銭の貸与・実行に供する凶器の提供・犯行現場への案内など、物質的方法による幇助をいう。

これに対し、精神的幇助とは、助言や奨励など、精神的方法による幇助をいう。この精神的幇助が「幇助」たりうるためには、正犯者が幇助行為を認識していることが必要である（➡257ページ**2**）。

幇助行為 ┌ 物質的幇助（有形的幇助）　eg. 金銭の貸与、凶器の提供、犯行現場への案内
　　　　 └ 精神的幇助（無形的幇助）　eg. 助言、奨励

ウ 事後従犯

「幇助」は正犯の実行行為を容易にすることであるから、実行行為が終了した後になした正犯への援助行為（事後従犯）は「幇助」にあたらない。したがって、幇助犯が成立することはない。

ただし、そうした行為が他の構成要件、たとえば犯人蔵匿罪（103条）や盗品等罪（256条）等に該当することはありうる。その場合には、当然、当該行為をした者は当該犯罪の正犯となる。

2 正犯の実行行為 A

たとえ幇助行為があったとしても、それだけでは幇助犯は成立しない。被幇助者が犯罪の実行に着手することが必要である（共犯従属性説 ➡ 193ページア）。
　また、正犯が構成要件に該当し、かつ違法であることが必要である（制限従属性説 ➡ 195ページイ）。

3 正犯結果の発生 A

教唆犯と同様に、既遂罪の幇助犯が成立するには、正犯結果が発生したことが必要である。
　幇助行為があり、それと因果関係がある正犯の実行行為があったとしても、正犯結果が発生しなければ、未遂罪の幇助犯が成立するにとどまる。

4 幇助の因果関係 A ➡論証53

幇助の因果関係については、①幇助行為と正犯の実行行為との間に因果関係があれば足りるのか、それとも正犯結果との間の因果関係まで必要かという問題、および②因果関係の程度をいかに解するべきかという問題がある。
　以下、それぞれ検討していこう。

ア　正犯結果との間の因果関係の要否

まず、正犯結果との間の因果関係まで必要かという問題についてである。
　第1の見解は、幇助行為と正犯の実行行為との間に因果関係があれば足りるとする。
　この見解は、主として「幇助」の定義ないし「幇助した」という62条の規定をその理由とする。
　すなわち、「幇助」とは実行行為以外の方法によって正犯の実行行為を容易にすることをいうところ、62条は単に「幇助した」と規定しているにすぎないのであるから、幇助行為と正犯の実行行為との間に因果関係があれば足りると

考えていくわけである。

　これに対し、第2の見解は、幇助行為と正犯結果との間の因果関係まで必要と解している。

　この見解は、共犯の処罰根拠についての混合惹起説（➡189ページ（ウ））をその理由とする。

　すなわち、共犯の処罰根拠は正犯の実行行為を通じて法益を侵害することにある以上、法益侵害の結果との間の因果関係が必要であると考えていくわけである。

　共犯の処罰根拠に照らせば、第2の見解が妥当であろう。

> **Q 幇助行為と正犯結果との間の因果関係が必要か　A**
>
> **A説** 不要説（平野、大塚仁など）
> 結論：幇助行為と正犯の実行行為との間の因果関係があれば足りる。
> 理由：現行法は「幇助した」と規定しているにすぎない。
>
> **B説** 必要説（井田など）
> 結論：幇助行為と正犯の結果との間の因果関係が必要である。
> 理由：①共犯の処罰根拠についての惹起説。
> 　　　②実行行為との間の因果関係だけでは、正犯の未遂に対する幇助の可罰性を基礎づけることはできても、既遂犯としての正犯全体に対する従犯の罪責を基礎づけることはできない。

イ　因果関係の程度

　実行行為との間の因果関係で足りると解するにせよ、結果との間の因果関係を要求するにせよ、ここでいう「因果関係」の程度については、さらに争いがある。

（ア）条件関係説

　第1の見解は、条件関係を要求する見解である。

　しかし、この見解では幇助犯の成立範囲が狭きに失する。

　たとえば、Aが既に殺人を決意しているBにピストルを提供したが、Bが実際の殺人行為の際に用いたのはB自身が用意していた日本刀であったとしよう。この場合、ピストルを提供したAには当罰性が認められるはずであるが、Aの幇助行為とBの実行行為ないし結果との間に「あれなければこれなし」という条件関係があったとはいいがたい。条件関係説からは、Aを幇助犯として処罰できなくなってしまうのである。

（イ）促進的因果関係説

　第2の見解は、条件関係は必要でなく、物理的・心理的に容易にし促進すれば足りるとする見解である。

　すなわち、たとえ「あれ（幇助行為）なければこれ（正犯の実行行為等）なし」とはいえない場合でも、「幇助行為が正犯の実行行為等を物理的または心理的に容易にし促進した」といえるならば、幇助の因果関係としては足りると考えるわけである。この見解に立つと、上の例でピストルを提供したAは、Bの実行行為等を心理的に容易にし促進したといえることから、幇助犯が成立することになろう。

　上記（ア）で述べたように、条件関係説では幇助犯の成立範囲が狭きに失する。この促進的因果関係説が妥当であろう。

> **Q 幇助犯における因果関係の程度　A**
> **A説　条件関係説**
> 結論：条件関係が必要である。
> 批判：幇助犯の成立範囲が狭きに失する。
> **B説　促進的因果関係説（有力説）**
> 結論：条件関係は必要でなく、物理的・心理的に容易し促進すれば足りる。
> 理由：①A説に対する批判。
> 　　　②（実行行為との間の因果関係で足りるとする見解から）現行法は「幇助した」と規定しているにすぎない。

5　幇助犯の故意　B

　幇助犯の故意の内容や「未遂の幇助」の可罰性については、教唆犯の故意の内容や「未遂の教唆」の可罰性（➡247ページイ以下）と同様に考えればよい。

3. 幇助犯の処分　B

　幇助犯の刑は、「正犯の刑を減軽する」（必要的減軽、63条）。
　ここで「正犯の刑を減軽する」とは、正犯に適用すべき法定刑を減軽した刑

によって処断するという意味である。したがって、正犯が現実に処罰されたことは必要でない。また、正犯者が現実に処罰される場合でも、正犯者の宣告刑より重い宣告刑を幇助犯に科してもよい（法定刑と宣告刑については ➡ 301 ページ 1、305 ページ 3.）。

なお、拘留・科料のみを法定刑とする軽い罪の幇助については、特別の規定（たとえば軽犯罪法 3 条）がなければ処罰されない（64 条）。

4. 幇助犯の諸類型

1　間接幇助　B

幇助犯を幇助することを間接幇助という。

間接幇助者については、間接教唆と異なって明文規定がない。そこで、その可罰性については争いがあるが、間接幇助者が正犯の実行を容易にしたものと認められる場合には本来の幇助犯として処罰してよいと解するのが判例（**最決昭和 44・7・17 百選 I 86**）・通説である。

2　再間接幇助　B⁻

間接幇助者をさらに幇助した場合を再間接幇助または順次幇助という。

理論的には、再間接幇助犯も処罰しうる。ただし、現実には再間接幇助と正犯の実行行為との間の因果関係の証明は困難であろう。事実、再間接幇助犯の成立を認めた判例は存在しない。

第15章 教唆犯・幇助犯をめぐる諸問題

1. 片面的教唆・幇助

1 片面的教唆　B

片面的教唆とは、教唆者が教唆行為を行ったが、被教唆者がその**教唆行為があることを知らず**に犯罪の実行を決意することをいう。

> そもそも片面的教唆という事態はあり得ないとする見解もありますが、たとえば、Aが「金庫の鍵をここに置いておけば、Bが窃盗の意思を生じ、金庫から金銭を盗むだろう」と考え金庫の鍵を置いておいたところ、その鍵を発見したBが「誰かが鍵を置き忘れたのだろう」と考え、窃盗を決意し実行した場合などは、まさに片面的教唆の場面といえるでしょう。

この片面的教唆の場合に教唆犯が成立するかについては争いがあるが、共同正犯（➡211 ページ 3.）と異なり、文理上これを否定する必要はないとして、教唆犯の成立を肯定するのが通説である。

2 片面的幇助　A　➡論証54

片面的幇助とは、幇助者が幇助行為を行ったが、被幇助者はその**幇助行為があることを知らず**に犯罪を実行することをいう。

この場合の幇助犯の成否は、幇助行為の類型により異なる。

すなわち、金銭の貸与・実行に供する凶器の提供などといった**物質的幇助**の場合には、被幇助者に幇助行為の認識がなくとも実行行為が容易になったとい

えるので、幇助犯が成立する（大判大正 14・1・22 刑集 3 -921）。

これに対し、助言や奨励などといった精神的幇助の場合には、被幇助者が幇助行為の存在を認識してはじめて実行行為が容易になるといえるので、認識がない以上幇助犯は成立しない。

この片面的幇助の処理はしっかりと記憶しておいてほしい。

【片面的共犯の成否のまとめ】

①共同正犯	否定
②教唆犯	肯定
③幇助犯	物質的幇助は肯定、精神的幇助は否定

2. 過失による教唆・幇助

1 過失による教唆　B

たとえば、A が激情家の B に対して軽率にも「X がお前の悪口を言っていたぞ」と言ったところ、B は X の傷害を決意し、実行したとする。A としては B にそうした決意を生じさせる故意はなかったのであるが、この場合、A に傷害罪の教唆犯が成立するであろうか。これが、過失による教唆犯の成否の問題である。

この点、過失を罰するためにはその旨の特別の規定が必要であるところ（38 条 1 項ただし書）、過失による教唆を処罰する特別の規定はない以上、過失による教唆犯は成立しないと解するべきであろう。

2 過失による幇助　B+

同様の問題は、幇助犯においても生じる。

たとえば、人の毒殺を決意している B に対し、A が不注意で毒物を販売してしまった結果、B がこれを用いて毒殺を行ったとする。販売者である A には B

の実行を容易にする故意はなかったのであるが、Aに殺人罪の幇助犯が成立するであろうか。これが、過失による幇助犯の成否の問題である。

この場合についても、過失による教唆犯を否定するのと同じ理由により、過失による幇助犯は成立しないと解するべきであろう。

3. 過失犯に対する教唆・幇助

1 過失犯に対する教唆　B⁻

たとえば、医師Aが看護師Bに毒を薬と偽って渡したところ、看護師Bが不注意にもこれを確かめもしないで薬と思って患者に投与し、患者を死亡させたとする。この場合、看護師Bには業務上過失致死罪（211条1項前段）という過失犯が成立するのであるが、では、医師Aに業務上過失致死罪の教唆犯が成立するのであろうか。これが、過失犯に対する教唆犯の成否の問題である。

> 先に検討した「過失による教唆・幇助」と、ここで検討する「過失犯に対する教唆・幇助」とは別問題です。すなわち、前者は**教唆行為・幇助行為が過失行為**である場合に教唆犯・幇助犯が成立するか否かという問題であるのに対し、後者は**正犯が過失犯**である場合にそれに対する教唆犯・幇助犯が成立するか否かという問題なわけです。

この点、日常用語上「教唆」という語は故意を生じさせることをいうとして、過失犯に対する教唆犯の成立を否定するのが通説である。このように解しても、間接正犯が成立しうる以上、特に不都合性は生じないであろう。

したがって、医師Aには教唆犯は成立せず、間接正犯として処理することになる。

2 過失犯に対する幇助　B⁻

では、過失犯に対する幇助犯についてはどうか。

たとえば、AとBが狩猟に出かけたところ、目の悪いBが人間であるCを熊と誤認し射殺しようとしたとする。このときAはCが人間であると認識してい

たのであるが、日頃からCを恨んでいたAは、Bに「逃がすなよ」などと言って激励したとしよう。BがCを射殺した場合、Bには業務上過失致死罪（211条1項前段）という過失犯が成立するが、では、Aに業務上過失致死罪の幇助犯が成立するのであろうか。

この点、教唆犯の場合とは異なり、過失犯に対する幇助犯を認めても日常用語とのズレが生じるわけではないことから、成立を肯定してよいであろう。

【過失による教唆・幇助、過失犯に対する教唆・幇助のまとめ】

①過失による教唆	否定（38条1項ただし書）
②過失による幇助	否定（38条1項ただし書）
③過失犯に対する教唆	否定（「教唆」の語義）
④過失犯に対する幇助	肯定

4. 結果的加重犯に対する教唆・幇助

1　結果的加重犯に対する教唆　A

結果的加重犯に対する教唆とは、基本的犯罪を教唆したところ被教唆者が重い結果を発生させた場合をいう。

たとえば、AがBにXの傷害を教唆し、Bが傷害の故意でXを刺したところ、Xが死亡したとする。この場合、Bには傷害致死罪（205条）という結果的加重犯が成立するのであるが、では、Aに傷害致死罪の教唆犯が成立するのであろうか。

> 「結果的加重犯に対する教唆」といっても、結果的加重犯の重い結果を発生させること自体を教唆したわけではありません。たとえば上の事例で、AがBにXの死亡という結果を発生させることまで教唆したのであれば、それは単に殺人罪の教唆となります。
> また、傷害を教唆したところ、Bが殺意をもってXを殺した場合には、傷害教唆の故意で殺人教唆をなした場合として、まずは共犯の錯誤の問題（→269ページ以下）となります。その結果、傷害罪の教唆犯の成立を肯定することになり、その後にはじめて傷害致死罪という結果的加重犯に対する教唆犯の成否が問題となります。

> このように、結果的加重犯に対する教唆がストレートに（言い換えれば第1次的に）問題となるのは、**教唆者も正犯者も重い結果についての認識・認容がなかった場合だけ**です。

　結果的加重犯に対する教唆犯の成否については、結果的加重犯の共同正犯の成否の問題と同様に、結果的加重犯の重い結果についての過失が必要か否か（結果的加重犯の本質 ➡ 225ページイ）が重要なポイントとなる。

　すなわち、重い結果についての過失を必要とする見解からは、過失犯に対する教唆犯の成否（➡ 259ページ1）が問題となろう。ただし、結果的加重犯に過失を要求し、かつ過失犯に対する教唆犯の成立を否定する見解に立ちつつも、結果的加重犯に対する教唆犯だけは成立すると解する見解もあり、議論は錯綜している。

　これに対し、重い結果についての過失を不要とする本書の立場からは、結果的加重犯に対する教唆犯は問題なく認められることになる。

2　結果的加重犯に対する幇助　B

　同様の問題は、幇助犯においても生じる。

　たとえば、Xの傷害を決意しているBに対し、Aがナイフを提供したところ、Bがそのナイフで Xを刺した結果、Xが死亡したとする。この場合、Bには傷害致死罪という結果的加重犯が成立するのであるが、では、Aに傷害致死罪の幇助犯が成立するのであろうか。

　この点についても、教唆犯の場合と同様に考え、幇助犯の成立を肯定するべきである。

5. 不作為による教唆・幇助

1　不作為による教唆　B⁻

　不作為による教唆が認められるか否かについては、「教唆」という言葉の語

義から、教唆行為は作為による教唆に限られると解し、不作為による教唆を否定する見解が有力である。

2 不作為による幇助　B+　➡論証55

では、不作為による幇助についてはどうか。

たとえば、Aが営業時間外の店舗に窃盗目的で侵入したところ、警備員のBは監視カメラ越しにAに気づいた。ところが、そのAは偶然にもBの友人だったため、BはAに気づかなかったふりをし、通報等をしなかった。そのため、Aは窃盗を完了したとしよう。

この場合、Bは通報などの作為をしないという不作為によりAを幇助したことになるが、かかる不作為が「幇助」にあたりうるだろうか。

> ちなみに、この事案では、①不作為による幇助に加えて、既に学んだ②片面的幇助（➡257ページ2）も問題となります。この2つの論点は一緒に論じることが多いので、ワンセットで抽出できるようにしておきましょう。

通説は、「幇助」とは実行行為以外の方法によって正犯の実行行為を容易にすることをいうところ、不作為により正犯の実行行為を容易にすることも可能であることから、不作為も「幇助」にあたりうると解している。

判例も、選挙長が違法投票を目撃しながらそれを制止しなかった事案において、選挙長に不作為による幇助犯が成立するとしている（大判昭和3・3・9刑集7-172）。

ただし、自由保障の見地から、当該不作為が作為と構成要件的に同価値であることが必要と解するのが妥当であろう。

上記のBは、警備員であるから、契約に基づき通報などをする義務を負っているといえるし、排他的支配も認められるから、作為義務が認められる。また、かかる作為は可能かつ容易である。したがって、Bの不作為は作為と構成要件的に同価値といえ、Bの不作為は「幇助」にあたることとなろう。

6. 不作為犯に対する教唆・幇助

1 不作為犯に対する教唆　B

　たとえば、散歩中、隣家に住む幼児が川で溺れているのを目撃したAが、幼児を救出しようとしている幼児の母親Bに対し、幼児を救助しないよう唆した結果、Bが救助せず幼児が死亡したとする。この場合、Bには殺人罪の不作為犯が成立するのであるが、では、Aに殺人罪の不作為犯の教唆犯が成立するのであろうか。これが、不作為犯に対する教唆犯の成否の問題である。

> 先に検討した「不作為による教唆・幇助」と、ここで検討する「不作為犯に対する教唆・幇助」とは、やはり別問題です。すなわち、前者は**教唆行為・幇助行為が不作為**である場合に教唆犯・幇助犯が成立するか否かという問題であるのに対し、後者は**正犯が不作為犯**である場合にそれに対する教唆犯・幇助犯が成立するか否かという問題なわけです。

　この点、不作為犯を真正身分犯と解し、65条1項により教唆犯が成立すると解するのが妥当であろう（➡243ページ**2**参照）。

2 不作為犯に対する幇助　B

　同様の問題は、幇助犯においても生じる。
　この場合にも、65条1項により幇助犯が成立すると解するのが妥当である。

【不作為による教唆・幇助、不作為犯に対する教唆・幇助のまとめ】

①不作為による教唆	否定（「教唆」の語義）
②不作為による幇助	肯定（ただし同価値性が必要）
③不作為犯に対する教唆	肯定（65条1項）
④不作為犯に対する幇助	肯定（65条1項）

7. 身分犯と教唆・幇助

身分犯と教唆・幇助の問題は、①非身分者が不真正身分者を教唆・幇助した場合、②不真正身分者が非身分者を教唆・幇助した場合、③非身分者が真正身分者を教唆・幇助した場合、④真正身分者が非身分者を教唆・幇助した場合、という4つの類型に分けて検討することが必要である。

以下、それぞれを検討しよう。

1 非身分者が不真正身分者を教唆・幇助した場合　A

たとえば、賭博の非常習者であるAが、賭博の常習者であるBの賭博行為を教唆・幇助した場合である。

この場合、65条の趣旨につき判例・通説を前提とすれば（➡234ページイ）、**65条2項**の適用により、非身分者には**通常の刑の教唆犯・幇助犯**が成立することになる。上記のAには単純賭博罪の教唆犯・幇助犯が成立するわけである。

2 不真正身分者が非身分者を教唆・幇助した場合　A

たとえば、賭博の常習者であるXが、賭博の常習者ではないYの賭博行為を教唆・幇助した場合である。

この場合についても、**65条2項**を適用し、不真正身分者には**不真正身分犯**

の教唆犯・幇助犯が成立するとするのが判例（大連判大正3・5・18刑録20-932）・多数説である。上記のXには常習賭博罪の教唆犯・幇助犯が成立すると解するわけである。

> この判例・多数説に対しては、消極的身分を認めることになり不当であるという鋭い批判があります。「身分のない者には通常の刑」という65条2項の規定を常習者であるXに適用するということは、「常習者」を「身分のない者」であると評価することになり、それは「身分概念の自殺」を意味することになるという批判です。
>
>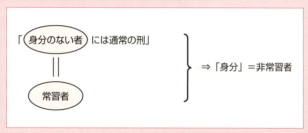
>
> すなわち、「常習者」が「身分のない者」にあたると評価すると、そこにいう「身分」は「常習者ではない」ということを指すことになります。その結果、身分があることも身分、身分がないことも身分ということになり、身分概念が意味をもたなくなってしまうというわけです。
> この批判に対する多数説からの反論はなかなか困難です。試験との関係では判例・多数説で十分ですが、理論的には、65条2項の適用は否定するのが筋なのかもしれません。

3 非身分者が真正身分者を教唆・幇助した場合　A

たとえば、公務員ではないAが、公務員であるBに対し収賄罪を教唆・幇助した場合である。

この場合、65条1項の適用により、非身分者には真正身分犯の教唆犯・幇助犯が成立する。Aには収賄罪の教唆犯・幇助犯が成立するわけである。

4 真正身分者が非身分者を教唆・幇助した場合　A

たとえば、公務員であるXが、公務員ではないYに対し収賄罪を教唆・幇

助した場合である。Xが妻Yに「甲さんが賄賂をくれるみたいだから、お前ももらっておけよ」と唆した場面をイメージするとよい。

　この場合は注意を要する。すなわち、身分を有しないため、正犯にあたる者の行為が構成要件に該当しない以上、共犯従属性説（➡ 194ページ（イ））を前提とする限り、それを教唆・幇助した者がたとえ身分者であっても教唆犯・幇助犯が成立することはないのである。
　したがって、真正身分犯の共同正犯（➡ 232ページ 10. 以下）として処理するか、非身分者が身分者の道具であった場合には間接正犯として処理することとなろう。

8. 予備罪の教唆・幇助

1 予備罪の教唆　B+

ア　問題となる場面

　たとえば、AがBに殺人を教唆したところ、Bが殺人の実行に着手することなく、予備行為をするにとどまったとしよう。この場合、Bに殺人予備罪（201条）が成立するのであるが、では、Aに殺人予備罪の教唆犯が成立するのであろうか。
　このように、教唆者が基本的構成要件の犯罪を教唆したところ、被教唆者の行為がその基本的犯罪の実行にまで達することなく、予備の段階にとどまった場合で、かつ、当該予備が処罰されるものである場合に、予備罪の教唆犯の成否が問題となる。

イ　検討

　この問題は、予備行為が 61 条の「実行」にあたるのかという問題、すなわち、予備行為が実行行為といえるのかという問題である。
　この点、予備罪の共同正犯の成否で検討したように、予備罪も刑法各本条において独立に構成要件化されている以上、これを実現する行為も実行行為であるといえるはずである（➡ 240 ページ（イ））。
　したがって、予備罪の教唆犯が成立すると解するのが妥当であろう。

2　予備罪の幇助　B

　同様の問題は、幇助犯においても生じる。
　予備罪も刑法各本条において独立に構成要件化されている以上、予備罪の幇助犯が成立すると解するのが妥当である。

> 以上の予備罪の教唆・幇助は、正犯が予備行為をなしたにとどまった場合、換言すれば**正犯が実行に着手しなかった場合**にだけ問題となります。もし正犯が実行に着手したのならば、それは単純な教唆・幇助にすぎませんから、注意しておきましょう。

9. 正犯と狭義の共犯の区別

1　問題の所在　A

　間接正犯や共同正犯を含めた正犯と、狭義の共犯とは、その境界があいまいであることが多い。たとえば、犯行現場での見張り役を務めた者が、共謀共同正犯にあたるのか、それとも幇助犯にあたるのかの判断はなかなか困難である。
　そこで、正犯と狭義の共犯の区別の基準をいかに解するべきかが、「正犯」の概念をいかに解するかと関連して論点となっている。

2 検討　A　➡論証56

　この問題については議論が錯綜しているが、試験との関係では、実質的に自己の犯罪として行った場合が正犯であり、他人の犯罪に加担したにすぎない場合が共犯であるとする見解を知っておけば足りる。

　そして、実質的に自己の犯罪といえるか否かは、関与者の犯罪行為全体における役割の重要性の程度や正犯意思の有無（➡210ページウ）がポイントとなろう。

> 　本文で述べた以外にも様々な見解がありますが、実際の試験では、抽象論ではなくその後のあてはめが勝負のポイントとなるのが通常です。抽象論の部分は簡潔に述べるにとどめ、充実したあてはめをする方が試験対策としては得策でしょう。

第16章 共犯の錯誤

共犯の最後に、共犯と錯誤の問題を検討する。この問題も頻出であるので、しっかりと学習しておいてほしい。

1. 共犯の錯誤・総論

1 共犯の錯誤の意義　B

共犯の錯誤とは、広義の共犯者が認識した犯罪事実と、正犯者が実行した犯罪事実との間に不一致がある場合をいう。

たとえば、窃盗を教唆したところ、教唆者の意図に反して正犯者が強盗を決意して実行した場合がこれにあたる。

2 共犯の錯誤の処理　B

共犯の錯誤についても、正犯における事実の錯誤（➡ 65 ページ 4.）と同様に、主として法定的符合説によって処理していけばよい。ただし、共犯の錯誤特有の処理が要求される場合もあるので注意を要する。

共犯の錯誤には、大きく、①同一共犯形式内の錯誤、②異なる共犯形式相互間の錯誤、③間接正犯と共犯の錯誤に分類される。以下、これらの類型ごとに検討していこう。

共犯の錯誤 ┏ ①同一共犯形式内の錯誤
　　　　　┤ ②異なる共犯形式相互間の錯誤
　　　　　┗ ③間接正犯と共犯の錯誤

2. 同一共犯形式内の錯誤

1 共同正犯の錯誤　A　➡論証 57

ア　具体的事実の錯誤

たとえば、AとBでXを殺害する共謀をしたところ、実行担当者であるAがXと間違えてYを殺害した場合がこれにあたる。

法定的符合説からは、当然A・Bに殺人罪の共同正犯が成立することになる。

イ　抽象的事実の錯誤

たとえば、AとBでXに対する傷害を共謀したところ、実行担当者であるAが殺意をもってXを刺し、死亡させた場合がこれにあたる。

この場合、Aに殺人罪が成立することについては問題がない。

では、殺意を有しなかったBの罪責はどうか。

このBの罪責については、法定的符合説の問題としてではなく、①共犯の本質（➡ 198 ページ 3）、および②結果的加重犯の共同正犯の成否（➡ 224 ページ 2）の問題として処理するのが一般的である。

以下、検討していこう。

（ア）共犯の本質との関係

まず、罪刑法定主義からは構成要件論を重視すべきであることから、共同正犯は特定の構成要件を共同して実現することが必要であった（犯罪共同説）。

ただし、各行為者が異なった構成要件を共同して実現した場合であっても、それらの構成要件が同質的で重なり合うものであるときは、その重なり合いの限度で共同正犯の成立を認めていったわけである（部分的犯罪共同説）。

これを上の例にあてはめれば、まず、A・B間で殺人罪の共謀がない以上、殺人罪の共同正犯が成立することはない。

しかし、Bの目指した傷害罪と、Aの目指した殺人罪とは、傷害罪の限度で重なり合っていることから、少なくともA・B間に傷害罪の共同正犯が成立することになる。

（イ）結果的加重犯の共同正犯の成否

さらに、上の例では被害者の死亡という重い結果が発生していることから、結果的加重犯の共同正犯の成否も問題となる。

この点、重い結果についての過失を不要とする本書の見解からは、過失犯の共同正犯の成否を問題とするまでもなく、結果的加重犯の共同正犯の成立を肯定できた。

上の例でも、傷害罪の結果的加重犯である傷害致死罪の共同正犯が成立することになろう。

（ウ）結論

以上をまとめれば、Aには殺人罪、Bには傷害致死罪が成立し、両者は傷害致死罪の限度で共同正犯となる。

2 教唆犯の錯誤　A

ア　具体的事実の錯誤

たとえば、AがBに対しXの殺害を教唆したところ、BがXと間違えてYを殺害してきた場合がこれにあたる。

法定的符合説からは、Bに殺人罪が、Aに殺人罪の教唆犯がそれぞれ成立する。

イ　抽象的事実の錯誤

たとえば、AがBに対し窃盗を教唆したところ、Bが強盗を決意し実行した場合がこれにあたる。

法定的符合説からは、実質的な重なり合いの限度で教唆犯が成立することに

なる。上の例では、窃盗と強盗は窃盗の限度で実質的に重なり合っていることから、Bには強盗罪が成立し、Aには窃盗罪の教唆犯が成立する。

> 実際の答案では、まずAのなした行為が**客観的には強盗の教唆**にあたり、かつ強盗との間の因果関係も認められると認定します。そのうえで、主観的には窃盗の教唆であることから抽象的事実の錯誤が問題となる、というふうに流していくことになります。
> なお、この例は、抽象的事実の錯誤のうち、客観の方が重い類型（➡ 79ページウ）にあたりますから、故意の有無の問題ではなく、軽い故意に対応した軽い客観の有無の問題として論じていくことになるでしょう。
> 他方、たとえばAがBに対し強盗を教唆したところ、**Bが窃盗を決意し実行**した場合には、**客観的には窃盗の教唆**にあたると認定したうえで、かかる客観に対応する故意の有無を論じていくことになるわけです。

ウ 結果的加重犯の場合

たとえば、AがBに対し傷害を教唆したところ、Bが傷害の結果的加重犯である傷害致死罪を実現してきた場合がこれにあたる。

この場合には、錯誤は問題とならない。結果的加重犯に対する教唆犯の成否（➡ 260ページ**1**）が問題となるだけである。

すなわち、そもそも錯誤は発生した犯罪事実に対する故意を有していなかった場合に問題となるものである。そして、たしかに教唆者Aは発生した重い結果についての故意を有していないものの、結果的加重犯の重い結果に対する故意はそもそも不要である（➡ 26ページ③、58ページ**ウ**）。したがって、重い結果についての故意を有していなかったことを問題にする必要は一切ないのである。

3 幇助犯の錯誤　B

幇助犯の錯誤については、教唆犯の錯誤と同様に処理すればよい。

---

3. 異なる共犯形式相互間の錯誤 ➡論証58　A

たとえば、既に殺人の実行を決意しているBに対し、Bがまだ殺人の実行の

決意を固めていないと誤信したAが殺人を唆したとしよう。この場合、Aは殺人教唆の故意で、結果的には殺人幇助をなしたことになる。

このように主観と客観とが異なる共犯形式にまたがってズレている場合については、抽象的事実の錯誤として法定的符合説から処理することになる。その際、共犯形式は、共同正犯＞教唆＞幇助の順で重なり合っていると解していく。

上の例では、幇助の限度で重なり合っていることから、Aには殺人罪の幇助犯が成立することになる。

4. 間接正犯と共犯の錯誤

1 間接正犯と教唆との錯誤　A

間接正犯と教唆との錯誤が問題となる場面としては、①間接正犯の故意で客観的には教唆犯にあたる行為を行った場合と、これとは逆に②教唆犯の故意で客観的には間接正犯にあたる行為を行った場合とに分けることができる。

以下、それぞれを検討していこう。

ア　主観が間接正犯、客観が教唆犯の場合　➡論証59

たとえば、Aが、Bを意思能力を欠く者であると誤信して、道具として利用する意思のもとBに甲の殺人を指示したところ、Bはその行為の意味を十分理解しながら甲を殺した場合である。この場合、Bには殺人罪が成立するわけであるが、では、Aの罪責はいかに解するべきであろうか。

通説は、この問題を錯誤の問題として処理し、教唆犯が成立すると解していく。

すなわち、間接正犯は、他人を道具として利用し特定の犯罪を実現する場合である。また、教唆犯は、他人を利用して犯罪を実現する場合である。

とすれば、間接正犯と教唆犯とは、「他人を利用する」点で法定的に符合しているということができる。換言すれば、両者は教唆犯の限度で重なり合って

いるといえよう。
　したがって、教唆犯が成立すると解していくわけである。

> **Q** 間接正犯の故意で、客観的には教唆の結果を生じさせた者の罪責　B$^+$
> **A説** 間接正犯説
> 結論：間接正犯が成立する。
> 批判：利用者が被利用者を道具のように支配しているとはいえない。
> **B説** 教唆犯説（通説）
> 結論：教唆犯が成立する。
> 理由：間接正犯の故意は他人を道具として利用し特定の犯罪を実現する意思であり、一方、教唆犯の故意も他人を利用して犯罪を実現する意思であり、「他人を利用する」点で法定的符合を認めることができる。

イ　主観が教唆犯、客観が間接正犯の場合

　同様のことは、教唆犯の故意で、客観的には間接正犯にあたる行為を行った者の罪責についても妥当する。
　たとえば、Xが、Yを意思能力者であると誤信して、教唆するつもりでYに殺人を指示したところ、Yが実は意思能力を欠く者であったため、Yはその行為の意味を理解せず、ただXにいわれたままに被害者を殺してきたとする。この場合、重なり合いの限度でXに教唆犯が成立することになる。

2　被利用者が途中で情を知るに至った場合　A　→論証60

　以上の「間接正犯と教唆犯の錯誤」の問題の応用編といえるのが、被利用者が途中で情を知るに至り、かつ犯罪を実行した場合の問題である。

ア　問題の所在

　たとえば、医師Aが、看護師Bに治療薬と偽って毒入りの注射器を渡し、入院患者であるXに注射するよう指示したところ、Bは途中でそれが毒薬であることを見抜いたとする。しかし、日頃からXを憎んでいたBは、この機会にXを殺そうと考え、そのままXに注射し、Xが死亡したとしよう。
　この場合の利用者Aの行為は、被利用者Bが情を知る前は間接正犯、情を知った後は教唆犯たる性質をもつ。
　そこで、利用者の行為が客観的に教唆行為にあたるのか（あたるならば1アの

一場面であるにすぎなくなる)、それとも客観的にも間接正犯にあたるのかが問題となるのである。

イ 検討

この点、客観的にも間接正犯にあたると解し、間接正犯の成立を認める見解がある。

しかし、間接正犯として処理すると、被利用者が気づきつつも実行したという因果経過は相当因果関係の範囲を逸脱している以上、未遂罪が成立するにとどまることになってしまうはずである。

そこで、被利用者が途中から気づいた場合であっても、**全体的にみれば客観的に教唆行為があったといえる**と解し、**1ア**の一場面として抽象的事実の錯誤として処理するのが妥当であろう。

> では、被利用者が**最初から**利用者の意図を見抜いていた場合はどうでしょうか。この場合には、問題なく利用者の行為が客観的に教唆行為にあたるといえますから、**2**の問題ではなく、純粋に**1ア**の問題であるといえるでしょう。

Q 被利用者が犯罪実現の途中で利用者の意図に気づいたが、そのまま結果を発生させた場合の利用者の罪責　A

A説 間接正犯説(団藤)
結論：間接正犯が成立する。
理由：①利用者の誘致行為は、教唆行為ではなく、実行行為にあたる。
　　　②誘致行為の後に被利用者が情を知るに至ったことは、因果経過の進行に関する軽微な錯誤にすぎず、特に考慮に値しない。
批判：①利用者が被利用者を道具のように支配しているとはいえない。
　　　②被利用者の行為は相当因果関係の範囲を逸脱している。

B説 教唆犯説(大塚仁・大谷など)
結論：教唆犯が成立する。
理由：利用者の行為と被利用者の行為とを全体的に捉えて、利用者には当該犯罪についての教唆犯を認めるのが妥当である。

3 間接正犯と幇助犯との錯誤　B

間接正犯と幇助犯との錯誤については、①間接正犯の故意で客観的には幇助犯にあたる行為を行った場合、②幇助犯の故意で客観的には間接正犯にあたる

行為を行った場合が考えられる。
　これらについても、間接正犯と教唆犯との錯誤と同様に考えればよい。すなわち、①であれ②であれ、幇助犯が成立することになるわけである。

罪数

罪数は初学者にとって手が回りにくい箇所であるが、論述式試験では、答案の最後にほぼ必ず罪数処理を書くことになる。特に観念的競合と牽連犯、および混合包括一罪については、しっかりと押さえておいてほしい。

1. 罪数論の意義　B

たとえば、Aが殺意をもってBに日本刀で切りかかり、Bが死亡したとする。この場合Aに殺人罪が成立するのはもちろんだが、よく考えてみると、ことは必ずしも単純ではない。

すなわち、たとえば被害者Bが服を着ていた場合、AはBの服を損壊したともいえ、殺人罪のほかに器物損壊罪が成立するようにもみえる。また、時間をさかのぼって考えれば、Bを殺害する目的で日本刀を用意した時点で殺人予備罪が、Bに切りかかった時点で殺人未遂罪が成立していたはずである。この場合、Aに殺人罪一罪が成立すると解するべきか、それとも殺人罪以外に器物損壊罪や殺人予備罪、殺人未遂罪も成立すると解するべきかが問題となってくる。

では、仮に数罪が成立するとした場合はどうか。この場合には、さらに、数罪の法定刑を単純に足した刑で処断するべきなのか、それとも最も重い罪の法定刑で処断する等の処理をするべきなのかが問題となってくる。

このように、行為者がある犯罪事実を惹起した場合において、①それを一罪とするべきか数罪とするべきか、また、②数罪とする場合それをどのように処断するべきかという問題が生じうる。これらの問題を解決するための理論が、これから検討する罪数論である。

2. 一罪と数罪

1　罪数決定の基準　B

　一罪か数罪かを判断する基準については争いがあるが、構成要件充足の回数によって判断するのが判例（最大判昭和24・5・18刑集3-6-796）・通説である。

2　一罪の分類　B

　以上の基準を前提とすれば、構成要件を1回だけ充足していることが単純・明確に認められる場合に一罪となることは当然である。このような場合を単純一罪という。

　これに対し、一見すると構成要件を複数回充足しているようにみえる場合であっても、なお構成要件を1回だけ充足していると評価され、一罪とされる場合がある。このような場合を評価上一罪といい、①法条競合と②包括一罪とがこれにあたる。

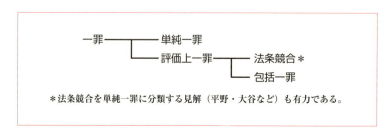

＊法条競合を単純一罪に分類する見解（平野・大谷など）も有力である。

　以下、評価上一罪について項を改めて概観していこう。

3. 評価上一罪

1 法条競合　B

　法条競合とは、条文上数個の構成要件を充足するようにもみえるが、構成要件相互の関係で結局1個の構成要件しか充足しないと評価される場合をいう。
　法条競合となる場合として、①特別関係、②補充関係がある。また、③択一関係、④吸収関係を加える見解もある。

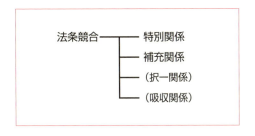

ア　特別関係

　特別関係とは、ある行為が2つの構成要件を充足するようにみえるが、その2つの構成要件が一般法と特別法の関係にある場合をいう。この場合、「特別法は一般法を排斥する」という原則により、特別法の構成要件のみ充足すると評価される。
　たとえば、業務上横領罪（253条）と単純横領罪（252条）は特別関係にあることから、業務上横領行為をなした者には業務上横領罪のみが成立する。

イ　補充関係

　補充関係とは、ある行為が2つの構成要件を充足するようにみえるが、その2つの構成要件が基本法と補充法の関係にある場合をいう。この場合、「基本法は補充法を排斥する」という原則により、基本法の構成要件のみ充足すると評価される。

たとえば、殺人予備罪（201条）や殺人未遂罪（203条）は、殺人罪（199条）が成立しない場合にのみ問題となる補充法といえることから、殺人を犯した者には殺人罪のみが成立する。

ウ　択一関係

択一関係とは、ある行為が2つの構成要件を充足するようにみえるが、その2つの構成要件が、どちらか一方が成立すれば他方が成立しない排斥的関係にある場合をいう。

たとえば、横領罪（252条）と背任罪（247条）、未成年者誘拐罪（224条）と営利誘拐罪（225条）などがその例とされる。

しかし、この択一関係と、特別関係や補充関係とを区別することは困難であり、択一関係という類型を認める必要はないであろう。

エ　吸収関係

吸収関係とは、ある構成要件に該当する行為が、他の構成要件に該当する行為を通常随伴する場合で、前者の構成要件のみをもって評価すれば足りる場合をいう。

たとえば、既遂と未遂の関係や、殺人罪（199条）と衣服の器物損壊罪（261条）の関係、さらに窃盗罪（235条）と盗品等の器物損壊罪（261条）の関係などが、吸収関係の例とされる。

しかし、既遂・未遂は補充関係として説明すれば足りる。また、殺人罪と器物損壊罪や、窃盗罪と器物損壊罪は、それぞれ別個の法益を侵害している場合であるから、包括一罪の問題と解するのが妥当である。すなわち、吸収関係という類型を認める必要はないであろう。

2　包括一罪　B+

包括一罪とは、数個の行為が、それぞれ独立して特定の構成要件を充足するようにみえるが、全ての行為が1個の構成要件に包括して評価され、結局1個の構成要件しか充足しないと評価される場合をいう。

包括一罪は、一般に次ページの図のように分類される。

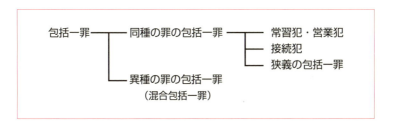

　以下、それぞれを概観していくが、このうち試験との関係でよく使うのは異種の罪の包括一罪（混合包括一罪）である。

ア　同種の罪の包括一罪
（ア）常習犯・営業犯
　たとえば常習賭博罪（186条1項）などの常習犯や、わいせつ文書頒布等罪（175条）などの営業犯（職業犯）は、はじめから数個の同種類の行為の反復を予想した構成要件である。
　これらの構成要件に該当する場合、反復された数個の行為は数罪を構成せず、全体として包括一罪となる。

（イ）接続犯
　同一の犯意に基づき、時間的・場所的に近接した条件のもとで数個の同種類の行為が行われ、その間に事実上分離できないような密接な関連がある場合を接続犯という。この接続犯は、全体として包括一罪となる。
　たとえば、夜間の約2時間内に3回にわたって同一倉庫から米俵を3俵ずつ、計9俵を盗み出した場合、窃盗罪（235条）の包括一罪となる（**最判昭和24・7・23百選Ⅰ100**）。

（ウ）狭義の包括一罪
　1個の構成要件が、同一法益に向けられた数種の行為を規定している場合がある。その数種の行為を一連の行為で行うときは、包括して一罪が成立する。これを、狭義の包括一罪という。
　たとえば、220条は「逮捕」行為と「監禁」行為を規定しているが、人を逮捕して引き続き監禁する場合には、全体として220条の包括一罪が成立する（最大判昭和28・6・17刑集7－6－1289）。

イ　異種の罪の包括一罪（混合包括一罪）

以上の包括一罪は、数個の行為が同一の構成要件に該当する場合であった。

しかし、数個の行為が異なる構成要件に該当するようにみえる場合でも、包括一罪が成立することがある。この場合の包括一罪を、混合包括一罪という。

混合包括一罪を認める要件としては、一般に①被害法益の実質的同一性、および②時間的・場所的近接性をあげることができる。

たとえば、無銭飲食の意図を秘して料理を注文しこれを取得した後、強度の暴行をもって代金の支払を免れた場合、詐欺罪（246条1項）と強盗利得罪（236条2項）が成立するようにもみえる。しかし、①被害法益は料理とその代金という点で実質的に同一であり、②時間的・場所的に近接していることから、混合包括一罪として強盗利得罪のみが成立することになる。

判例も、窃盗罪（235条）または詐欺罪（246条1項）と強盗殺人未遂罪（243条・240条）との包括一罪を認めている（最決昭和61・11・18百選Ⅱ40）。

ウ　不可罰的事前行為・不可罰的事後行為

なお、異種の罪の包括一罪として、不可罰的事前行為（共罰的事前行為）・不可罰的事後行為（共罰的事後行為）があげられることがある。

このうち、不可罰的事後行為は重要である。

（ア）不可罰的事前行為（共罰的事前行為）

不可罰的事前行為という概念を認める見解によれば、不可罰的事前行為とは、基本的犯罪に対する準備的行為にあたるため、基本的犯罪が成立するときはそれに吸収され、基本的犯罪の構成要件によって包括して評価される行為をいう。

たとえば、殺人予備罪（201条）は殺人罪（199条）の不可罰的事前行為であると説明される。

（イ）不可罰的事後行為（共罰的事後行為）

不可罰的事後行為とは、犯罪の完成後にその犯罪に伴う違法状態が継続する状態において、その違法状態のなかに通常含まれている行為であるため、既に当該の構成要件によって評価し尽くされている行為をいう。

たとえば、窃取した財物の毀棄行為や売却行為は、それぞれ窃盗罪（235条）によって評価し尽くされているため、器物損壊罪（261条）や横領罪（252条）

は成立しない。

これに対し、窃取した預金通帳を用いて窓口でその預金の払戻しを受ける行為は、新たな法益を侵害する行為であることから、窃盗罪により評価し尽くされているとはいえず、別に詐欺罪（246条）が成立する（最判昭和25・2・24刑集4−2−255参照）。

4. 数罪の処理

1 数罪の分類　B+

1人の行為者に数罪（複数の犯罪）が成立している場合、いかに処理するべきかが問題となる。

この点、数罪は併合罪（45条）として処理されるのが原則である。

しかし、例外的に、刑を科するうえでは一罪として取り扱われることがある。この場合を科刑上一罪という。科刑上一罪には、観念的競合（54条1項前段）と牽連犯（54条1項後段）とがある。

以下、それぞれを検討していこう。

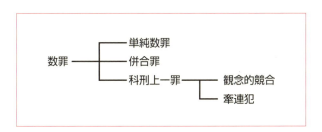

科刑上一罪とされる場合でも、**成立する犯罪はあくまでも複数（数罪）**であり、ただ、刑を科するうえで一罪として扱われるだけです。犯罪の成立の話（一罪か数罪か）と、科刑上の話（数罪の処理）とをしっかりと区別しておきましょう。

2　観念的競合　A

ア　観念的競合の意義

観念的競合とは、1個の行為が2個以上の罪名に触れる場合をいう（54条1項前段）。

たとえば、1個の爆弾を投げ込み複数の人間を殺害した場合は、複数の殺人罪（199条）の観念的競合となる。また、職務執行中の警察官に暴行を加えて傷害を与えた場合は、公務執行妨害罪（95条1項）と傷害罪（204条）の観念的競合となる。

イ　観念的競合の処理

観念的競合は科刑上は一罪として扱われ、その数個の罪のうち最も重い刑で処断される（54条1項）。その具体的な意味については、302ページアで説明する。

観念的競合が科刑上一罪とされる趣旨は、行為が1個である点で、数罪ではあるものの一罪に近いといえることにある。

ウ　行為の1個性――観念的競合と併合罪との区別

「1個の行為」といえるか否かは、法的評価ないし構成要件的観点から離れた自然的観察のもとで、行為者の動静が社会的見解上1個のものと評価しうるか否かで判断される（最大判昭和49・5・29百選Ⅰ104）。

たとえば、①無免許運転罪と酒酔い運転罪、②業務上過失傷害罪と信号無視の罪は、それぞれ1個の行為によるとされ、観念的競合とされる（最大判昭和49・5・29刑集28-4-151、最決昭和49・10・14刑集28-7-372）。

これに対し、③業務上過失致死罪と酒酔い運転罪、④2地点における速度違反の罪は、それぞれ複数の行為によるものとされ、併合罪とされる（最大判昭和49・5・29刑集28-4-151、最決平成5・10・29刑集47-8-98）。

> これらの判例を理解するには、瞬間的な「点」の行為か、継続的な「線」の行為かという視点が有用です。
> たとえば、①の無免許運転罪と酒酔い運転罪にあたる行為は、ともに「線」の行為です。②の業務上過失傷害罪と信号無視の罪にあたる行為は、ともに「点」の行為といえます。それゆえ、1個の行為によると評価するわけです。

これに対し、③の業務上過失致死罪と酒酔い運転罪にあたる行為は、同時的ではあるものの、それぞれ「点」の行為と「線」の行為であり、性質が異なりますから、複数の行為によると評価していきます。
　また、④の2地点における速度違反の罪にあたる行為については、ともに「点」の行為ですが、場所や時間が異なることから、やはり複数の行為によると評価するわけです。

3　牽連犯　A

ア　牽連犯の意義

牽連犯とは、数個の犯罪が、それぞれ「**手段・目的**」または「**原因・結果**」の関係にある場合をいう（54条1項後段）。

たとえば、①住居侵入罪（130条前段）と窃盗罪（235条）、②公文書偽造罪（155条）と偽造公文書行使罪（158条）は、それぞれ牽連犯にあたる。

イ　牽連犯の処理

牽連犯も、観念的競合と同様に科刑上は一罪として扱われ、その数個の罪のうち**最も重い刑で処断**される（54条1項）。その具体的な意味については、302ページ**ア**で説明する。

牽連犯が科刑上一罪とされるのは、「手段・目的」または「原因・結果」の関係が認められる場合、手段・原因たる犯罪に随伴して目的・結果たる犯罪が行われることが経験則上通常であるからとされる。

ウ　牽連犯か否かの判断

牽連犯に該当するか否かは、**犯罪の性質上、類型的に**「手段・目的」または「原因・結果」の関係にあるかどうかにより判断される（最大判昭和24・7・12刑集3-8-1237）。

したがって、具体的な個々の事件において、複数の犯罪の間にたまたま「手段・目的」または「原因・結果」の関係が認められても、牽連犯とはならない。

牽連犯にあたるか否かにつき、判例上の具体例を以下にあげておくので、確認しておいてほしい。これらは、短答式試験・論述式試験を通じて重要である。

> 【判例が牽連犯としたもの】
> ・住居侵入と殺人、傷害、不同意性交、強盗、窃盗
> ・文書や有価証券の偽造とその行使
> ・偽造文書の行使とこれに基づく詐欺
>
> 【判例が併合罪としたもの】
> ・保険金詐欺目的の放火と保険金詐欺
> ・窃盗教唆と盗品等の有償譲受け
> ・殺人と死体遺棄
> ・強盗殺人とその犯跡を隠すための放火

なお、科刑上一罪に関して、①狭義の共犯と罪数処理や②かすがい現象が問題となりますが、これらは併合罪の後に検討します（➡ 290 ページ **6**）。

4　併合罪　B

ア　単一刑主義と併合罪の意義

　数罪のうち、観念的競合でも牽連犯でもない場合、これをいかに処理するべきであろうか。

（ア）併科主義

　この点、各犯罪ごとに刑を定めて、数個の刑を言い渡すという方式もありうる。ローマ法で採用されていた方式であり、これを併科主義という。

> A罪：拘禁刑3年
> B罪：拘禁刑2年
> C罪：拘禁刑1年
> ------ それぞれ3年、2年、1年の刑を言い渡し、合計で6年の拘禁刑を執行

（イ）単一刑主義

　しかし、刑法は、原則として数罪をいくつかのグループに分けるとともに、各グループごとに単一の刑を言い渡すという方式を採用している。これを単一刑主義という。

　そして、この数罪のグループを併合罪という。たとえば、次ページの図のようになる。

```
A罪：拘禁刑3年 ┐
B罪：拘禁刑2年 ├ 併合罪① ------ 4年の刑を言い渡し、執行
C罪：拘禁刑1年 ┘
D罪：拘禁刑1年 ┐
E罪：拘禁刑2年 ├ 併合罪② ------ 4年の刑を言い渡し、執行
F罪：拘禁刑3年 ┘
```

この単一刑主義においては、①併合罪となるグループをいかなる基準で判断するか、および②各併合罪に対する単一の刑をいかなる基準で導くかが問題となる。

以下、それぞれの問題を概観していくが、試験との関係での重要度は低いので、ざっと理解しておけば十分である。

イ　併合罪の範囲

併合罪となるグループの判断基準は、45条で以下のように定められている。

まず、原則として、確定判決を経ていない数罪はその全部が1つの併合罪となる（45条前段）。この原則は覚えておこう。

たとえば、科刑上一罪の関係にないAからEの罪を順次犯し、いずれも確定判決を経ていないならば、AからEの罪は1つの併合罪となる。

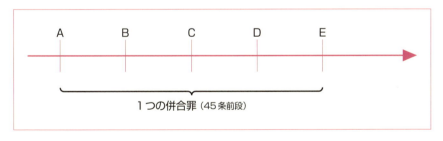

ただし、その後、その数罪のうちの1個または数個の罪について拘禁刑以上の刑に処する確定裁判があった場合には、①その確定裁判のあった罪とその裁判確定前に犯した罪とが1つの併合罪となり（45条後段）、②裁判確定後に犯された1個または数個の罪は別個の併合罪となる（45条前段）。拘禁刑以上の確定判決により、1つの併合罪グループが、2つのグループに分断されるイメージである。

たとえば、C罪について拘禁刑以上の裁判が確定した場合、ABCが1個の併合罪となり、DEはこれとは別の併合罪となる。

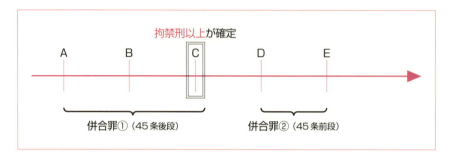

他方、C罪について拘禁刑未満の刑（たとえば罰金刑）が確定した場合は、残るABDEは1個の併合罪となる（45条前段）。

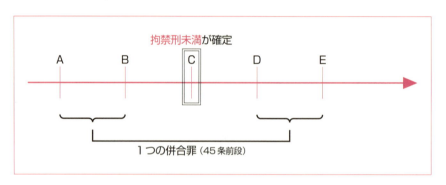

ウ　併合罪の処理

次に、同一の併合罪グループを構成する数罪を同時に審判するときは、以下の方法により単一の刑を導くことになる。これらの方法は短答式試験でまれに聞かれることがある。

（ア）死刑の場合

併合罪のうち一罪につき死刑に処すべきときは、没収を除くほか、他の刑を科さない（46条1項）。

（イ）無期拘禁刑の場合

併合罪のうち一罪につき無期拘禁刑に処すべきときは、罰金、科料および没収を除くほか、他の刑を科さない（46条2項）。

（ウ）有期拘禁刑の場合──併合罪加重

併合罪のうち2個以上の有期拘禁刑に処すべき罪があるときは、原則として、最も重い刑の長期にその半数を加えたものを処断刑の長期とする（47条本文）。要するに、長期が1.5倍になるわけである。これを、併合罪加重という。

> たとえば、殺人罪2罪が併合罪となる場合で、ともに有期拘禁刑を選択すべき場合
> ：殺人罪の有期拘禁刑の長期は20年（199条、12条1項）
> →20年×1.5＝30年が処断刑の長期となる。

ただし、長期は各罪について定められた刑の長期を合算したものを超えることはできない（47条ただし書）。また、30年を超えることができない（14条2項）。

なお、原則として短期に変動はない。

（エ）罰金の場合

罰金と他の刑とは併科する。ただし、併合罪のうち一罪につき死刑に処すべきときは併科しない（48条1項）。

2個以上の罰金については、各罪の多額を合算した額を処断刑の多額とする（48条2項）。

（オ）拘留・科料の場合

拘留または科料と他の刑とは併科する。ただし、併合罪のうちの1個の罪について死刑または無期拘禁刑に処すべきときは、拘留は併科しない。併合罪の1個の罪について死刑に処すべきときは、科料は併科しない（53条1項）。

2個以上の拘留または科料は併科する（53条2項）。

（カ）没収の場合

没収は付加刑であることから、常に併科できる。

すなわち、併合罪のうちの重い罪について没収を科さない場合であっても、他の罪について没収の事由があるときは、没収を付加することができる（49条1項）。

また、2個以上の没収は併科する（49条2項）。

5 単純数罪の処理 B⁻

科刑上一罪にも併合罪にもならない数罪を、単純数罪という。

単純数罪は、それぞれの刑が別々に量定されて、単純に併科される。

6 数罪の処理に関する諸問題 B+

数罪の処理に関しては、①狭義の共犯の罪数処理、および②かすがい現象が問題となっている。

これらは論述式試験でも重要であるので、それぞれの結論くらいは押さえておいてほしい。

ア 狭義の共犯と罪数

狭義の共犯に関しては、①成立する共犯の罪の個数は正犯に成立する罪の個数を基準とし、②行為の個数は共犯行為を基準とするのが判例である（**最決昭和57・2・17百選Ⅰ107**）。

たとえば、AがBに対して同一機会にXとYの殺人を教唆し、BがXとYを殺害したとする。この場合、①正犯であるBには殺人罪が2個成立することから（Bの行為が1個であれ複数であれ殺人罪が2個成立することに変わりはない）、Aには殺人罪の教唆犯が2個成立する。そして、②Aの教唆行為は1個であるから、これらは観念的競合（54条1項前段）となる。

他方、たとえばAがBに対してまずXの殺人を教唆し、別の機会にYの殺人を教唆した場合、①Aには殺人罪の教唆犯が2個成立し、②Aの教唆行為は複数であるから、これらは併合罪（45条）となる。

イ かすがい現象

(ア) 問題の所在

たとえば、AがXとYを殺害したとする。この場合、AにはXに対する殺人罪とYに対する殺人罪が成立し、これらは併合罪（45条前段）となる。

では、かかる殺害のために、AがXとYの住む住居に侵入していた場合はどうか。Aには1個の住居侵入罪と2個の殺人罪が成立するわけであるが、この場合、考えうる罪数処理は3通りある。

第1は、1個の殺人罪と住居侵入罪とが1個の牽連犯となり、これともう1個の殺人罪とを併合罪とする処理である。

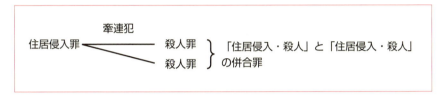

　第2は、殺人罪2個と住居侵入罪とがそれぞれ結びついて**2個の牽連犯**となり、これらを**併合罪**とする処理である。

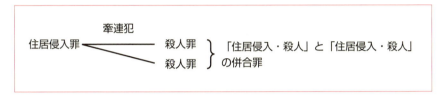

　第3は、殺人罪2個と住居侵入罪とがそれぞれ結びついて、**全体を1個の牽連犯**とする処理である。

（イ）検討

　このうち、第1の処理は、なぜ牽連犯関係が1個の殺人罪との関係でしか認められないのかの説明が困難である。

　また、第2の処理は、住居侵入罪を複数回使って罪数評価をすることになり、理論的に妥当でない。

　そこで、全体として1個の牽連犯となるとする第3の処理が妥当であろう。判例も、全体が科刑上一罪となることを肯定している（**最決昭和29・5・27百選Ⅰ106**）。

　このように、**元来併合罪**となるべき数罪が、**それぞれある罪と観念的競合または牽連犯**の関係に立つことにより、数罪**全体が科刑上一罪**となることを「かすがい」現象という。

第 3 編

刑罰

第1章 刑罰の種類

刑罰論は、試験での重要性は低い。短答式試験対策として、ざっと目を通しておけば足りる。

1. 総論　B

刑罰には、死刑・拘禁刑・罰金・拘留・科料・没収の6種類がある（9条）。
このうち、死刑・拘禁刑・罰金・拘留・科料を主刑といい、没収を付加刑という。付加刑である没収は、主刑が言い渡される場合に限って言い渡すことができる。

2. 死刑　C

死刑は、生命を剥奪することを内容とする生命刑であり、最も重い刑罰である（10条1項本文、9条）。
死刑を科することのできる犯罪は、現住建造物放火罪（108条）、殺人罪（199条）、強盗殺人罪（240条後段）などの重大犯罪に限られている。
死刑は、刑事施設内において絞首して執行する（11条1項）。

3. 拘禁刑・拘留

拘禁刑および拘留は、**自由を剥奪**することを内容とする自由刑であり、その受刑者は刑事施設に拘置される（12条2項、16条1項）。

1 拘禁刑 B

ア 刑期

拘禁刑には、それぞれ無期と有期がある。

無期は終身である。**有期は1月以上20年以下**である（12条1項）。

> したがって、たとえば、「10年以下の拘禁刑」とされる詐欺罪（246条）は「1月以上10年以下」、「3年以上の有期拘禁刑」とされる傷害致死罪（205条）は「3年以上20年以下」が法定刑となります。

ただし、有期刑を**加重する場合は最大で30年**に至ることができ、**減軽する場合は1月未満**とすることができる（14条2項）。

なお、死刑または無期拘禁刑を減軽して有期拘禁刑とする場合は、30年以下となる（14条1項）。

イ 必要な作業・指導

拘禁刑の受刑者に対しては、その改善更生を図るため、必要な作業を行わせ、または必要な指導を行うことができる（12条3項）。

2 拘留 B

拘留の刑期は、**1日以上30日未満**である（16条1項）。

拘禁刑と同様、拘留の受刑者に対しては、その改善更生を図るため、必要な作業を行わせ、または必要な指導を行うことができる（16条2項）。

なお、この刑罰としての拘留は、被疑者・被告人の「勾留」（刑事訴訟法60条以下、207条以下）とは全く異なる。「勾留」については刑事訴訟法で詳しく学ぶ。

4. 罰金・科料　B

　罰金および科料は、一定額の金銭を徴収することを内容とする財産刑である。
　罰金の価額は、1万円以上である。ただし、これを減軽する場合には1万円未満に下げることができる（15条）。
　科料の価額は、1000円以上1万円未満である（17条）。
　罰金・科料の全部または一部を完納することができない者は、一定の期間、刑事施設に附置された労役場に留置され、労役を課せられる（18条）。これを労役場留置という。

5. 没収

1　没収の意義　B

　没収は、犯罪に関係のある特定の物の所有権を所有者から剥奪して国庫に帰属させる財産刑である。
　没収は付加刑であり、主刑を言い渡す場合にのみ言い渡すことができる。

2　没収の種類　B

　没収には、没収するか否かが裁判官の裁量に委ねられている任意的没収と、没収の要件を満たしている限り必ず没収しなければならない必要的没収とがある。
　賄賂罪における賄賂は必要的没収とされる（197条の5）。

3　任意的没収の要件　B

　任意的没収が認められるためには、①任意的没収の対象にあたる物であるこ

と、②没収対象物が裁判の時に現存していること、および③原則として没収対象物が犯人以外の者に属していないこと（19条2項本文）が必要である。

ア　任意的没収の対象にあたる物であること

まず、任意的没収は、19条1項1号から4号までに定められた物に限ってすることができる。以下、それぞれを概観していこう。

（ア）組成物件（1号）

1号の「犯罪行為を組成した物」とは、構成要件要素となっている物、すなわちその存在なしには構成要件に該当しない物のことである。組成物件とよばれる。

たとえば、偽造私文書行使罪における偽造私文書がこれにあたる。

（イ）供用物件（2号）

2号の「犯罪行為の用に供し、又は供しようとした物」とは、現に犯罪行為に利用された物、または利用しようとして準備された物のことである。供用物件とよばれる。

たとえば、実際に詐欺に利用された偽造文書や、詐欺に利用しようとして準備された偽造文書がこれにあたる。

（ウ）産出物件・取得物件・報酬物件（3号）

3号の「犯罪行為によって生じ……た物」とは、犯罪によって新たにできた物のことである。産出物件とよばれる。

たとえば、私文書偽造罪における偽造私文書がこれにあたる。

同号の「これ［犯罪行為］によって得た物」とは、犯罪当時既に存在していたものであって犯罪行為によって犯人が取得した物のことである。取得物件とよばれる。

たとえば、窃盗罪によって得た財物や、賭博罪によって得た金品がこれにあたる。

同号の「犯罪行為の報酬として得た物」とは、犯罪行為の対価として取得した物のことである。報酬物件とよばれる。

たとえば、窃盗幇助の謝礼として得た財物がこれにあたる。

（エ）産出物件・取得物件・報酬物件の対価物件（4号）

4号の「前号に掲げる物の対価として得た物」とは、3号に該当する物件の

対価として得た物のことである。対価物件とよばれる。

たとえば、窃盗罪によって得た財物の売却代金がこれにあたる。

イ　没収対象物が裁判の時に現存していること

次に、任意的没収が認められるためには、没収対象物が裁判の時に現存していることが必要である。没収対象物が裁判の時点までに消費、紛失、破壊などで存在しなくなった場合には、当然没収することはできない。

また、加工などにより没収対象物の同一性が失われた場合にも、没収することはできなくなる。

> たとえば、賭博で得た生地（19条1項3号の取得物件）でワイシャツを作った程度ならば、なお同一性が認められるのですが、その生地をコートの裏地としたような場合には、もはやそのコートと元の生地とは別の物というべきですから、同一性が否定され、コートを没収することはできなくなります。
> なお、金銭は、たとえ両替したとしてもその性質に変化がないことから、没収することができると解されています（大判大正2・3・25刑録19-374等）。

ウ　没収対象物が犯人以外の者に属しないこと

最後に、任意的没収は、原則として、その没収対象物が犯人以外の者に属しないことが必要である（19条2項本文）。これは、犯人以外の者の権利を保護するための要件である。

ここでいう「犯人」には、当該被告人のほか、当該被告人の共犯者も含まれる（大判明治44・2・13刑録17-75等）。したがって、当該被告人に属していない物であっても、共犯者に属している物は、没収することができる。

「属しない」とは、犯人以外の者が所有権その他の物権を有しないことをいう（大判明治36・6・30刑録9-1187）。つまり、犯人以外の者が所有権その他の物権を有している物については、原則として没収することができないわけである。

> たとえば、窃盗罪によって得た財物は、取得物件（19条1項3号）にあたるものの、犯人以外の者（たとえば被害者）が物権を有する場合が多いことから、没収できないのが通常です。
> ただし、その売却代金などは、対価物件（19条1項4号）にあたり、かつそれは犯人に属していますから、没収することができます。

なお、以上の原則の例外として、没収対象物が犯人以外の者に属する場合でも、犯罪後にその者が情を知って取得した物については、なお没収することができる（19条2項ただし書）。悪意の取得者を保護する必要はないからである。

4　追徴　B

19条1項3号または4号に掲げる物の全部または一部を没収することができないときは、その価額を追徴することができる（19条の2）。

この追徴は、犯罪による不法な利益をはく奪するための制度である。

賄賂罪については、没収の場合と同様、追徴も必要的である（197条の5）。

第2章 刑罰の適用

実際に被告人に刑罰を適用するまでには、①法定刑→②処断刑→③宣告刑の順で刑が確定される。

以下、それぞれを概観していこう。

1. 法定刑

1　意義　B

法定刑とは、刑罰法規の各本条に規定されている刑罰をいう。

たとえば、窃盗罪の場合、10年以下の拘禁刑または50万円以下の罰金が法定刑である（235条）。

2　法定刑の上限と下限　B

死刑・無期拘禁刑以外の主刑は、上下の幅をもつかたちで規定されている。

拘禁刑・拘留については、その幅の上限を長期、下限を短期という。

罰金・科料については、その上限を多額、下限を寡額という（10条2項）。

これらの具体的な範囲は、各本条の規定のほか、総則の規定（12条1項、16条、15条、17条）により確定される（➡ 296ページ3.、297ページ4.参照）。

3　刑の軽重　B

ある犯罪と他の犯罪の刑につき、軽重の比較が必要となることがある（たとえば科刑上一罪の処理 ➡ 302ページア）。

その場合、刑の軽重は、10条に定められた基準により判断される。

すなわち、刑種が異なる刑については、死刑が最も重く、次いで拘禁刑・罰金・拘留・科料の順で軽くなっていく（10条1項本文、9条）。

同じ刑種の間では、①まず上限の重さを比較して軽重を決定し、②上限が同じである場合は、下限を比較して軽重を決定する（10条2項）。

2. 処断刑

1 意義 B

処断刑とは、法定刑に加重減軽を施して得られた刑をいう。

2 処断刑の形成 B

処断刑の形成は、実務では次の順序で行われている。

① 科刑上一罪の処理
② 刑種の選択
③ 再犯加重（累犯加重）
④ 法律上の減軽
⑤ 併合罪の加重
⑥ 酌量減軽

以下、それぞれを説明する。

ア 科刑上一罪の処理

観念的競合または牽連犯については、「最も重い刑」で処断する（54条1項）。

したがって、科刑上一罪で有罪となる場合は、裁判所はまず「最も重い刑」を算出することが必要となる。これが、科刑上一罪の処理である。

ここで「最も重い刑」とは、その数罪のなかの最も重い刑を定めている罪の

法定刑によって処断するという趣旨とともに、他の罪の法定刑の最下限よりも軽く処断することはできないという趣旨をも含む（最判昭和 28・4・14 刑集 7-4-850）。つまり、上限も下限も重い方を採用するわけである。

たとえば、窃盗罪（235 条、10 年以下の拘禁刑または 50 万円以下の罰金）と公用文書毀棄罪（258 条、3 月以上 7 年以下の拘禁刑）が観念的競合となる場合は、上限は重い窃盗罪の法定刑によることになり、下限は公用文書毀棄罪の法定刑によることになる。したがって、「3 月以上 10 年以下の拘禁刑」という処断刑が形成されることになる。

イ　刑種の選択

次に、刑種の選択の余地がある場合には、裁判所の裁量によって刑種が選択される。

たとえば、窃盗罪で有罪となる場合、刑種として拘禁刑と罰金刑が選択的に定められているため（235 条）、そのいずれで処罰するかを裁判所が選択することになるわけである。

ウ　再犯加重（累犯加重）

さらに、再犯（累犯）にあたる場合は、刑が加重される。これを、再犯加重（累犯加重）という。

（ア）再犯加重の要件

再犯加重の要件は、①前に拘禁刑に処せられたこと、②その執行を終わった日（または執行の免除があった日）から 5 年以内に新たに罪を犯したこと、③その新たに犯した罪について有期拘禁刑に処すべき場合であること、の 3 つである（56 条 1 項。①のごく限られた例外につき同条 2 項）。

なお、②の「罪を犯した」とは、実行の着手をいう。したがって、前刑の執行を終わった日から 5 年以内に実行の着手があったのであれば、実行行為が終了したのが 5 年の経過後だったとしても、②の要件を充足することになる。

（イ）再犯加重の効果

再犯の刑は、その罪について定められている拘禁刑の長期を 2 倍にする（57 条）。ただし、30 年を超えることはできない（14 条 2 項）。

併合罪加重の場合と同様に、再犯にあたる場合も、短期は加重されない。

以上の効果は覚えておこう。

エ　法律上の減軽
（ア）意義
法律上の減軽とは、刑法の各本条で定められた刑の減軽のことである。

法律上の減軽には、必要的減軽と任意的減軽がある。

（イ）法律上の減軽事由
刑法総則における必要的減軽事由としては、心神耗弱（39条2項）、中止未遂（43条ただし書）、幇助犯（63条）がある。

また、任意的減軽事由としては、障害未遂（43条本文）、過剰防衛（36条2項）、過剰避難（37条1項ただし書）、法律の錯誤（38条3項ただし書）、自首・首服（42条1項、2項）がある。

> 任意的減軽事由としての「自首」とは、犯罪事実自体が捜査機関に認知されていない場合、または、犯罪事実は認知されているが犯人が誰であるかが捜査機関に認知されていない場合に、犯人が自発的に自己の犯罪事実を申告し、処罰を求めることをいいます。
> よって、たとえば指名手配されている犯人が自発的に犯罪事実を申告し、処罰を求めたとしても、それは自首にはあたらず、法律上の減軽は認められません。酌量減軽の事由になりうるにとどまります。

（ウ）法律上の減軽の方法
法律上の減軽をする場合の処理は以下のとおりである（68条、14条1項）。

死刑	無期または10年以上30年以下の拘禁刑
無期拘禁刑	7年以上30年以下の有期拘禁刑
有期拘禁刑	長期・短期ともに2分の1
罰金	多額・寡額ともに2分の1
拘留	長期のみ2分の1、短期はそのまま
科料	多額のみ2分の1、寡額はそのまま

（エ）法律上の減軽の回数
法律上の減軽は、減軽事由が複数存在する場合であっても、1度しかすることができない（68条）。

オ　併合罪の加重

同一の併合罪グループを構成する数罪を同時に審判するときの**併合罪加重**は、前述した処理による（➡ 289 ページ（**ウ**）以下）。

カ　酌量減軽

犯罪の情状に酌量すべきものがあるときは、裁判所は裁量により刑を減軽することができる（66 条）。

この減軽を、法律上の減軽と区別して**酌量減軽**という。

減軽の方法は、法律上の減軽の場合と同一である（71 条）。

3. 宣告刑　B⁻

宣告刑とは、処断刑の枠内で、裁判所が**具体的に被告人に言い渡す刑**をいう。この宣告刑を定めることを、刑の量定（量刑）という。

第3章 刑罰の執行

「刑罰の執行」は、試験との関係では重要性は低い。ただし、短答式試験において、執行猶予について問われることはある。
そこで、執行猶予に絞って概観しておこう。

1. 執行猶予の意義　B+

執行猶予とは、刑の言渡しをした場合において、一定期間その刑の全部または一部の執行を猶予し、猶予期間を無事に経過したときは刑の言渡しを将来的に失効させる制度をいう。
この執行猶予には、①刑の全部の執行猶予（25条から27条）と、②刑の一部の執行猶予（27条の2から27条の7）とがある。以下、それぞれを説明しよう。

2. 全部の執行猶予

1 要件　B

刑の全部の執行猶予の要件は、初度の執行猶予の場合（25条1項）と、再度の執行猶予の場合（25条2項）とで異なる。

ア　初度の執行猶予の要件

初度の執行猶予の要件は、次のとおりである。

①前に拘禁刑以上の刑に処せられたことがない者であること（25条1項1号）

あるいは

①'前に拘禁刑以上の刑に処せられたことがあるものの、その執行を終わった日（またはその執行の免除を得た日）から5年以内に拘禁刑以上の刑に処せられたことがない者であること（同項2号）

②今回、3年以下の拘禁刑または50万円以下の罰金の言渡しを受けたこと（同項柱書）

③今回、刑の全部の執行猶予を相当とするに足りる情状が存すること（同項柱書）

なお、刑の執行が猶予され、その執行猶予期間を無事経過した場合は、刑の言渡しは将来に向かって法的に効力を失う（27条1項 ➡ 308ページ**5**）。したがって、前に拘禁刑以上の刑に処せられたことがあるものの、刑の全部の執行猶予に付され、その執行猶予期間を無事経過した者は、上記①の要件を満たす。この点は重要なので押さえておこう。

イ　再度の執行猶予の要件（25条2項）

再度の執行猶予とは、刑の全部の執行猶予に付された者が、その執行猶予期間中にさらに罪を犯した場合に、その罪の刑の執行を猶予することをいう。

たとえば、窃盗罪で有罪判決を受け、全部の執行を猶予されたAが、執行猶予期間中であるにもかかわらず、新たに窃盗罪を犯した場合に、後者の新たな窃盗罪についての刑の執行を猶予することを、再度の執行猶予というわけである。

この再度の執行猶予の要件は、初度の執行猶予の要件と比べて、当然厳格なものとなっている。具体的には、次のとおりである。

①今回、2年以下の拘禁刑の言渡しを受けたこと（25条2項本文）
②今回、情状が特に酌量すべきものであること（同項本文）

③前科にかかる刑の全部の執行猶予が保護観察（➡下記**2**）付きの場合、その**保護観察期間内にさらに罪を犯した者でないこと**（同項ただし書）

①について、罰金の言渡しを受けたときは再度の執行猶予に付することはできないという点に、一応注意しておこう。

2 保護観察 B

初度の執行猶予の場合、裁判所は猶予の期間中、裁量により保護観察に付することができる（25条の2前段）。
再度の執行猶予の場合には、**保護観察は必要的**である（25条の2後段）。

3 期間 B

刑の全部の執行猶予の期間は、初度か再度かを問わず、裁判確定の日から**1年以上5年以下**である（25条1項、2項）。

4 取消し B

刑の全部の執行猶予の言渡しは、26条、26条の2が定める事由がある場合には、必要的または裁量的に取り消される。
たとえば、刑の全部の執行猶予の期間内にさらに罪を犯し、拘禁刑以上の刑に処せられ、その刑の全部について執行猶予の言渡しがないときは、執行猶予は取り消される（必要的取消し、26条1号）。
また、執行猶予の期間内に罰金の刑に処せられたときは、執行猶予は取り消されうる（裁量的取消し、26条の2第1号）。

5 効果 B

刑の全部の執行猶予の言渡しを取り消されることなく、その**猶予の期間が経過**したときは、原則として**刑の言渡しは法的に効力を失う**（27条1項。例外につき2項以下）。換言すれば、執行猶予期間の経過により、原則として刑の言渡しが法的にはなかったことになるわけである。
したがって、たとえば将来再び罪を犯した場合、被告人は、初度の執行猶予の対象者である「**前に拘禁刑以上の刑に処せられたことがない者**」（25条1項1

号）に該当することになるし（→307ページ**ア**）、また、再犯加重（→303ページ**ウ**）も生じないことになる。各種法令による職業資格等の制限も消滅する。

なお、言渡しの法的な効力が消滅するだけであるから、言渡しがあったという事実自体は否定されない。したがって、将来再び罪を犯した場合、過去に執行猶予付きの有罪判決を受けたという事実を被告人に不利益に斟酌することは当然許される（最決昭和33・5・1刑集12-7-1293）。

3. 一部の執行猶予

1 要件 B

刑の一部の執行猶予の要件は、次のとおりである。

①前に拘禁刑以上の刑に処せられたことがない者であること（27条の2第1項1号）

あるいは

①'前に拘禁刑以上の刑に処せられたことがあるものの、その刑の全部の執行を猶予された者であること（同項2号）

あるいは

①"前に拘禁刑以上の刑に処せられたことがあるものの、その執行を終わった日（またはその執行の免除を得た日）から5年以内に拘禁刑以上の刑に処せられたことがない者であること（同項3号）

②今回、3年以下の拘禁刑の言渡しを受けたこと（同項柱書）

③犯情の軽重および犯人の境遇その他の情状を考慮して、再び犯罪をすることを防ぐために刑の一部の執行猶予が必要であり、かつ、相当であると認められること（同項柱書）

なお、薬物事犯については、「薬物使用等の罪を犯した者に対する刑の一部の執行猶予に関する法律」が刑の一部の執行猶予の特則を定めている。

2 保護観察 B

刑の一部の執行猶予の場合、裁判所は猶予の期間中、裁量により保護観察に付することができる（27条の3第1項）。

3 期間 B

刑の一部の執行猶予の期間は、全部の執行猶予と同じく、**1年以上5年以下**である（27条の2第1項）。

なお、期間の起算日は、執行が猶予されなかった部分の**執行が終わった日**（またはその執行を受けることがなくなった日）である（27条の2第2項）。刑務所からの出所後に、執行猶予の期間のカウントが開始されるというイメージである。

4 取消し B

刑の一部の執行猶予の言渡しは、27条の4、27条の5が定める事由がある場合には、必要的または裁量的に取り消される。

5 効果 B

刑の一部の執行猶予の言渡しを取り消されることなく、その**猶予の期間が経過**したときは、言い渡された拘禁刑を、執行が猶予されなかった部分の期間を刑期とする拘禁刑に**減軽**する（27条の7）。

たとえば、「被告人を拘禁刑3年に処する。その刑の一部である拘禁刑1年の執行を5年間猶予する」とされた場合、当該被告人は、まず2年間刑務所に入所することになる。そして、刑務所から出所した時からカウントして（➡上記**3**参照）、執行猶予を取り消されることなく5年間を無事経過すれば、拘禁刑の言渡しは2年だったものとみなされるわけである。

論証カード

論証 1　不真正不作為犯の実行行為性

➡ 33ページ **3**

母親 A が殺意のもと、乳児にミルクを与えず乳児を餓死させた事案 **A⁺**

　A の行為につき、殺人罪（199条）が成立するか。「ミルクを与えない」という A の不作為が殺人罪の実行行為にあたるかが問題となる。
　実行行為とは、特定の構成要件に該当する法益侵害の現実的危険性を有する行為をいう。そして、不作為によっても法益を侵害しうることから、不作為も実行行為たりうると解する。
　もっとも、あらゆる不作為に実行行為性を認めるのは自由保障の見地から妥当でない。
　そこで、不作為が作為と構成要件的に同価値である場合に限り、不作為は実行行為にあたると解する。
　具体的には、①作為義務の存在と②作為の可能性・容易性が必要であると解する。

備考：作為義務の有無は、①法令、②契約・事務管理、③慣習・条理、④排他的支配の有無を相当的に考慮して判断する。

論証 2　間接正犯の実行行為性

➡ 37ページ **2**

医師 A が、看護師 B に治療薬と偽って毒入りの注射器を渡し、甲に注射するよう指示したところ、B が甲に注射したため甲が死亡した事案 **A⁺**

　A の行為につき、殺人罪（199条）が成立しないか。他人を利用する行為が殺人罪の実行行為にあたるかが問題となる。
　実行行為とは、特定の構成要件に該当する法益侵害の現実的危険性を有する行為をいう。
　そして、①特定の犯罪を自己の犯罪として実現する意思のもと、②他人を道具として一方的に支配・利用していた場合には、他人を利用する行為も法益侵害の現実的危険性を有する行為といえる。
　したがって、かかる場合には、実行行為にあたると解する。

備考：①「正犯たりうるか→正犯とは自ら実行行為をなす者をいう→①②を満たす場合には実質的に自ら実行行為をなす者といえ、正犯たりうる」というフレームで書いてもよい。特に間接正犯の着手時期が問題となる場合には、このフレームのほうが書きやすい。
　　　②上記の事案では、さらに過失犯が成立する場合も②を満たすかが問題となる（➡ 39ページ(イ)）。

論証 3　刑法上の因果関係①　折衷的相当因果関係

➡ 45 ページ 3.

結果は発生しているが、行為時の特殊事情や行為後の特殊事情がある事案　B+

（実行行為・結果を認定したうえで）
　では、Aの行為と結果との間に因果関係が認められるか。
　刑法上の因果関係は、構成要件該当性の問題である。そして、構成要件は、社会通念に基づいた違法有責行為類型である。
　そこで、条件関係に加えて、行為の時点において、①一般人が認識・予見しえた事情、および②行為者が現に認識・予見していた事情を考慮して、当該行為から当該結果が生じることが社会通念上相当といえる場合にのみ、刑法上の因果関係が認められると解する。
　そして、相当といえるか否かは、行為の危険性が結果として現実化したといえるか否かで判断するべきである。

備考：不能犯も同時に出題された場合は、この折衷説で書くのが安全である。

論証 4　刑法上の因果関係②　判例

➡ 49 ページ 4.

（実行行為・結果を認定したうえで）
　では、Aの行為と結果との間に因果関係が認められるか。
　この点については、条件関係に加えて、行為の危険性が結果として現実化したといえるか否かで判断するべきと解する。

備考：論証は原則としてこの程度でよいが、その分あてはめを充実させること。

論証 5　規範的構成要件要素と構成要件的故意

➡ 58 ページ エ

Ａ がわいせつな写真集を販売した事案

B+

　Ａの行為は、わいせつ物頒布罪（175条1項前段）の客観的構成要件を充足する。
　では、Ａに「わいせつ」物を頒布する故意（38条1項本文）が認められるか。
　故意の本質は、規範に直面して反対動機の形成が可能であったにもかかわらずあえて行為に及んだことに対する強い道義的非難にある。
　そして、「わいせつ」性のような、裁判官による規範的な価値判断を待って決定される規範的構成要件要素については、その意味を認識してはじめて反対動機の形成が可能である。
　ただし、意味についての素人的認識さえ有していたのであれば、反対動機を形成することが可能である。
　そこで、意味についての素人的認識を有していれば、故意が認められると解する。
　したがって、Ａが「一般的にみればいやらしい写真」が掲載されていることさえ認識していれば、「わいせつ」物を頒布する故意が認められる。

備考：Ａが本件写真集を「芸術作品だから違法ではない」と考えていた場合には、さらに違法性の意識の
　　　要否が問題となる（➡論証25、26）。

論証 6　不真正不作為犯における作為義務の錯誤

➡ 60 ページ オ

作為義務を負う父親Ａが、作為義務を負わないと勘違いして溺れるわが子を見殺しにした事案

B

（Ａの不作為の実行行為性、結果、因果関係を認定したうえで）
　もっとも、本件Ａは、自らは作為義務を負わないと考えていた。そこで、故意（38条1項本文）に欠けるのではないか。
　まず、作為義務の体系的地位が問題となるが、構成要件の違法性推定機能を維持するべく、作為義務は構成要件要素であると解する。したがって、故意が認められるためには、作為義務の認識・認容を要する。
　では、いかなる場合に作為義務の認識・認容があるといえるか。
　作為義務は、裁判官による規範的・評価的な価値判断を待って決定される規範的構成要件要素である。そこで、規範的構成要件要素に対する故意をいかに解するかが問題となる。

〔論証5　規範的構成要件要素と構成要件的故意〕入る

　したがって、作為義務について素人的認識を有していた場合には、故意が認められる。
　これを本件でみるに、Ａは「自分の子供が溺れている」という事実は認識していた。よって、作為義務についての故意が認められる。

論証7 ヘルマンの概括的故意

→ 63ページ**2**

Aが覚醒剤とは知らずに覚醒剤を日本に持ち込んだ事案

　Aの行為は、覚醒剤輸入罪の客観的構成要件を充足する。
　もっとも、Aは覚醒剤とは知らなかった。そこで、Aに覚醒剤についての故意（38条1項本文）が認められるかが問題となる。
　故意の本質は、規範に直面して反対動機の形成が可能であったにもかかわらずあえて行為に及んだことに対する強い道義的非難にある。
　そして、覚醒剤という種の認識がなくとも、身体に有害で違法な薬物類であるとの認識さえあれば、規範に直面し反対動機の形成が可能であったといえる。
　そこで、かかる認識があれば、原則として故意が認められると解する。
　ただし、覚醒剤を排除する積極的な認識がある場合には、覚醒剤についての故意を認めることはできないと解する。

論証8　具体的事実の錯誤の処理　法定的符合説＋数故意犯説

→ 67ページア、69ページイ

AがX殺害の意図でXとYを殺害した事案

1　Aの行為は、XとYに対する殺人罪（199条）の客観的構成要件を充足する。
2　もっとも、AはX殺害の意図しかない。そうであるにもかかわらず、Yとの関係でも殺人罪の故意が認められるか。具体的事実の錯誤の処理が問題となる。
⑴　故意の本質は、規範に直面して反対動機の形成が可能であったにもかかわらずあえて行為に及んだことに対する強い道義的非難にある。そして、かかる規範は構成要件のかたちで一般国民に与えられている。
　　そうだとすれば、認識していた犯罪事実と発生した犯罪事実とが構成要件的評価として一致する場合には、故意が認められると解する。
⑵　本件でこれをみるに、Aは「人」（199条）を殺す故意で「人」を殺している以上、XY殺害の故意が認められる。
3　では、XYに対する殺人罪が2罪成立するか。
　そもそも、故意を構成要件の範囲で抽象化する以上、故意の個数は観念できないはずである。
　そこで、発生した犯罪事実の数だけ故意犯が成立すると解する。
　したがって、Aには殺人罪2罪が成立し、両者は観念的競合（54条1項前段）となる。

備考：数故意犯説は、具体的事実の錯誤で、かつ複数の故意犯が成立しそうな場合に問題となる。

論証 9　因果関係の錯誤

➡ 72 ページウ

A が B を海に突き落として溺死させようと考え崖から
突き落としたところ、B がせり出した岩に激突して死亡した事案

　A が B を突き落とし死亡させた行為は、殺人罪（199 条）の客観的構成要件を充足する。
　もっとも、本件では、A の認識していた因果経過と実際に生じた因果経過が異なっている。そこで、かかる場合にも故意（38 条 1 項本文）が認められるか。因果関係の錯誤の処理が問題となる。
　まず、因果関係も客観的構成要件要素である以上、故意の対象となると解する。
　もっとも、故意の本質は、規範に直面して反対動機の形成が可能であったにもかかわらずあえて行為に及んだことに対する強い道義的非難にある。そして、かかる規範は、構成要件のかたちで一般国民に与えられている。
　そうだとすれば、認識していた犯罪事実と発生した犯罪事実とが構成要件的評価として一致する場合には、故意が認められると解する。
　具体的には、認識していた因果経過と実際に生じた因果経過につき、ともに刑法上の因果関係が認められる場合には、故意が認められると解する。
　本件では、突き落とした行為により B が溺死するという因果経過も、岩に激突して死亡するという因果経過にも、刑法上の因果関係が認められる。
　よって、A には故意が認められ、殺人罪が成立する。

論証 10　抽象的事実の錯誤の処理①　主観＞客観のケース

➡ 75 ページイ

Ａが保護責任者遺棄の故意で死体遺棄を行った事案

　Ａの行為は、死体遺棄罪（190条）の客観的構成要件を充足する。
　しかし、Ａは保護責任者遺棄罪（218条）の故意を有していた。そこで、死体遺棄罪の故意（38条1項本文）が認められないのでないか。
　故意の本質は、規範に直面し反対動機の形成が可能であったにもかかわらずあえて行為に及んだことに対する強い道義的非難にある。そして、かかる規範は構成要件のかたちで与えられている。
　そうだとすれば、認識していた犯罪事実と発生した犯罪事実が異なる構成要件にまたがって食い違っている場合には、故意は認められないのが原則である。
　もっとも、構成要件は法益侵害行為を類型化したものであるから、保護法益や行為態様などの点で構成要件に実質的な重なり合いがある場合には、その重なり合いの限度で故意が認められると解する。
　本件でこれをみるに、保護責任者遺棄罪と死体遺棄罪の保護法益は、それぞれ生命・身体と国民の宗教感情であり、両罪の保護法益は完全に異なる。したがって、実質的な重なり合いはない。
　よって、故意が認められず、死体遺棄罪は成立しない。

論証 11　抽象的事実の錯誤の処理②　主観＜客観のケース

➡ 79 ページウ

Ａが死体遺棄の主観で保護責任者遺棄を行った事案

　Ａの行為は保護責任者遺棄罪（218条）の客観的構成要件を充足する。
　しかし、軽い死体遺棄罪（190条）の故意しかない以上、重い保護責任者遺棄罪は成立しない（38条2項）。
　では、死体遺棄罪は成立しないか。軽い故意に対応した客観的構成要件該当性の有無が問題となる。
　まず、客観的構成要件該当性の判断は実質的に行うべきである。
　そして、構成要件は法益侵害行為を類型化したものであるから、保護法益や行為態様の共通性などを基礎として、故意に対応した軽い客観的構成要件該当性の有無を判断するべきである。
　本件でこれをみるに、保護責任者遺棄罪と死体遺棄罪の保護法益は、それぞれ生命・身体と国民の宗教感情であり、両罪の保護法益は完全に異なる。したがって、実質的な重なり合いはない。
　したがって、死体遺棄罪の客観的構成要件該当性が認められず、死体遺棄罪は成立しない。

論証 12　ウェーバーの概括的故意

→ 81 ページ **5**

海岸において、AがBを殺そうとして後頭部を
金属バットで強打した（第1行為）ところ、Bは気絶しただけであった
のだが、死んだと誤信したAがBをその場で速やかに砂浜に埋め（第
2行為）、その結果Bが窒息死した事案　　　　　　　　　　　　**A**

1　Aの行為につき、殺人罪（199条）が成立しないか。
(1)　まず、第1行為と第2行為は、行為者Aの有する故意の内容が大きく異なる以上、別個の行為とみるのが妥当である。
(2)　では、第1行為につき、殺人罪が成立するか。
ア　第1行為は、Bを死亡させる現実的危険性を有する行為といえ、殺人罪の実行行為にあたる。問題は、Bの死亡結果との間の因果関係の有無である。
　　刑法上の因果関係の有無は、行為の危険性が結果へと現実化したといえるか否かで判断するのが妥当である。
　　本件でこれをみるに、たしかに、Bの死因を直接形成したのは第2行為であるものの、殺害行為に及んだ者が犯行の発覚を恐れて被害者を遺棄することは十分にありうることからすれば、Aの第1行為の中には、第2行為を経由してBの窒息死という結果を発生させる危険性が含まれていたといえる。
　　よって、Bの窒息死はAの第1行為の有する危険性の現実化といえ、両者の間に因果関係が認められる。
イ　もっとも、かかる因果経過は、「金属バットで強打した結果死ぬ」というAが認識していた因果経過と異なる。そこで、故意（38条1項）が認められないのではないか。

〔論証9　因果関係の錯誤〕入る

　　本件でこれをみるに、Aが認識していた因果経過にも刑法上の因果関係が認められることから、Aには故意が認められる。
2　以上より、Aの第1行為につき、殺人罪が成立する。

備考：①行為の個数（別個）→②因果関係（肯定）→③因果関係の錯誤（故意肯定）、というフレームを押さえること。
　なお、第2行為については（重）過失致死罪が成立しうるが、重い殺人罪の包括一罪となる（→ 83 ページ(エ)）。

論証 13　早すぎた構成要件の実現

➡ 83ページ **6**

Ａが、Ｂの首を絞めて失神させたうえ、Ｂを川に転落させて
溺れさせ殺害しようとしたところ、首を絞めた時点で
Ｂが死亡してしまった事案

1　ＡがＢの首を絞めた行為が、殺人罪（199条）の実行の着手（43条本文）にあたるか。
(1)　実行の着手は、構成要件的結果発生の現実的危険性が生じた時点で認められると解する。
　　本件でこれをみるに、首を絞めた行為（第１行為）は川に転落させる行為（第２行為）を確実かつ容易に行うために必要不可欠なものであったといえる。また、第１行為に成功した場合、それ以降の殺害計画を遂行する上で障害となるような特段の事情が存しなかったと思われる。さらに、第１行為と第２行為との間が時間的場所的に近接していたといえる。
　　以上の各事情に照らせば、首を絞めた時点で、殺人罪の構成要件的結果発生の現実的危険性が生じたといえる。
　　したがって、その時点で実行の着手があったといえる。
(2)　そして、Ａの死亡との間の因果関係も認められる。
　　また、上記の各事情に照らせば、実行の着手の時点で殺人罪の故意（38条１項本文）があったといえそうである。
(3)　もっとも、かかる因果経過は、Ａが認識していた因果経過と異なる。そこで、故意が認められないのではないか。

〔論証 9　因果関係の錯誤〕入る

　　本件では、Ａが認識していた因果経過にも刑法上の因果関係が認められることから、Ａには故意が認められる。
2　以上より、Ａの行為につき、殺人罪が成立する。

備考：①実行の着手の有無→②その時点での故意の有無と因果関係の錯誤、というフレームをまずは押さえること。

論証 14　過失犯における予見可能性の程度

➡ 90 ページ **2**

A が猛スピードで自動車を運転していたところ、ハンドル操作を誤って自車を信号柱に激突させた。その衝撃により、後部荷台に忍び込んでいた B が死亡した事案

B+

　A の行為につき、過失運転致死罪（自動車死傷法 5 条本文）が成立するか。
　まず、過失犯の構造をいかに解するべきかが問題となるが、社会的に有用な行為についての過失犯の成立を否定するべく、過失は予見可能性を前提とした結果回避義務違反の行為であると解し、まずは構成要件該当性の問題であると解するべきである（新過失論）。
　では、A に構成要件的過失が認められるか。A は「B」が同乗している事実を認識しておらず、B の死亡結果について予見可能性がなかったとも思われることから、必要とされる予見可能性の程度をいかに解するべきかが問題となる。
　そもそも、予見可能性は結果回避義務を導くものである。
　そうだとすれば、過失犯の成立には、人を結果回避へと動機づける程度の予見可能性、すなわち構成要件レベルの結果についての予見可能性があれば足りると解する。
　本件では、A の無謀な運転によりおよそ「人を死傷」させること（自動車死傷法 5 条）についての予見可能性はあったことから、A に予見可能性が認められる。よって、結果回避義務があったといえる。
　にもかかわらず、A は「猛スピードで運転」していることから、構成要件的過失が認められる。
　そして、A には違法性阻却事由が存せず、責任要素としての責任過失（主観的注意義務違反）も認められる。
　したがって、A の行為につき、過失運転致死罪が成立する。

備考：因果関係についての予見可能性についても、同様の理由から「因果経過の基本的部分」についての予見可能性があればよいと考える。

論証 15　違法性の実質と違法性阻却の一般的根拠　

➡ 97 ページ **2**

　違法性阻却の一般的根拠をいかに解するかが、違法性の実質をいかに解するべきかと関連して問題となる。
　違法性の実質は、結果無価値のみならず行為無価値にもあると解する。
　そこで、違法性阻却の一般的根拠は、行為の社会的相当性にあると解する。

論証 16　被害者の承諾による違法性阻却

➡ 101 ページ **3**

ＡがＢの承諾のもとＢを殴り傷害を負わせた事案

　Ａの行為は、傷害罪（204条）の構成要件に該当する。
　しかし、Ｂはかかる傷害を「承諾」している。そこで、違法性が阻却されるのではないか。
　違法性の実質は、結果無価値のみならず行為無価値にもあると解される。そこで、行為が社会的に相当といえる場合には、違法性が阻却されると解する。
　そして、被害者の承諾は、かかる相当性の判断の一資料となると解する。
　具体的には、①承諾可能な個人的法益について、②これを放棄する有効な承諾が、③行為の前に存在していたことに加えて、さらに④行為者が承諾を認識していたこと、⑤承諾が外部的に表示されていたこと、⑥行為態様自体が社会生活上是認できる相当なものであったこと、という要件を満たした場合にのみ、社会的に相当な行為として違法性が阻却されると解する。

　備考：保険金詐欺目的の傷害の場合や、傷害の程度が重大だった場合は、⑥の要件を満たさない。

論証 17　侵害の「急迫」性

➡ 110 ページ（ア）

ＡがＢの侵害に対し反撃をし、Ｂを傷害したが、ＡはＢによる不正の侵害を事前に予測し、積極的な加害意思を有していた事案

　Ａの行為は、傷害罪（204条）の構成要件に該当する。
　もっとも、正当防衛（36条1項）として違法性が阻却されないか。
　まず、Ｂの行為は「不正の侵害」にあたる。しかし、Ａはその侵害を「事前に予測」していたことから、かかる侵害は「急迫」とはいえないのではないかが問題となる。
　「急迫」とは、法益の侵害が現に存するか間近に迫っていることをいう。
　そして、侵害を予期していただけでは「急迫」性は失われないものの、積極的加害意思をも有していた場合には、もはや「急迫」とはいえないと解する。

　備考：判例は、急迫性を否定する場合は「積極的加害意思」という用語を使う一方、防衛の意思を否定する場合は「専ら攻撃の意思」という用語を使う。答案でも使い分けるのが望ましい。

論証 18　防衛の意思の要否・内容

➡ 114 ページウ

B を撃ち殺そうとしている A を、
かかる事情を知らない甲が撃ち殺した事案

1　甲の行為は、殺人罪（199 条）の構成要件に該当する。
2　しかし、正当防衛（36 条 1 項）として違法性が阻却されないか。
(1)　まず、A は B を「撃ち殺そう」としていたのであるから、B に対する「急迫不正の侵害」があったといえる。
(2)　では、「防衛するため」といえるか。防衛の意思の要否・内容が問題となる。
ア　違法性の実質は、結果無価値のみならず行為無価値にもあると解される。そこで、正当防衛が違法性を阻却する根拠は、行為の社会的相当性にあると解する。
　　そして、行為者の主観は、かかる社会的相当性の有無に影響を与える。
　　また、36 条 1 項の「ため」という文言から、防衛の意思が必要であると解するのが素直である。
　　よって、防衛の意思が必要であると解する。
イ　もっとも、正当防衛は反射的・本能的に行われることも少なくない。
　　そこで、防衛の意思とは、急迫不正の侵害を意識しつつこれを避けようとする単純な心理状態をいうと解するべきである。
(3)　本件では、甲は急迫不正の侵害を意識しておらず、防衛の意思に欠ける。
　　したがって、正当防衛は成立しない。

備考：①もっぱら攻撃の意思だった場合は防衛の意思は否定される。
　　　②緊急避難における「避難の意思」も同様に論じればよい。

論証 19　反撃行為の結果が第三者に生じた場合の処理

➡ 118 ページ（イ）

Ａに日本刀で襲われた甲が、反撃のため足元にあった石をつかんでＡに向かって投げつけたところ、Ａの横を歩いていたＢに当たり、Ｂが負傷した事案

1 (1)　甲の行為は、Ｂに対する傷害罪（204 条）の客観的構成要件を満たす。
(2)　では、故意（38 条 1 項本文）が認められるか。

〔論証 8　具体的事実の錯誤の処理〕入る

　　よって、傷害罪の故意が認められ、同罪の構成要件に該当する。
2　では、違法性が阻却されないか。反撃行為の結果が第三者に生じた場合の処理が問題となる。
(1)　この点、かかる場合を正当防衛（36 条 1 項）として処理する説があるが、第三者は「不正の侵害」をしていない以上、緊急避難（37 条 1 項本文）として処理するべきと解する。
(2)　では、甲に緊急避難が成立するか。
　　まず、甲はＡに襲われており、「現在の危難」があったといえる。また、甲はＡに襲われたことを意識し、これを避けようとしていたと思われることから、避難の意思もあったといえる。さらに、甲は自己の生命を守るためにＢの身体を害しており、法益権衡も満たす。
　　したがって、補充性が認められれば、甲の行為は緊急避難として違法性が阻却される。

備考：問題文に詳しい事情が書かれている場合には、もちろん補充性についてもあてはめて結論を出すこ
　　　とになる。

論証 20　自招侵害

➡ 120 ページア

A が B をからかったところ、これに怒った B が
A に殴りかかってきたので、A が反撃した結果 B が負傷した事案　

1　A の行為は、傷害罪（204 条）の構成要件に該当する。
2　もっとも、正当防衛（36 条 1 項）として違法性が阻却されないか。
(1)　まず、A は「急迫不正の侵害」に対し、「自己……の権利を防衛するため」「やむを得ず」防
　　衛したといえ、正当防衛の条文上の要件を満たす。
(2)　しかし、かかる「急迫不正の侵害」は、A が B をからかうことにより自ら招いたものである。
　　そこで、こうした自招侵害に対する反撃の場合にも、正当防衛が成立するかが問題となる。
ア　違法性の実質は、結果無価値のみならず行為無価値にもあると解される。そこで、正当防衛
　　が違法性を阻却する根拠は、行為の社会的相当性にあると解する。
　　　そして、自招侵害に対する反撃は、原則として社会的相当性に欠けるというべきである。した
　　がって、原則として正当防衛は成立しないと解する。
　　　もっとも、相手方が予想以上に重大な法益を侵害する行為をしてきた場合には、例外的に社
　　会的相当性が認められると解する。
イ　本件では、B が「殴りかかって」くる行為は十分予想しうるといえ、これに対する反撃は社会
　　的相当性に欠ける。
　　　よって、正当防衛は成立しない。
3　以上より、傷害罪が成立する。

論証 21　量的過剰防衛

➡ 122 ページ（イ）

Bに襲われたAが、ⓐ当初は防衛の程度の範囲内にある反撃を行ったが、相手方の侵害が止んだのに、ⓑなおそれまでと同様の反撃を続け、Bに傷害結果が発生した事案　A

　本件で、Aの行為をⓐとⓑに分断して捉えれば、Aのⓐの行為は傷害罪（204条）の構成要件に該当するものの正当防衛（36条1項）として違法性が阻却される。そして、ⓑの行為は、傷害罪が成立し、急迫不正の侵害が終了している以上、過剰防衛（36条2項）にすらならないことになる。
　他方、Aの行為を1個の行為と捉えれば、傷害罪が成立したうえで、全体として過剰防衛となる。
　では、Aの行為をいかに捉えるべきか。
　この点、①第2行為の時点で、当初の防衛の意思が継続していたか、それとももっぱら攻撃の意思だったのか、②行為者が、被害者がさらなる侵害行為に出る可能性がないことを認識していたか否か、③第2行為の態様・程度等を総合的に考慮して、行為を分断して捉えるべきか、それとも全体として1個の行為と捉えるべきかを判断するべきである。

備考：簡単に書くときは、規範は①だけにし、②および③は、①の判断要素としてあてはめで考慮してもよい。

論証 22　緊急避難の法的性質

➡ 126 ページ **3**

A に襲われた B が甲を突き倒して逃げようとしたところ、
甲が B に反撃し傷害を負わせたが、
B の行為が緊急避難の要件を満たしていた場合の甲の罪責　**A**

　甲の行為は、傷害罪（204 条）の構成要件に該当する。
　もっとも、正当防衛（36 条 1 項）により違法性が阻却されないか。B の甲に対する緊急避難行為（37 条 1 項本文）が、「不正」の侵害といえるかが、緊急避難の法的性質をいかに解するかと関連して問題となる。
　この点、緊急避難は期待可能性に欠ける場合であるとして、責任阻却事由であるとする見解がある。この見解からは、B の行為は「不正」であることとなろう。
　しかし、「他人」の法益を守るための緊急避難について、期待可能性に欠けるとはいえない。したがって、責任阻却事由と解するのは妥当でない。
　そもそも、違法性を阻却する根拠は行為の社会的相当性にあると解されるところ、緊急避難は社会的に相当な行為といえる。よって、緊急避難は違法性阻却事由であると解する。
　したがって、B の甲に対する緊急避難行為は「不正」の侵害とはいえず、甲に正当防衛は成立しない。
　よって、甲が緊急避難の要件を具備しない限り、傷害罪が成立する。

論証 23　自救行為

➡ 129 ページ **2**

A が街を歩いていたところ、数日前に A からバッグを盗んだ B を
発見し、バッグをこっそりと取り戻した事案　

　A の行為は B の占有を侵害する行為であり、窃盗罪（235 条）の構成要件に該当する。
　そして、B による法益侵害行為は「数日前」に終了していることから、「急迫不正の侵害」（36 条 1 項）や「現在の危難」（37 条 1 項本文）がない。よって、正当防衛や緊急避難は成立しない。
　もっとも、いわゆる自救行為として違法性が阻却されないか。
　違法性の実質は、結果無価値のみならず行為無価値にもあると解される。そうだとすれば、自救行為が社会的に相当な行為といえるのであるならば、明文がなくとも違法性が阻却されると解する。
　もっとも、自救行為の違法性阻却を広く認めると、私人の実力行使の横行を招くことにもなりかねない。
　そこで、一定のきわめて限定された場合にのみ、社会的相当性が肯定されるというべきである。
　具体的には、①権利に対する侵害がなされたこと、②被害回復の緊急性があること、③自救の意思があること、④自救行為自体相当性を有していること等の要件を全て具備していることが必要であると解する。

論証 24　原因において自由な行為　修正説＋二重の故意の要否

➡ 137 ページ 3.

Aが酒を飲んで心神喪失状態に陥り、Bを刺し殺した事案　

1　Aの行為は、殺人罪（199条）の構成要件に該当する。また、違法性阻却事由は存しない。
　　しかし、Aは心神喪失状態だったことから、責任能力が認められず、殺人罪は成立しないのが原則である（39条1項）。

2　もっとも、常にかく解しては、国民の法感情に反し、また、法益保護の点からも問題がある。
　　そこで、完全な責任を問うための法律構成が問題となる。

(1)　そもそも、責任非難は違法な行為をなす最終的な意思決定に対して向けられるものである。
　　そこで、実行行為たる結果行為が、責任能力ある状態での意思決定の実現過程にほかならないといえる場合には、なお完全な責任を問うことができると解する。
　　そして、かかる場合といえるためには、①原因行為と結果行為および結果との間に因果関係があること、および②故意犯については、原因行為から結果行為にかけて故意が連続していることが必要であると解する。

(2)　では、さらに、自己が心神喪失に陥ることについての故意（二重の故意）まで要するか。
　　この点については、結果行為が自由な意思決定に基づいてさえいれば完全な責任非難が可能であると解されることから、二重の故意は不要と解する。

論証 25　違法性の意識の要否①　制限故意説

➡ 145 ページウ

弁護士の意見を信頼した結果、
Ａが違法性の意識を欠いて犯罪に及んだ事案

（構成要件該当性と違法性阻却事由の不存在を認定したうえで）
　もっとも、Ａは違法性の意識を欠いている。そこで、責任故意（38条1項本文）が阻却されるのではないかが問題となる。
　故意の本質は、規範に直面し反対動機の形成が可能であったにもかかわらず、あえて犯罪行為に及んだことに対する強い道義的非難にある。
　そして、違法性の意識がある場合であれ、ない場合であれ、規範に無関心な人格態度という点で同様の非難が可能である。
　そこで、違法性の意識を欠いていても、責任故意は阻却されないものと解する。
　もっとも、違法性の意識の可能性すらない場合には、かかる非難をすることはできない。
　よって、かかる場合は、責任故意が阻却されると解する。
　本件では、Ａは「弁護士の意見」を信頼しただけであり、なお違法性の意識の可能性があったといえる。
　したがって、責任故意は阻却されない。

論証 26　違法性の意識の要否②　責任説

➡ 145 ページエ

弁護士の意見を信頼した結果、
Ａが違法性の意識を欠いて犯罪に及んだ事案

（構成要件該当性と違法性阻却事由の不存在を認定したうえで）
　もっとも、Ａは違法性の意識を欠いている。そこで、責任故意（38条1項本文）あるいは責任が阻却されるのではないかが問題となる。
　故意の本質は、規範に直面し反対動機の形成が可能であったにもかかわらず、あえて犯罪行為に及んだことに対する強い道義的非難にある。
　そして、違法性の意識がある場合であれ、ない場合であれ、規範に無関心な人格態度という点で同様の非難が可能である。
　そこで、違法性の意識を欠いていても、責任故意は阻却されないものと解する。
　ただし、違法性の意識の可能性すらない場合には、責任が阻却されると解する。
　なぜなら、責任とは行為者に対する非難可能性であるところ、違法性の意識の可能性すらない場合は、非難可能性が否定されるからである。
　本件では、Ａは「弁護士の意見」を信頼しただけであり、なお違法性の意識の可能性があったといえる。
　したがって、責任故意はもとより、責任も阻却されない。

論証 27　違法性阻却事由の錯誤①　誤想防衛の処理

➡ 152ページ **2**

夜道を歩いている友人甲の姿をみとめたAが、
甲に挨拶をしようと背後から甲の肩に手をかけたところ、
暴漢に襲われたと勘違いした甲がAを殴った事案

　甲の行為は暴行罪（208条）の構成要件に該当する。また、「急迫不正の侵害」がないことから、正当防衛（36条1項）も成立しない。

　もっとも、甲は「暴漢に襲われた」と勘違いしており、「急迫不正の侵害」を誤認している。そこで、責任故意（38条1項本文）が阻却されるのではないか。いわゆる違法性阻却事由の錯誤の処理が問題となる。

　そもそも、故意の本質は、規範に直面し反対動機の形成が可能であったにもかかわらず、あえて犯罪行為に及んだことに対する強い道義的非難にある。

　ところが、違法性を否定する事実を誤認している場合、規範に直面する余地を欠いていたといえる。

　したがって、かかる場合には、事実の錯誤として責任故意を阻却すると解する。

　本件でも、甲の責任故意は阻却され、暴行罪は成立しない。

備考：故意を阻却するだけであるから、過失犯は成立しうる。本件でも、Aが負傷した場合には過失傷害罪が成立する。

論証 28　違法性阻却事由の錯誤②　誤想過剰防衛の処理

➡ 152 ページ **3**

夜道を歩いている友人甲の姿をみとめた A が、甲に挨拶をしようと背後から甲の肩に手をかけたところ、素手の暴漢に襲われたと勘違いした甲が、A をピストルで撃ち殺害した事案

1　甲の行為は殺人罪（199 条）の構成要件に該当する。また、「急迫不正の侵害」がないことから、正当防衛（36 条 1 項）も成立しない。
2　もっとも、甲は「暴漢に襲われた」と勘違いしており、「急迫不正の侵害」を誤認している。
　そこで、責任故意（38 条 1 項本文）が阻却されるのではないか。
(1)　故意の本質は、規範に直面し反対動機の形成が可能であったにもかかわらず、あえて犯罪行為に及んだことに対する強い道義的非難にある。
　そして、たとえ違法性を否定する事実を誤認していても、過剰性の基礎となる事実については認識していた場合には、その点でなお規範に直面し反対動機の形成が可能であったといえ、責任故意が認められると解する。
　他方、過剰性の基礎となる事実について認識していなかった場合には、責任故意が阻却されると解する。
(2)　本件では、甲は「素手」による急迫不正の侵害を誤認しているものの、「ピストル」で反撃するという事実は認識している。
　よって、責任故意は阻却されず、殺人罪が成立する。
3　もっとも、過剰防衛についての 36 条 2 項を準用し、任意的な減免を認めることができないか。
(1)　36 条 2 項が任意的な減免を認める根拠は、恐怖・興奮などにより多少の行きすぎを犯したとしても行為者を強く非難できない点にあると解される。そして、急迫不正の侵害を誤認していた場合でも、恐怖・興奮などが生じることにつき変わりはない。
　そこで、準用を肯定すべきである。
(2)　本件でも、36 条 2 項の準用により、刑が任意的に減免される。

備考：36 条 2 項の準用は、誤想過剰防衛の事案で、故意犯が成立する場合に問題となる。

論証 29　実行の着手時期

➡ 162 ページ ア

Aが窃盗の目的で土蔵に侵入しようとして、土蔵の外扉の錠を破壊してこれを開いた事案

　Aの行為につき、窃盗未遂罪（243条、235条）が成立しないか。「土蔵の外扉の錠を破壊してこれを開いた」行為が窃盗罪の「実行に着手」（43条本文）したといえるかが問題となる。
　そもそも、未遂犯の処罰根拠は構成要件的結果発生の現実的危険性の惹起にある。
　よって、構成要件的結果発生の現実的危険性が生じた時点で、実行の着手が認められると解する。
　本件でこれをみるに、「土蔵」の中には人がいないものと思われることから、「土蔵の外扉の錠を破壊してこれを開いた」行為は、土蔵内の財物が窃取される現実的危険性を含む行為といえる。
　したがって、Aには窃盗未遂罪が成立する。

備考：構成要件的結果発生の現実的危険性が生じた時点、としてもよい。

論証 30　間接正犯における実行の着手時期

➡ 165 ページ ウ

殺人罪の利用行為（誘致行為）があったが、結果が発生しなかった事案

（論証2　間接正犯の実行行為性を論証・認定したうえで）
　では、実行の着手（43条本文）があったといえるか。間接正犯における実行の着手時期をいかに解するかが問題となる。
　未遂犯の処罰根拠は、構成要件的結果発生の現実的危険性の惹起にある。
　そして、利用行為の開始をもってかかる現実的危険性が生じる場合もあれば、被利用者の行為の開始をもってかかる現実的危険性が生じる場合もある。
　したがって、個々の具体的事案に照らして、構成要件的結果発生の現実的危険性が生じた時に実行の着手が認められると解する。

備考：事案によっては被利用者標準説でもよい。

論証 31　中止未遂の要件①　「自己の意思により」──中止の任意性

➡ 170 ページア

Aが短刀でBを刺し殺そうとしたところ、
Bの流血を見て恐怖・驚愕して殺害をやめた事案

　Aの行為につき、殺人未遂罪（203条・199条）が成立する。
　もっとも、Aは行為を途中でやめている。そこで、中止未遂（43条ただし書）として刑が必要的に減免されないか。
　この点、本件Aは、「恐怖・驚愕」して行為を中止している。そこで、かかる場合にも「自己の意思により」といえるかが問題となる。
　そもそも、中止未遂の必要的減免の根拠は、行為者に対する非難可能性が減少することにあると解される（責任減少説）。
　そして、自発的に中止したのであれば、たとえ外部的事情に触発された場合であっても、非難可能性は減少するといえる。
　そこで、「自己の意思により」といえるか否かは、外部的事情が、行為者に対しある程度必然的に（あるいは強制的に）中止を決意させたか否かにより判断するべきと解する。
　本件でこれをみるに、Aは「Bの流血」という外部的事情を見て「恐怖・驚愕」している。そうだとすれば、外部的事情がある程度必然的にAに中止を決意させたといえる。
　したがって、「自己の意思により」とはいえず、中止未遂にあたらない。

備考：しようと思えばできたがしなかった場合は任意性を肯定、したかったができなかった場合は任意性を否定、としてもよい。

論証32　中止未遂の要件②　「中止した」──中止行為

➡ 173ページイ

AはB宅を放火後、これを後悔し、知人に
「B宅を放火したからよろしく頼む」と依頼して逃げ去った事案　**A＋**

（論証31　中止の任意性を論証・認定したうえで）
　では、Aは「中止した」（43条ただし書）といえるか。
　まず、①放置すると結果が発生する危険が未だ生じていない場合は、結果発生の危険はもっぱら行為者の犯行継続の意思に基づいているといえる。
　したがって、かかる場合は、犯意を放棄し、その後の実行を放棄するという不作為があれば、中止行為があったといえると解する。
　他方、②放置すると結果が発生する危険が既に生じている場合は、結果発生防止のための真摯な努力（作為）があって、はじめて中止行為があったといえると解する。
　本件でみるに、AはB宅を放火しているのであるから、②の場合にあたる。ところが、Aは知人に「よろしく頼む」と依頼するにとどまり、真摯な努力をしていない。
　よって、「中止した」とはいえず、中止未遂にあたらない。

論証33　中止未遂の要件③　結果の不発生との間の因果関係

➡ 175ページウ

AがBに殺意をもって毒物を飲ませた後、後悔に基づき
できる限りの手当てをした。Bは死亡しなかったが、それは
そもそも毒物が致死量に達していなかったからであった事案　

（殺人未遂罪の成立、中止の任意性・中止行為を認定したうえで）
　もっとも、本件で結果が生じなかったのは、「毒物が致死量に達していなかった」からであり、Aの中止行為と結果の不発生との間に因果関係が存しない。
　そこで、中止行為と結果の不発生との間の因果関係の要否が問題となる。
　この点、中止未遂の必要的減免の根拠につき、中止により結果発生の具体的危険性が減少することにあるとする違法性減少説からは、因果関係が必要ということになろう。
　しかし、中止未遂の必要的減免の根拠は、行為者に対する非難可能性の減少にあると解するべきである（責任減少説）。そして、行為者に自己の意思による中止行為が認められる限り、非難可能性は減少するといえる。
　したがって、因果関係は不要と解する。
　よって、Aには中止未遂が成立し、刑が必要的に減免される。

論証 34　予備罪の中止

➡ 176 ページ **3**

Aが、強盗罪を実行する目的で凶器を購入したが、
その後反省し、強盗罪の実行に着手することをやめた事案

B⁺

1　Aの行為につき、強盗予備罪（237条）が成立する。
2　もっとも、Aは反省して強盗罪の「実行に着手」（43条本文）することをやめている。
(1)　この点、Aは強盗罪の「実行に着手」していない以上、中止未遂の規定（43条ただし書）を直接適用することはできない。
(2)　では、中止未遂の規定を準用することはできないか。
　　判例は、「予備罪には中止未遂の観念を容れる余地のないものである」として、準用を否定する。
　　しかし、かく解しては刑が免除される余地がなくなってしまい、実行に着手した後に中止した場合と比べて不均衡が生じる。
　　また、中止未遂の必要的減免の根拠は非難可能性の減少にあると解される。そして、任意に実行の着手をやめた以上、非難可能性の減少が認められる。
　　そこで、準用を肯定するべきと解する。
3　では、減免の基準となる刑をいかに解するべきか。
　　まず、法律上の減軽は1度しかなしえない（68条参照）ことから、予備罪の刑をさらに減軽することはできないというべきである。
　　よって、原則として既遂犯の刑を基準とすべきである。
　　もっとも、既遂犯の法定刑を減軽しても予備罪の刑より重い場合は、予備罪の刑を科すべきと解する。

備考：準用の可否がもっとも実益を有するのは、免除が規定されていない強盗予備罪（237条）等においてである。なお、免除が規定されている殺人予備罪（201条）や放火予備罪（113条）の中止を論じる場合は、2(2)の3段落目「かく解しては」から4段落目「また、」までをカットする。

論証 35　不能犯

→ 181 ページエ

Ａが、自宅の寝室のベッド内で心臓発作を起こして数分前に死んだＢを生きていると誤信し、殺意をもってＢに向けて発砲した事案　**A⁺**

　Ａの行為につき、殺人未遂罪（203 条、199 条）が成立するか。Ｂは既に死んでいたことから、未遂犯と不能犯との区別をいかに解するべきかが問題となる。
　未遂犯の危険性は、未遂犯の違法性を基礎づけるものであるところ、違法性の実質は結果無価値のみならず行為無価値にもあると解するべきである。
　そして、行為無価値についての判断は、行為の時点に立って一般人の見地から判断すべきであり、また、行為者の主観的事情も考慮されるべきである。
　そこで、①行為者が特に認識していた事情および一般人が認識しえた事情を基礎として、②行為の時点に立って、一般人の見地から、行為の危険性の有無を判断して決するべきと解する。
　これを本件でみるに、①Ｂは「自宅の寝室のベッド」という日常的な場所で、心臓発作を起こして行為の直前に死亡しているにすぎないことから、一般人はＢが生きていると認識しえたといえる。そして、②かかる事情を基礎とし、行為の時点において一般人の見地から判断すれば、Ａの行為はＢを死亡させる危険性を有する行為であったといえる。
　よって、殺人未遂罪が成立する。

備考：①因果関係の論証との整合性に注意すること。
　　　②構成要件論からのアプローチについては、182 ページのＤ説理由②を参照。

論証 36　共犯の従属性①　実行従属性

➡ 193 ページ ア

AがBに殺人を教唆し、Bは実行を決意したが、
結局殺人の準備行為や実行行為をしなかった事案

　Aの行為につき、教唆犯（61条1項）が成立するか。共犯の成立に正犯の実行行為が必要かが問題となる。
　この点、主観主義刑法理論を前提として、正犯の実行行為を不要とする見解がある。この見解からは、Aに殺人教唆の未遂罪が成立することとなろう。
　しかし、共犯の処罰根拠は、正犯の実行行為を介して間接的に法益を侵害する点にあると解される（混合惹起説）。とすれば、共犯が成立するには正犯の実行行為が必要なはずである。
　また、「人を教唆して犯罪を実行させた」（61条）、「正犯を幇助した」（62条）という文言は、正犯の実行行為の存在を予定しているといえる。
　したがって、正犯の実行行為が必要であると解する。
　よって、Aに教唆犯は成立しない。

備考：この論点を展開することはあまりないが、しっかりと理解しておく必要がある。なお、Bが予備罪を犯した場合には、予備罪の教唆犯の成否が問題となる。

論証 37　共犯の従属性②　要素従属性

➡ 195 ページ イ

XがYに殺人を教唆し、Yが殺人を実行したが、
Yの責任能力が否定された事案

（Yは不可罰であることを認定したうえで）
　では、Xの行為につき、教唆犯（61条1項）が成立するか。共犯が成立するためには、正犯がいかなる要素まで具備する必要があるかが問題となる。
　共犯の処罰根拠は正犯の実行行為を介して間接的に法益を侵害する点にあると解される（混合惹起説）。よって、共犯が成立するためには、正犯が構成要件に該当するだけでは足りず、違法性をも具備している必要があると解する。
　他方、責任は行為者に対する非難可能性であるから、行為者ごとに判断されるべきである。
　したがって、正犯が構成要件該当性と違法性を具備する必要があり、かつそれで足りると解する（制限従属性説）。61条が「実行させた」とするにとどまるのも、かかる趣旨と解する。
　本件では、正犯たるYは殺人罪の構成要件に該当し、かつ違法性も具備している。よって、Xには殺人罪の教唆犯が成立する。

論証 38　共犯の従属性③　共同正犯における違法の連帯性

➡ 197 ページ (ア)

急迫不正の侵害に対しAとBが一緒に反撃したところ、
Aは防衛の意思、Bはもっぱら攻撃の意思を有していた事案　　A

(Aに正当防衛が成立することを認定したうえで)
　これに対し、Bは防衛の意思に欠け、正当防衛が成立しないとも思える。
　しかし、Aの違法性が阻却される結果、Bの違法性も阻却されるのではないかが問題となる。
　この点については、違法性阻却の要件のうち、客観的要件は連帯して判断するべきであるが、主観的要件は個別に判断するべきと解する。
　本件でみるに、Bは「もっぱら攻撃の意思」を有しており、正当防衛の主観的要件である防衛の意思に欠ける以上、Bに正当防衛は成立しない。

論証 39　共犯の従属性④　共同正犯における責任の連帯性

➡ 197 ページ (イ)

急迫不正の侵害に対しAとBが一緒に過剰に反撃したところ、
Aは防衛の意思、Bはもっぱら攻撃の意思を有していた事案　　B+

(ABに犯罪が成立し、Aには過剰防衛が成立することを認定したうえで)
　これに対し、Bは防衛の意思に欠け、過剰防衛は成立しないとも思える。
　しかし、Aに過剰防衛が成立する結果、Bにも過剰防衛の効果が及ぶのではないかが問題となる。
　36条2項が任意的な減免を認める根拠は、恐怖・興奮などにより責任が減少することにあると解される。そして、責任とは行為者に対する非難可能性である以上、行為者ごとに個別的に判断されるべきものである。
　したがって、Bには過剰防衛の効果は及ばないと解する。

論証 40　共犯の本質　罪名従属性

→ 198 ページ **3**

**A は殺人の故意、B は傷害の故意で、共同して甲を刺し、
甲に傷害を負わせた事案**

　AB に共同正犯（60 条）が成立するか。共同正犯が成立するためには何を「共同」する必要があるのかが問題となる。
　この点、罪名の従属性を否定し、構成要件を離れた事実的（自然的）行為を共同すれば足りるとする見解がある。この見解からは、A には殺人未遂罪の共同正犯が、B には傷害罪の共同正犯が、それぞれ成立することとなろう。
　しかし、罪刑法定主義からは、構成要件論を重視すべきである。したがって、特定の構成要件を共同して実現することが必要であると解するべきである。
　ただし、構成要件が実質的に重なり合うものであるときは、その重なり合いの限度で共同正犯が成立すると解する（部分的犯罪共同説）。
　本件でも、殺人未遂罪（203 条、199 条）と傷害罪（204 条）は傷害罪の限度で重なり合うことから、その限度で共同正犯が成立する。
　よって、A は殺人未遂罪、B は傷害罪の罪責を負い、両者は傷害罪の限度で共同正犯となる。

備考：甲が死亡した場合には、結果的加重犯の共同正犯も問題となる。結論としては、A は殺人罪、B は傷害致死罪の罪責を負い、両者は傷害致死罪の限度で共同正犯となる。

論証 41　実行共同正犯の成立要件　

→ 203 ページ **4**

　実行共同正犯の成立要件をいかに解するべきか。
　共同正犯の処罰根拠は、相互利用補充関係のもと、結果に対して物理的・心理的因果性を及ぼした点にある。
　よって、実行共同正犯が成立するには、かかる因果性が認められることが必要と解する。
　具体的には、①共同実行の意思と②共同実行の事実が必要と解する。

備考：共謀共同正犯をも含めた共同正犯の成立要件として、①共謀（犯罪共同遂行の合意）、②その共謀に基づく共謀者の全部または一部の者による実行行為、という要件を定立してもよい。

論証 42　共謀共同正犯の成否・成立要件

→ 205 ページ **1**、207 ページ **2**

甲と乙が A 殺害を共謀し、頭の切れる甲が細かい計画立案を担当、腕っ節の強い乙が実行行為の全部を担当し、A を殺害した事案　A

　甲は殺人（199 条）の実行行為を行っていない。にもかかわらず、かかる甲も含めて共同正犯（60 条）が成立するといえるか。いわゆる共謀共同正犯の成否ないし成立要件が問題となる。
　共同正犯の処罰根拠は、相互利用補充関係のもと、結果に対して物理的・心理的因果性を及ぼした点にある。
　そして、かかる因果性は、実行行為以外の行為によっても認められうる。
　そこで、共謀共同正犯も「共同正犯」にあたりうると解する。
　そして、共謀共同正犯が「共同正犯」にあたるためには、①共謀の事実、②共謀者のなかの一部の者による共謀に基づく実行行為、③共謀者の正犯意思が必要と解する。

備考：正犯意思の認定はきわめて重要である。あてはめの要素（→ 210 ページ（イ））を再確認しておくこと。

論証 43　承継的共同正犯①　承継的共同正犯の肯否

➡ 213ページ **2**

Ａが単独で強盗の意図のもとに甲に対して暴行を加え、甲の反抗を抑圧したところ、偶然にもその場を通りかかった友人ＢにＡが協力を求め、ＡとＢが共同して財物を盗取した事案におけるＢの罪責

A⁺

　Ｂは、強盗罪（236条１項）の共同正犯の罪責を負うか。
　本件で、Ｂは暴行に関与していない。そうであるにもかかわらず、かかる暴行も含めて、Ｂに全体として共同正犯（60条）が成立するかが問題となる。
　共同正犯の処罰根拠は、相互利用補充関係のもと、結果に対して物理的・心理的因果性を及ぼす点にある。
　ところが、後行者の共謀およびそれに基づく行為と、後行者が関与する以前の先行者の先行行為ないしその結果との間には、因果関係が認められない。
　したがって、共同正犯が成立するのは、共同実行の意思が認められる後行者の関与後の行為に限られ、全体としては共同正犯は成立しないのが原則と解するべきである。
　もっとも、後行者が、先行者の先行行為等を自己の犯罪遂行の手段として積極的に利用する意思のもと現にこれを利用した場合は、実質的にみて、後行者が先行行為等に関与したのと同視しうる。
　そこで、かかる場合には、全体として共同正犯が成立すると解する。
　これを本件でみるに……［以下、あてはめ］。

備考：①傷害罪については、原則論にとどめる（＝全面否定説で書く）のが安全である。
　　　②全体として共同正犯が成立するという意味で、「承継的共同正犯が成立する」と表現することがある。

論証 44　承継的共同正犯②　強盗殺人罪の承継的共同正犯

➡ 216ページウ

**先行者Aが財物奪取の意図で甲を殺害した後に、
後行者Bが財物の盗取にのみ関与した事案**

　まず、ABは、強盗罪の共同正犯（60条、236条1項）の罪責を負うか。
（論証43　承継的共同正犯①を論証、認定したうえで）
　では、強盗殺人罪（240条後段）の共同正犯まで成立するか。
　思うに、本件で後行者が積極的に利用する意思のもと、現に利用したのは、殺人結果ではなく、反抗抑圧状態であるにとどまる。
　したがって、強盗殺人罪の共同正犯は否定すべきである。
　よって、Aは強盗殺人罪、Bは強盗罪の罪責を負い、両者は強盗罪の限度で共同正犯となる。

備考：強盗傷害罪や強盗致死傷罪の場合も同様に解してよい。

論証 45　過失犯の共同正犯

➡ 221 ページ **2**

AとBが建物の建築現場でバーナーを用いた溶接作業をしていたところ、溶接により発生した火花により、近隣の建物が焼損した。原因となった火花が AB いずれの溶接により発生したかは不明であった事案

AB にはそれぞれ構成要件的過失が認められるが、結果との間の因果関係が不明であることから、単独犯としての業務上失火罪（117 条の 2）は成立しない。

もっとも、業務上失火罪の共同正犯（60 条）が成立しないか。過失犯の共同正犯の成否ないし成立要件が問題となる。

まず、過失は予見可能性を前提とした結果回避義務違反の行為であると解するべきである。そして、このように過失を行為であると解する以上、これを共同することは十分に可能である。

したがって、過失犯の共同正犯も成立しうると解する。

では、いかなる要件を備えることが必要か。

共同正犯の処罰根拠は、相互利用補充関係のもと、結果に対して物理的・心理的因果性を及ぼす点にある。

そこで、①共同の注意義務が存在し、②その共同の注意義務に共同して違反したことが必要と解する。

備考：共同の注意義務とは関与者相互の監視義務のことであり、共同者が同一の法的地位に立っていることが必要である。なお、責任レベルでは、各人に責任過失があることをひとこと認定するとよい。

論証 46　結果的加重犯の共同正犯

➡ 224ページ **2**

ＡとＢが甲に対する強盗を共謀し、
かわるがわるに甲に暴行を加え、財物を奪取したところ、
ABの当初の意図に反して甲が死亡した事案

（ABに強盗罪の共同正犯が成立することを認定したうえで）
　では、強盗致死罪の共同正犯（60条、240条後段）まで成立するか。結果的加重犯の共同正犯の成否が、結果的加重犯の本質をいかに解するかと関連して問題となる。
　この点、責任主義の見地から、結果的加重犯の成立要件として、重い結果に対する過失を必要とする見解がある。この見解からは、さらに過失犯の共同正犯の成否が問題となろう。
　しかし、結果的加重犯の基本行為は、その性質上重い結果を発生させる高度の危険性を内包しているといえる。
　とすれば、そうした行為のもつ危険性の射程範囲内、すなわち刑法上の因果関係の範囲内で生じた重い結果については、特に過失を要求せずとも、責任主義には反しないというべきである。
　したがって、結果的加重犯の重い結果について、過失は不要であると解する。
　よって、過失犯の共同正犯の成否を論ずるまでもなく、結果的加重犯の共同正犯が成立すると解する。
　本件でも、ABに強盗致死罪の共同正犯が成立する。

論証 47　共犯関係の解消

➡ 226 ページ 7.

A と B が X 宅での強盗を共謀し、1 人暮らしの X 宅に侵入したが、その後 A は翻意して強盗をやめようと考え、強盗の着手前に B にその旨を表明し、帰宅した。しかし、その後 B は当初の計画どおり強盗を実行した事案

A⁺

（AB が住居侵入罪の罪責を負い、かつ B が強盗罪の罪責を負うことを認定したうえで）
　では、A も強盗罪の共同正犯（60 条、236 条 1 項）の罪責を負うか。「途中で翻意」した A に、B との共犯関係の解消が認められるかが問題となる。
　共同正犯の処罰根拠は、相互利用補充関係のもと、結果に対して物理的・心理的因果性を及ぼす点にある。
　したがって、共犯関係の解消が認められるためには、かかる物理的・心理的因果性が遮断される必要があると解する。
　本件でこれをみるに、たしかに A は、強盗の実行の着手前に、B に対して離脱の意思を表明している。また、B はかかる意思を認識したうえで、それを受け入れて犯行を継続していることから、A の離脱を黙示的に了承しているといえる。これらのことからすれば、因果性は遮断されているとも思える。
　しかし、本件では、住居に侵入して強盗を行うという共謀のもと、既に住居に侵入している以上、因果性を遮断するには、それ以後の犯行を防止する措置を講じたことが必要というべきである。
　ところが、A はかかる措置を何ら講じていない。
　よって、共犯関係の解消は認められず、A も強盗罪の共同正犯の罪責を負う。

備考：一般に、着手前は表明と了承、着手後は表明と了承に加えてそれ以後の犯行を防止する措置を講じたことが必要とされる。ただし、着手前であっても、本件のようにそれ以後の犯行を防止する措置を講じたことが必要とされる場合がある点に注意。

論証 48　共謀の射程

　　　　　　　　　　　　　　　　　　　　　　　→ 230 ページ 8.

Xによる急迫不正の侵害に対し、ABが共同して防衛行為としての暴行に及んだ。しかし、急迫不正の侵害が終了した後も恐怖心からAが単独で暴行を加えた事案

　Aの当初の暴行（208条）は正当防衛（36条1項）にあたるが、後の暴行は「急迫不正の侵害」がなく正当防衛にあたらない。したがって、Aは暴行罪の罪責を負う。ただし、量的過剰防衛として刑が任意的に減軽または免除される（36条2項）。

　では、Bにも暴行罪の共同正犯（60条、208条）が成立するか。

　そもそも、共同正犯の処罰根拠は、相互利用補充関係のもと、物理的・心理的因果性を結果に対して及ぼす点にある。そこで、共同正犯が成立するには、①共謀と、②その共謀に基づく共謀者の全部または一部の者による実行行為が必要である。

　ところが、防衛行為という適法行為に関する共謀と、違法行為に関する共謀とは、規範的に全く異なるものである以上、ABは、Xによる侵害行為に対する防衛行為を共謀しただけと解するのが妥当である。

　したがって、侵害終了後のAの暴行については、当初の共謀の射程外であり、AB間に新たな共謀があったと認められない限り、Bは侵害行為に対する防衛行為についてだけ帰責されると解する。

　本件では、特に新たな共謀があったとは認められない。よって、Bには正当防衛が成立し、暴行罪は成立しない。

論証 49　身分犯の共同正犯

➡ 234 ページ **2**

公務員であるＡと公務員でないＢが収賄を共謀し、共同して賄賂を収受した事案　A

　ＡとＢに単純収賄罪の共同正犯（60 条、197 条 1 項前段）が成立するか。同罪は公務員にのみ成立しうる真正身分犯であるところ、身分のないＢにも同罪の共同正犯が成立するかが問題となる。

　まず、65 条 1 項の「身分によって構成すべき犯罪行為」、および 2 項の「身分によって特に刑の軽重があるとき」という文言から、1 項は真正身分犯の共犯の成立と科刑、2 項は不真正身分犯の共犯の成立と科刑を定めた規定であると解する。

　そして、身分のない者も身分のある者の行為を利用することによって真正身分犯の保護法益を侵害することは可能である以上、65 条 1 項の「共犯」には、共同正犯も含まれると解する。

　したがって、65 条 1 項により、ＡとＢには単純収賄罪の共同正犯が成立する。

備考：不真正身分犯の共同正犯が問題となる場合には、1 項の「共犯」に共同正犯が含まれるかについて書く必要はもちろんない。

論証 50　予備罪の共同正犯

➡ 240 ページ **2**

自ら殺人罪を犯す目的を有しない X が、
自ら殺人罪を犯す目的を有している Y と共謀のうえ、
Y のためにピストルを提供した場合の X の罪責　　　　　**B+**

　X は自ら殺人罪を犯す「目的」を有しない以上、単独犯としては殺人予備罪（201 条）は成立しないと解される。
　では、Y とともに殺人予備罪の共同正犯（60 条）が成立しないか。
　まず、予備行為が 60 条の「実行」にあたるのかが問題となるも、予備罪も刑法各本条において独立に構成要件化されている以上、「実行」にあたると解する。
　そして、「目的」は「身分」（65 条）であると解する。なぜなら、身分とは一定の犯罪行為に関する犯人の人的関係である特殊の地位または状態の全てをいうところ、「目的」も犯罪行為に関する人的関係としての特殊な状態といえるからである。
　したがって、目的を有しない者に殺人予備罪の共同正犯が成立するか否かは、65 条の問題であると解する。
　この点、65 条の文言にかんがみ、65 条は 1 項で真正身分犯の共犯の成立と科刑を、2 項で不真正身分犯の共犯の成立と科刑を定めたものと解する。
　そして、殺人予備罪は「目的」を有する者にのみ成立する犯罪であるから、真正身分犯であると解する。
　さらに、身分のない者も身分のある者の行為を利用することによって真正身分犯の保護法益を侵害することは可能である以上、65 条 1 項の「共犯」には、共同正犯も含まれると解する。
　したがって、65 条 1 項により、Y とともに X にも殺人予備罪の共同正犯が成立する。

論証 51　未遂の教唆の可罰性①

➡ 247 ページ イ

甲が懐中に何も所持していないことを知っている A が、
その事情を知らない B に対して、甲へのスリ行為を教唆し、
B が窃盗罪の実行行為に及んだ事案における A の罪責

B には窃盗未遂罪（243 条、235 条）が成立する。

では、これを教唆した A に、窃盗未遂罪の教唆犯（61 条 1 項）が成立するか。A は結果発生の認識に欠けることから、教唆犯の故意（38 条 1 項本文）の内容をいかに解するべきかが問題となる。

共犯の処罰根拠は、正犯の実行行為を介して法益を侵害することにある（惹起説）。そうだとすれば、法益侵害の結果についての認識・認容が必要であると解する。

したがって、A は教唆の故意に欠ける。

また、過失を罰するためにはその旨の特別の規定が必要であるところ（38 条 1 項ただし書）、過失による教唆を処罰する特別の規定はない以上、過失による教唆犯は成立しないと解する。

よって、A は不可罰である。

備考：B については、不能犯（➡論証 35）が問題となる。

論証 52　未遂の教唆の可罰性②　正犯結果が発生した場合

➡ 248 ページウ

甲が防弾チョッキを着ていると信じていた A が、
事情を知らない B に対して、甲への発砲を教唆したところ、
甲は防弾チョッキを着ていなかったため甲が死亡した事案

B⁺

　B には殺人罪（199 条）が成立する。
　では、これを教唆した A に、殺人罪の教唆犯（61 条 1 項）が成立するか。A は結果発生の認識に欠けることから、教唆犯の故意（38 条 1 項本文）の内容をいかに解するべきかが問題となる。
　この点、教唆犯の故意としては、被教唆者が実行行為に至ることの認識・認容があれば足りるとする見解がある。この見解からは、本件は共犯の錯誤として処理されることとなろう。
　しかし、共犯の処罰根拠は、正犯の実行行為を介して法益を侵害することにある（惹起説）。そうだとすれば、教唆犯の故意としては、法益侵害の結果についての認識・認容まで必要であると解する。
　したがって、A は故意に欠ける。
　また、過失を罰するためにはその旨の特別の規定が必要であるところ（38 条 1 項ただし書）、過失による教唆を処罰する特別の規定はない以上、過失による教唆犯は成立しないと解する。
　よって、A には教唆犯は成立しない。
　ただし、A に過失が認められることから、過失致死罪が成立する。

備考：過失犯が成立する余地があることを忘れずに。

論証 53　幇助の因果関係

➡ 253 ページ **4**

Aが既に殺人を決意しているBにピストルを提供したが、
Bが実際の殺人行為の際に用いたのは
Bが自身が用意していた日本刀だった事案

Bには殺人罪（199条）が成立する。
では、Aに殺人罪の幇助犯（62条1項）が成立するか。
まず、「ピストルを提供した」行為は、Bの実行行為を容易にする行為といえ、「幇助」行為にあたる。
もっとも、実際にはかかるピストルは用いられていない。かかる場合にも幇助犯が成立するか。幇助の因果関係をいかに解するべきかが問題となる。
まず、共犯の処罰根拠は正犯の実行行為を介して法益を侵害することにある以上、法益侵害の結果との間の因果関係が必要であると解する。
では、いかなる程度の因果関係が必要か。
この点、条件関係を要求する見解があるが、かく解しては幇助犯の成立範囲が狭きに失する。
そこで、条件関係までは必要ではなく、正犯の実行行為等を物理的・心理的に容易にし促進すれば足りると解するべきである。
本件でも、Aの幇助行為によりBの実行行為等は心理的に容易になったといえることから、因果関係が認められる。
したがって、殺人罪の幇助犯が成立する。

論証 54　片面的幇助

➡ 257 ページ **2**

殺人を決意しているＢに黙ってＡが犯行現場で見張りをし、
近くを通りかかった通行人Ｘに対し
現場に近づかないよう説得した事案　　　　　　　　　　　　　Ａ

　　Ｂには殺人罪（199条）が成立する。
　　では、Ａに殺人罪の幇助犯（62条1項）が成立するか。正犯であるＢがＡの見張り行為を認識していないことから、いわゆる片面的幇助の成否が問題となる。
　　そもそも、「幇助」とは実行行為以外の方法によって正犯の実行行為を容易にすることをいう。
　　そして、物質的幇助の場合には、被幇助者に幇助行為の認識がなくとも実行行為が容易になったといえるので、幇助犯が成立すると解する。
　　他方、精神的幇助の場合には、被幇助者が幇助行為の存在を認識してはじめて実行行為が容易になるといえるので、認識がない以上幇助犯は成立しないと解する。
　　本件でＡは「Ｘに対し現場に近づかないよう説得」しており、Ａの行為は物質的幇助にあたる。
　　よって、Ａは「幇助」したといえ、殺人罪の幇助犯が成立する。

備考：1人も通行人がいなかった場合には、精神的幇助の場合にあたり、片面的幇助犯は成立しない。

論証 55　不作為による幇助

➡ 262 ページ **2**

Aは、自分の連れ子である幼いXが、
Aの同棲相手であるBにより殴られているのを目撃しつつ、
Bに逆らえば自分も暴力を受けると思い、見て見ぬふりをし
これを制止しなかった結果、Xが傷害を負った事案。
なお、Aには正犯意思がないものとする。

B+

　Bには傷害罪（204条）が成立する。
　では、Aに傷害罪の幇助犯（62条1項）が成立するか。「見て見ぬふりをしこれを制止しなかった」という不作為により幇助犯が成立するかが問題となる。
　そもそも、「幇助」とは、実行行為以外の方法によって正犯の実行行為を容易にすることをいう。
　そして、不作為により正犯の実行行為を容易にすることも可能であることから、不作為も「幇助」たりうると解する。
　ただし、自由保障の観点から、かかる不作為が作為と同価値といえる場合にのみ、「幇助」にあたると解する。
　具体的には、法的な作為義務が存在すること、および作為が可能かつ容易であったことが必要と解する。
　本件でAは被害者Xの親であることから、民法上の監護義務に基づき、Bの暴行を制止する法的作為義務があったといえる。また、Bに暴行をやめるよう説得することは、可能かつ容易であったと思われる。
　よって、Aに傷害罪の幇助犯が成立する。

備考：片面的幇助（➡論証54）とセットで問題となることが多い（➡262ページのコラム）。

論証 56　正犯と狭義の共犯の区別

➡ 268 ページ **2**

　正犯と狭義の共犯の区別が問題となる。
　この点、実質的に自己の犯罪として行った場合が正犯であり、他人の犯罪に加担したにすぎない場合が共犯であると解する。
　そして、実質的に自己の犯罪といえるか否かは、関与者の犯罪行為全体における役割の重要性の程度や正犯意思の有無などを総合考慮して決するべきである。

備考：見張り行為をなした者を、共謀共同正犯と幇助犯のいずれに問擬すべきかで問題となることが多い。

論証57　共犯の錯誤①　共同正犯形式内の抽象的事実の錯誤

→ 270ページ

**AとBでXに対する傷害を共謀したところ、
実行担当者であるAが殺意をもってXを刺し、死亡させた事案**

　Aには殺人罪（199条）が成立する。
　では、殺意を有しないBにも共同正犯（60条）が成立するか。
　まず、ABが異なる犯罪をめざしていたことから、共同正犯が何を共同する必要があるかが問題となる。

〔論証40　共犯の本質〕入る

　本件では、Bのめざした傷害罪（204条）と、Aのめざした殺人罪とは、傷害罪の限度で重なり合っていることから、少なくともAB間に傷害罪の共同正犯が成立する。
　では、傷害致死罪（205条）の共同正犯は成立しないか。結果的加重犯の共同正犯の成否が問題となる。

〔論証46　結果的加重犯の共同正犯〕入る

　以上より、Aは殺人罪、Bは傷害致死罪の罪責を負い、両者は傷害致死罪の限度で共同正犯となる。

論証 58　共犯の錯誤②　異なる共犯形式相互間の錯誤

➡ 272 ページ 3．

既に殺人の実行を決意している B に対し、
B がまだ殺人の実行の決意を固めていないと誤信した A が
殺人を唆し、B が殺人を実行した事案

　B は殺人罪（199 条）の罪責を負う。
　では、A の罪責はどうか。
　まず、A の行為は、既に殺人の実行を決意している B の殺人の実行を精神的に容易にしたといえ、客観的には殺人罪の幇助（62 条 1 項）をなしたといえる。しかし、A は殺人罪の教唆犯の故意（61 条 1 項、38 条 1 項本文）を有している。
　そこで、殺人罪の幇助犯の故意が認められないのではないか。いわゆる抽象的事実の錯誤の処理が問題となる。

〔論証 10　抽象的事実の錯誤の処理①〕入る

　本件でこれをみるに、殺人教唆と殺人幇助は、殺人幇助の限度で実質的な重なり合いが認められる。
　よって、殺人罪の幇助犯の故意が認められる。

論証 59　間接正犯と共犯の錯誤①　主観が間接正犯、客観が教唆犯の場合

➡ 273 ページ ア

A が、B を意思能力を欠く者であると誤信して、
道具として利用する意思のもと B に甲の殺人を指示したところ、
B はその行為の意味を十分理解しながら甲を殺した事案

　B には殺人罪（199 条）が成立する。
　では、A の罪責はどうか。
　A は、客観的には殺人罪の教唆行為（61 条 1 項）を行っているといえる。ところが、A は殺人罪の間接正犯の故意（38 条 1 項本文）を有する。
　そこで、殺人罪の教唆犯の故意が認められないのではないか。いわゆる抽象的事実の錯誤の処理が問題となる。

〔論証 10　抽象的事実の錯誤の処理①〕入る

　本件でみるに、間接正犯と教唆犯とは、「他人を利用する」という点で、教唆犯の限度で重なり合っているといえる。
　よって、殺人罪の教唆犯の故意が認められ、殺人罪の教唆犯が成立する。

論証 60　間接正犯と共犯の錯誤②　被利用者が途中で情を知るに至った場合

→ 274ページ **2**

医師Ａが、看護師Ｂに治療薬と偽って毒入りの注射器を渡し、入院患者であるＸに注射するよう指示したところ、Ｂは途中でそれが毒薬であることを見抜いた。
しかし、日頃からＸを憎んでいたＢは、この機会にＸを殺そうと考え、そのままＸに注射し、Ｘが死亡した事案

　Ｂには殺人罪（199条）が成立する。
　では、Ａの罪責はどうか。
　まず、Ａのなした行為が、殺人罪の教唆行為（61条1項）にあたるか、それとも間接正犯にあたるかが問題となるが、全体的にみれば教唆行為にあたると解する。
　ところが、Ａは間接正犯の故意（38条1項本文）を有している。そこで、殺人罪の教唆犯の故意が認められないのではないか。いわゆる抽象的事実の錯誤の処理が問題となる。

〔論証 10　抽象的事実の錯誤の処理①〕入る

　本件でみるに、間接正犯と教唆犯とは、「他人を利用する」という点で、教唆犯の限度で重なり合っているといえる。
　よって、殺人罪の教唆犯の故意が認められ、殺人罪の教唆犯が成立する。

事項索引

あ
あてはめの錯誤 …………………… 146
安楽死 ……………………………… 108

い
一故意犯説 ………………………… 70
「一部実行の全部責任」の原則 …… 202
一部の執行猶予 …………………… 309
一般予防 …………………………… 9
一般予防主義 ……………………… 9
違法性 ………………………… 22, 94
　──の錯誤 …………………… 144
違法性減少説 ………………… 123, 168
違法性・責任減少説 ……………… 123
違法性説 …………………………… 60
違法性阻却事由 ……………… 22, 97
　──の錯誤 …………………… 151
違法性阻却事由説 ………………… 126
違法性の意識 ……………………… 144
　──の可能性 ………………… 147
　──必要説 …………………… 144
　──不要説 …………………… 144
違法の客観性 ……………………… 99
違法の連帯性 ……………………… 196
違法身分 …………………………… 236
違法有責行為類型 ………………… 21
意欲説 ……………………………… 57
因果関係 …………………………… 41
　──の錯誤 …………………… 72
因果的共犯論 ……………………… 188
陰謀 ………………………………… 161

う
ウェーバーの概括的故意 ………… 81

え
営業犯 ……………………………… 281

お
応報刑 ……………………………… 9
応報刑主義 ………………………… 8
大阪南港事件 ……………………… 53

か
概括的故意 ………………………… 61
確信犯 ……………………………… 144
拡張解釈 …………………………… 12
確定的故意 ………………………… 61
科刑上一罪 ………………………… 283
加減的身分犯 ……………………… 233
過失 ………………………………… 87
　──による教唆 ……………… 258
　──による幇助 ……………… 258
　──の体系的な地位 ………… 87
　認識ある── ………………… 62
　認識なき── ………………… 63
過失犯 ……………………………… 86
　──に対する教唆 …………… 259
　──に対する幇助 …………… 259
　──の共同正犯 ……………… 221
　──の構造 …………………… 87
過剰避難 …………………………… 128
過剰防衛 …………………………… 121
かすがい現象 ………………… 290, 291
可罰的違法性 ……………………… 130
科料 ………………………………… 297
間接教唆 …………………………… 249
間接正犯 …………………………… 37
　──と共犯の錯誤 …………… 273
間接正犯説 …………………… 274, 275
間接正犯類似説 ……………… 138, 207
間接幇助 …………………………… 256
完全犯罪共同説 …………………… 200
監督過失 …………………………… 92
　狭義の── …………………… 92
観念的競合 ………………………… 284
管理過失 …………………………… 93

き
危惧感説 …………………………… 90
危険犯 ……………………………… 26
既遂罪基準説 ……………………… 178
既遂犯 ……………………………… 157
期待可能性 ………………………… 155
　──の錯誤 …………………… 156

危難…………………………………	124
既発の危険を利用する意思 ………	36
規範的構成要件要素 ……………	31, 58
——の錯誤 ………………………	59
基本的構成要件 …………………	30
義務の衝突 ………………………	107
客体の錯誤 ………………………	66
客観主義 ……………………	8, 10, 158
客観的危険説 ……………………	180
客観的構成要件要素 ……………	25, 57
客観的責任 ………………………	132
客観的相当因果関係説 …………	47
客観的注意義務 …………………	89
旧過失論 …………………………	87
吸収関係 …………………………	280
旧派 ………………………………	10
急迫 ………………………………	110
教唆 ………………………………	245
過失による—— ………………	258
過失犯に対する—— …………	259
結果的加重犯に対する—— …	260
従犯の—— ……………………	250
不作為による—— ……………	261
不作為犯に対する—— ………	263
未遂の—— ……………………	247
予備罪の—— …………………	266
教唆犯 ……………………………	244
——の故意 ……………………	246
——の錯誤 ……………………	271
教唆犯説 ……………………	274, 275
共同意思主体説 …………………	207
共同実行の意思 …………………	203
——の射程 ……………………	230
共同実行の事実 …………………	204
共同正犯 …………………………	201
——の錯誤 ……………………	270
——の中止未遂 ………………	232
過失犯の—— …………………	221
結果的加重犯の—— …………	224
不作為犯の—— ………………	243
身分犯の—— …………………	232
予備罪の—— …………………	239
共同正犯関係からの離脱 ………	227
共同共犯関係の解消 ……………	227
共同の注意義務 …………………	223
共罰の事後行為 …………………	282
共罰の事前行為 …………………	282

共犯 ………………………………	185
——の錯誤 ……………………	269
——の従属性 …………………	193
狭義の—— ……………………	185, 267
広義の—— ……………………	185
共犯関係からの離脱 ……………	226
共犯関係の解消 …………………	226
共犯従属性説 ……………………	194
共犯独立性説 ……………………	193
共犯なき正犯 ……………………	190
共謀 ………………………………	208
——の射程 ……………………	230
共謀共同正犯 ……………………	201, 205
業務 ………………………………	101
供用物件 …………………………	298
極端従属性説 ……………………	195
挙動犯 ……………………………	26
緊急行為 …………………………	109
緊急避難 …………………………	124
緊急避難説 ………………………	119
禁止の錯誤 ………………………	144
近代学派 …………………………	10

く

偶然防衛 …………………………	115
具体的危険説 ……………………	181
具体的危険犯 ……………………	27
具体的事実の錯誤 ………………	65
具体的符合説 ……………………	67

け

経過規定 …………………………	15
傾向犯 ……………………………	30
形式的意義の刑法 ………………	3
形式的違法性 ……………………	94
形式的客観説 ……………………	162
刑事政策説 ………………………	168
刑事未成年者 ……………………	136
継続犯 ……………………………	28
刑の量定 …………………………	305
刑罰 ………………………………	295
結果回避義務 ……………………	88
結果行為 …………………………	137
結果的加重犯 ……………………	26
——に対する教唆 ……………	260
——に対する幇助 ……………	261
——の共同正犯 ………………	224

結果認識説	246
結果犯	25
結果無価値論	95
結合犯	216
決定論	7
原因行為	137
原因において自由な行為	137
厳格故意説	144
現在	124
限時法	15
限定責任能力	134
現場共謀	208
牽連犯	285

こ

故意	55
──ある幇助的道具	39
故意責任	56
故意犯の原則	55
行為	22
行為共同説	199
行為者標準説	156
行為・責任能力同時存在の原則	134
行為責任論	132
行為無価値論	95
合義務的な択一的挙動	44
拘禁刑	296
攻撃の意思	116
構成的身分犯	233
構成要件	21, 45
──の違法性推定機能	22, 60, 97
──の違法性・有責性推定機能	24
──の保障機能	24
修正された──	31
早すぎた──の実現	83
構成要件の過失	29, 86
構成要件の結果	25
構成要件の故意	29, 56, 61
構成要件の同価値性	33
拘留	296
個人的責任	132
誤想過剰避難	129, 153
誤想過剰防衛	123, 152
誤想避難	129, 151
誤想防衛	123, 151
誤想防衛説	119
誇張従属性説	195

古典学派	10
個別化説	165
混合惹起説	189
混合包括一罪	282

さ

再間接教唆	249
再間接幇助	256
最極端従属性説	195
罪刑の法定	11
罪刑法定主義	11
罪刑法定主義の機能	24
最小従属性説	195
罪数論	277
再犯	303
再犯加重	303
作為義務	34
──の錯誤	60
作為の可能性・容易性	36
錯誤	
あてはめの──	146
違法性阻却事由の──	151
違法性の──	144
因果関係の──	72
間接正犯と共犯の──	273
期待可能性の──	156
規範的構成要件要素の──	59
客体の──	66
教唆犯の──	271
共同正犯の──	270
共犯の──	269
禁止の──	144
具体的事実の──	65
作為義務の──	60
事実の──	65, 148
抽象的事実の──	65, 74
幇助犯の──	272
方法の──	67
法律の──	144, 148
産出物件	298

し

自救行為	129
事後従犯	252
自己予備	239
事実の錯誤	65, 148
事実の錯誤説	152

事項索引 359

自手犯	40	条件関係		42
自招危難	127	不作為犯の──		43
自招侵害	120	条件関係説		254
事前共謀	208	条件説		45
自然犯	4	常習犯		281
実行共同正犯	201	状態犯		28
実行行為	25, 32	処断刑		302
実行従属性	193	処罰条件		23
実行認識説	246	処罰阻却事由		23
実行の着手	162	素人的認識		59
実行未遂	173	侵害		114
執行猶予	306	侵害犯		26
一部の──	309	人格責任論		132
全部の──	306	人格的行為論		22
実質的意義の刑法	3	新過失論		29, 88
実質的違法性	94	新・新過失論		90
実質的客観説	162	心神耗弱		135
実質的符合説	77	心神喪失		135
質の過剰	122	真正不作為犯		32
社会的責任論	132	真正身分犯		233
社会的相当性説	98, 103	新派		10
酌量減軽	305	信頼の原則		92
惹起説	188	**す**		
自由刑	296			
修正された構成要件	31	推定的承諾		105
修正惹起説	188	数故意犯説		70
修正説	138	**せ**		
集団犯	186			
従犯	251	制限故意説		145
──の教唆	250	制限従属性説		195
自由保障機能	5	精神の幇助		252
主観主義	8, 158	正当業務行為		101
主観的違法要素	96	正当行為		100
主観的危険説	179	正当防衛		110
主観的構成要件要素	29	正当防衛説		119
主観的責任	131, 132	正犯		267
主観的相当因果関係説	47	正犯意思		37, 210
主観的注意義務	89	正犯なき共犯		190
主観的超過要素	30	成文法主義		11
主刑	295	世界主義		18
取得物件	298	責任		22
順次教唆	249	責任過失		223
順次共謀	208	責任共犯論		188
純粋惹起説	188	責任減少説		123, 128, 169
障害未遂	168	責任故意		56, 144
消極的属人主義	17	責任主義		131
承継の共同正犯	212	責任説		145

責任阻却事由説	126	共同の――	223
責任能力	134	中止行為	173
責任身分	236	中止犯	168
責任無能力	134	中止未遂	168
積極的安楽死	108	共同正犯の――	232
積極的加害意思	111	抽象的危険説	180
接続犯	281	抽象的危険犯	27
絶対的不確定刑	11	抽象的事実の錯誤	65, 74
折衷的相当因果関係説	47	抽象的符合説	75
先行行為	35	重畳的因果関係	44
宣告刑	305	超法規的違法性阻却事由	98
全部の執行猶予	306	直接正犯	37
		治療行為	106

そ

相互利用補充関係	203
相対的意思自由論	10
相対的不確定刑	12
相対的不定期刑	12
相当因果関係説	45
遡及処罰の禁止	12
属人主義	17
促進的因果関係説	255
即成犯	28
属地主義	17
組成物件	298
尊厳死	109

つ

追徴	300

と

道義的責任論	132
道具理論	37
同時存在の原則	134
同時存在の原則修正説	138
同時犯	204
特別関係	279
特別刑法	4
特別予防	9
特別予防主義	9
トランク事件	53

た

対価物件	298
対向犯	186
対物防衛	112
択一関係	280
択一的競合	44
択一的故意	62
他人予備	239
たぬき・むじな事件	148
だまされたふり作戦	220
単一刑主義	286
単純一罪	278
単純数罪	289
団体責任	132

に

二重の故意	142
任意性	170
任意的共犯	185
任意的没収	297
認識ある過失	62
認識説	57
認識なき過失	63
認容	56
認容説	57

は

罰金	297
早すぎた構成要件の実現	83
犯罪	21
犯罪共同説	199

ち

着手後の解消	228
着手前の解消	227
着手未遂	173
注意義務	87

ひ

被害者の承諾	101
非決定論	8
必要的共犯	185
必要的没収	297
非難可能性	22
避難の意思	125
評価上一罪	278, 279
被利用者標準説	165

ふ

フィリピンパブ事件	197
不確定的故意	61
付加刑	295
不可罰的事後行為	282
不可罰的事前行為	282
不作為による教唆	261
不作為による幇助	262
不作為犯	32
——に対する教唆	263
——に対する幇助	263
——の共同正犯	243
——の条件関係	43
不真正不作為犯	32
不真正身分犯	233
不正	112
物質的幇助	252
不能犯	179
部分的犯罪共同説	199
フランクの公式	171

へ

併科主義	286
併合罪	286
併合罪加重	289
米兵ひき逃げ事件	51
ヘルマンの概括的故意	63
片面的教唆	257
片面的共同正犯	211
片面的幇助	257

ほ

防衛の意思	114
法益	5
法益権衡説	97
法益権衡の原則	126
法益性欠如説	103
法益保護機能	5
包括一罪	280
狭義の——	281
報酬物件	298
幇助	252
過失による——	258
過失犯に対する——	259
結果的加重犯に対する——	261
不作為による——	262
不作為犯に対する——	263
予備罪の——	267
法条競合	279
幇助犯	251
——の錯誤	272
法定刑	301
法定的符合説	68, 76
法定犯	4
方法の錯誤	67
法律上の減軽	304
法律の錯誤	144, 148
法律の錯誤説	152
法律の不知	146
法令行為	100
保護主義	17
保護利益	5
補充関係	279
補充の原則	125
保障人説	60
没収	297

み

未遂の教唆	247
未遂犯	157
未必的故意	62
身分	233
身分犯	233
——と教唆・幇助	264
——の共同正犯	232

む

むささび・もま事件	148

め

免除説	178

も

目的犯 …………………………………… 30

ゆ

有責 ……………………………………… 22
許された危険 …………………………… 91

よ

要素従属性 ……………………………… 195
予見可能性 ……………………………… 87
予見義務 ………………………………… 87
予備 ……………………………………… 160
予備罪 …………………………………… 160
　——の教唆 …………………………… 266
　——の共同正犯 ……………………… 239
　——の中止 …………………………… 176
　——の幇助 …………………………… 267
予備罪基準説 …………………………… 178

り

立法者意思説 …………………………… 187
量刑 ……………………………………… 305
利用者標準説 …………………………… 165
量的過剰 ………………………………… 122

る

類推解釈の禁止 ………………………… 12
累犯 ……………………………………… 303

ろ

労役場留置 ……………………………… 297
労働争議行為 …………………………… 108

事項索引　363

判例索引

明治
大判明36・6・30刑録9-1187 … 299
大判明44・2・13刑録17-75 … 299

大正
大判大2・3・18刑録19-353 … 235
大判大2・3・25刑録19-374 … 299
大連判大3・5・18刑録20-932 … 265
大判大7・11・16〔百選Ⅰ65事件〕… 165
大判大11・3・1刑集1-99 … 249
大判大12・4・30〔百選Ⅰ15事件〕… 54
大判大13・4・25刑集3-364 … 149
大判大14・1・22刑集3-921 … 258
大判大14・6・9〔百選Ⅰ45事件〕… 149

昭和元～9年
大判昭3・3・9刑集7-172 … 262
大判昭3・4・6刑集7-291 … 225
大判昭9・3・26刑集13-419 … 209

昭和10～19年
大連判昭11・5・28刑集15-715 … 205
大判昭12・3・6刑集16-272 … 173
大判昭12・6・25刑集16-998 … 175
大判昭14・11・4刑集18-497 … 40
大判昭15・12・16新聞4683-1 … 209

昭和20～29年
大判昭21・11・27刑集25-35 … 184
最判昭23・4・17刑集2-4-399 … 163
最判昭23・10・23刑集2-11-1386 … 78
最判昭24・3・22刑集3-3-333 … 209
最大判昭24・5・18刑集3-6-772 … 126
最大判昭24・5・18刑集3-6-796 … 278
最大判昭24・7・12刑集3-8-1237 … 285
最判昭24・7・23〔百選Ⅰ100事件〕… 281
最判昭24・8・18刑集3-9-1465 … 114
最判昭24・12・17刑集3-12-2028 … 232
最判昭25・2・24刑集4-2-255 … 283
最判昭25・3・31刑集4-3-469 … 225
最判昭25・4・11刑集4-4-528 … 78
最判昭25・7・11〔百選Ⅰ91事件〕… 78, 245
東京高判昭25・11・9高刑特15-23 … 175

名古屋高判昭25・11・14高刑集3-4-748	163
最判昭25・12・19刑集4-12-2586	249
最判昭26・3・9刑集5-4-500	111
最判昭26・5・10刑集5-6-1026	59
仙台高判昭26・9・26高刑特22-73	173
最判昭26・12・6刑集5-13-2485	245
最判昭27・8・5裁判集刑事67-31	184
最判昭27・9・19刑集6-8-1083	233
福岡高判昭28・1・12高刑集6-1-1	227
最決昭28・3・5刑集7-3-506	87
最判昭28・4・14刑集7-4-850	303
最大判昭28・6・17刑集7-6-1289	281
最大判昭29・1・20〔百選Ⅰ72事件〕	177
最決昭29・5・6刑集8-5-634	165
最決昭29・5・27〔百選Ⅰ106事件〕	291

昭和30〜39年

名古屋高判昭31・4・19高刑集9-5-411	141
最判昭31・5・24刑集10-5-734	235
最判昭32・11・19〔百選Ⅰ94事件〕	238
東京高判昭33・1・23高刑特5-1-21	78
最決昭33・5・1刑集12-7-1293	309
最大判昭33・5・28〔百選Ⅰ75事件〕	205, 208
最判昭33・9・9〔百選Ⅰ5事件〕	35, 36
最判昭33・11・21〔百選Ⅱ1事件〕	40, 104
東京高判昭35・7・15下刑集2-7=8-989	78
最判昭37・5・4刑集16-5-510	87
名古屋高判昭37・12・22高刑集15-9-674	108

昭和40〜49年

最決昭40・3・9〔百選Ⅰ61事件〕	163
最決昭40・3・30刑集19-2-125	237
最判昭42・3・7〔百選Ⅰ93事件〕	233
最決昭42・10・24〔百選Ⅰ9事件〕	52
最判昭43・12・24〔百選Ⅰ99事件〕	187
最決昭44・7・17〔百選Ⅰ86事件〕	256
最判昭44・12・4刑集23-12-1573	117
最判昭45・1・29刑集24-1-1	30
最決昭45・7・28〔百選Ⅰ62事件〕	164
最判昭46・6・17〔百選Ⅰ8事件〕	54
最大判昭49・5・29〔百選Ⅰ104事件〕	284
最大判昭49・5・29刑集28-4-151	284
最決昭49・7・5刑集28-5-194	54
最決昭49・10・14刑集28-7-372	284

昭和50〜59年

最決昭52・7・21刑集31-4-747	111

判例索引 365

最決昭53・3・22〔百選Ⅰ14事件〕	43
最判昭53・7・28〔百選Ⅰ42事件〕	71
最決昭54・3・27刑集33-2-140	80
最決昭55・11・13〔百選Ⅰ22事件〕	105
最決昭57・2・17〔百選Ⅰ107事件〕	290
東京高判昭57・7・13判時1082-141	217
横浜地判昭58・7・20判時1108-138	164
最決昭58・9・13判時1100-156	136
最決昭58・9・21〔百選Ⅰ74事件〕	38
宮崎地都城支判昭59・1・25判タ525-302	175
最決昭59・7・3刑集38-8-2783	136
最決昭59・7・6刑集38-8-2793	54

昭和60〜63年

東京高判昭60・9・30判タ620-214	209
福岡高判昭61・3・6〔百選Ⅰ69事件〕	175
最決昭61・6・9〔百選Ⅰ43事件〕	78
最決昭61・11・18〔百選Ⅱ40事件〕	282
最決昭62・3・26〔百選Ⅰ29事件〕	154
大阪高判昭62・7・10高刑集40-3-720	215
最決昭62・7・16〔百選Ⅰ48事件〕	148
最決昭63・5・11刑集42-5-807	54
最判昭63・10・27刑集42-8-1109	93

平成

最決平1・3・14〔百選Ⅰ52事件〕	90
最決平1・6・26〔百選Ⅰ96事件〕	229
最判平1・11・13〔百選Ⅰ25事件〕	118
最決平1・12・15〔百選Ⅰ4事件〕	43
最決平2・2・9〔百選Ⅰ40事件〕	64
最決平2・11・20〔百選Ⅰ10事件〕	53, 54
最決平4・6・5〔百選Ⅰ90事件〕	198
最決平4・12・17〔百選Ⅰ12事件〕	54
最決平5・10・29刑集47-8-98	284
最判平6・12・6〔百選Ⅰ98事件〕	231
横浜地判平7・3・28〔百選Ⅰ20事件〕	109
浦和地判平8・7・30判時1577-70	91
最決平15・3・12〔百選Ⅱ52事件〕	35
最決平16・2・17刑集58-2-169	54
最決平16・3・22〔百選Ⅰ64事件〕	84
最決平18・3・27〔百選Ⅰ11事件〕	54
最判平20・4・25刑集62-5-1559	136
最決平20・5・20〔百選Ⅰ26事件〕	121
最決平20・6・25〔百選Ⅰ27事件〕	122
最決平21・2・24刑集63-2-1	122
最決平21・6・30〔百選Ⅰ97事件〕	228, 229
最決平24・11・6〔百選Ⅰ81事件〕	219

最大判平29・11・29〔百選Ⅱ14事件〕……………………………………………………… 30
最決平29・12・11〔百選Ⅰ82事件〕……………………………………………………… 220
最判平30・3・22〔百選Ⅰ63事件〕……………………………………………………… 164

令和
最決令4・2・14刑集76-2-101 …………………………………………………………… 163

呉　明植（ごう　あきお）

弁護士。伊藤塾首席講師（司法試験科）。慶應義塾大学文学部哲学科卒。2000年の司法試験合格直後から、慶應義塾大学法学部司法研究室および伊藤塾で受験指導を開始。「どんなに高度な理解があったとしても、現場で使えなければ意味がない」をモットーとした徹底的な現場至上主義の講義を行い、司法試験予備試験および司法試験において毎年多数の短期合格者を輩出。とりわけ、天王山である論文試験の指導にかけては他の追随を許さない圧倒的人気を博し、伊藤塾の看板講師として活躍を続けている。

公式ブログ：「伊藤塾講師　呉の語り得ること。」
　　　　　　（http://goakio.blog95.fc2.com/）

刑法総論 ［第4版］【伊藤塾呉明植基礎本シリーズ 1】

2008（平成20）年11月30日　初　版1刷発行
2013（平成25）年11月15日　第2版1刷発行
2017（平成29）年2月15日　第3版1刷発行
2024（令和6）年9月30日　第4版1刷発行

著　者　呉　明植
発行者　鯉渕友南
発行所　株式会社　弘文堂　　101-0062　東京都千代田区神田駿河台1の7
　　　　　　　　　　　　　　　TEL　03(3294)4801　　振替　00120-6-53909
　　　　　　　　　　　　　　　　　　　　https://www.koubundou.co.jp

装　丁　笠井亞子
印　刷　三美印刷
製　本　井上製本所

© 2024 Akio Go. Printed in Japan

JCOPY 〈(社)出版社著作権管理機構　委託出版物〉
本書の無断複写は著作権法上での例外を除き禁じられています。複写を希望される場合は、そのつど事前に、(社)出版社著作権管理機構（電話 03-5244-5088、FAX 03-5244-5089、e-mail：info@jcopy.or.jp）の許諾を得てください。
また本書を代行業者等の第三者に依頼してスキャンやデジタル化することは、たとえ個人や家庭内での利用であっても一切認められておりません。

ISBN978-4-335-31441-4

伊藤塾呉明植基礎本シリーズ

愛弟子の呉明植が「伊藤真試験対策講座」の姉妹シリーズを刊行した。切れ味鋭い講義と同様に、必要なことに絞った内容で分かりやすい。どんな試験でも通用する盤石な基礎を固めるには最適である。

伊藤塾塾長　伊藤　真

- ▶どこへいっても通用する盤石な基礎を固める入門書
- ▶必要不可欠かつ必要十分な法的常識が身につく
- ▶各種資格試験対策として必要となる論点をすべて網羅
- ▶一貫して判例・通説の立場で解説
- ▶シンプルでわかりやすい記述
- ▶つまずきやすいポイントをライブ講義感覚でやさしく詳説
- ▶書き下ろし論証パターンを巻末に掲載
- ▶書くためのトレーニングもできる
- ▶論点・項目の重要度がわかるランク付け
- ▶初学者および学習上の壁にぶつかっている中級者に最適

憲法［第2版］	3000円
民法総則［第3版］	3000円
物権法・担保物権法［第2版］	2600円
債権総論	2200円
債権各論	2400円
家族法（親族・相続）	2300円
刑法総論［第4版］	2900円
刑法各論［第3版］	3000円
商法（総則・商行為）・手形法小切手法	
会社法	
民事訴訟法	
刑事訴訟法［第3版］	3900円

弘文堂　　＊価格（税別）は2024年9月現在